REGEL #6

BEFREIE DEINEN GEIST UND DEINE BEINE WERDEN FOLGEN.

REGEL #11

NICHT DIE FAMILIE KOMMT AN ERSTER STELLE. ES IST DAS RAD.

REGEL #37

DIE BÜGEL DER RADBRILLE SOLLTEN STETS ÜBER DEN GURTEN DES HELMS SITZEN.

REGEL #43

FÜHR DICH NICHT WIE EIN IDIOT AUF (ABER WENN DU DICH UNBEDINGT WIE EIN IDIOT AUFFÜHREN MUSST, DANN WENIGSTENS WIE EIN UNTERHALTSAMER IDIOT).

REGEL #72

BEINE SAGEN MEHR ALS TAUSEND WORTE.

DIE **VELOMINATI** SIND EIN INTERNATIONALES KOLLEKTIV BEGEISTERTER RENNRADFAHRER UND RADSPORT-LIEBHABER. IHRE WEBSITE **VELOMINATI.COM** ZÄHLT ZU DEN POPULÄRSTEN UND AM SCHNELLSTEN WACHSENDEN RADSPORT-PORTALEN IM INTERNET. GEGRÜNDET IM JAHR 2009, UM DIE PASSION FÜRS RENNRADFAHREN ZU FÖRDERN, ERFREUEN SICH DIE **VELOMINATI** HEUTE EINER GROSSEN UND ÜBERAUS LOYALEN GEFOLG- UND LESERSCHAFT AUS ALLEN ECKEN DER ERDE.

DIE REGELN

Kodex für Radsportjünger

Velominati
KEEPERS OF THE COG

covadonga

Die Originalausgabe dieses Buches erschien unter dem Titel »The Rules. The Way of the Cycling Disciple« bei Sceptre, einem Imprint von Hodder & Stoughton, London.

Velominati:
Die Regeln – Kodex für Radsportjünger

Covadonga Verlag, Spindelstr. 58,
D-33604 Bielefeld, info@covadonga.de

ISBN (Print): 978-3-95726-027-7
ISBN (E-Book): 978-3-95726-029-1
Übersetzung: Rainer Sprehe
Druck und Bindung: Westermann Druck Zwickau GmbH
6. Auflage, Dezember 2024

FSC www.fsc.org MIX Papier | Fördert gute Waldnutzung FSC® C110508

Bibliografische Information der Deutschen Nationalbibliothek: Die Deutsche Nationalbibliothek verzeichnet diese Publikation in der Deutschen Nationalbibliografie; detaillierte bibliografische Daten sind im Internet über http://dnb.dnb.de abrufbar.

Covadonga ist der Verlag für Radsportliteratur.
Besuchen Sie uns im Internet: *www.covadonga.de*

Inhalt

Einleitung

// von William Fotheringham

Vor ein paar Tagen schneite es bei uns in der Gegend und ich wollte meine Tochter vor die Tür bringen. Sie war nicht in der Stimmung dazu. Nun, sagte ich, du weißt doch, wie das bei uns läuft, wenn's ums Radfahren geht. Regel #5, antwortete sie. Sie ist noch nie widerwillig aufs Rad gestiegen.

Man kann ein kulturelles Phänomen auf verschiedene Arten als solches erkennen, aber der entscheidende Punkt, an dem eine Sache zum Selbstläufer wird, ist, wenn sie keine Erklärung mehr benötigt. Sobald etwas wirklich Teil der Kultur geworden ist, muss man nicht mehr großartige Überlegungen anstellen, was es ist und warum es so ist. Genau das ist der Status, den die Regeln der Velominati bemerkenswerterweise inzwischen in vielen Radsport-Haushalten erreicht haben, wie die Episode mit meiner Tochter zeigte. Auch Sie haben bestimmt Ihre Regel #5-Momente. Auch Sie kennen Regel #5-Ausfahrten.

Wir alle haben unsere eigenen Regeln für das Rennradfahren, einen ungeschriebenen Verhaltenskodex, an dem wir uns orientieren. Ich habe einen langjährigen Freund, der mit dem Notizbuch arbeitet: Wenn du dich auf dem Rennrad wie ein Idiot benimmst, landet dein Name umgehend in seinem Notizbuch. Dieses Notizbuch existiert nicht im physischen Sinne, sondern nur in seinem Kopf. Wer aber definitiv im Notizbuch stand, das war der Typ, der uns schon seit Jahr und Tag bei jeder einzelnen Vereinsausfahrt attackiert hatte. Als er schließlich bei einer solchen Ausfahrt mal schutzlos auf der windzugewandten Seite ganz rechts am Rand der Straße fuhr, war der Tag der Abrechnung gekommen. Serge, wie ihn die Velominati nennen würden, wusste nicht einmal, dass er im Wind war, da erschien ihm auch schon der Mann mit dem Hammer, um ihn niederzustrecken.

An diesem Punkt sagte mein Freund weise: »Er stand im Notizbuch.« Das Notizbuch ist beinahe biblisch: Auge um Auge, Zahn um Zahn. Wer Wind sät, wird Sturm ernten. Früher oder später. Das Notizbuch ist aber nicht einfach eine Schwarze Liste von Leuten, denen man in *Der Pate*-Manier einen abgetrennten Pferdekopf ins Bett packt. Es ist viel subtiler. Eher so, dass die Leute, die auf die Konventionen scheißen, auch nicht mit Mitgefühl rechnen dürfen, wenn sie selbst in Schwierigkeiten kommen. Mit anderen Worten: Befolge die Regeln.

Mein alter Kumpel ist, fast unnötig zu erwähnen, ein erfolgreicher Absolvent der Eddy-und-Roger-Schule. Diese Schule zeichnet sich dadurch aus, dass alle Verhaltensfragen in Bezug aufs Rennradfahren nach demselben Maßstab bewertet werden: Was hätten Eddy und/oder Roger getan? Koteletten? Gut. Hände an den Bremshebeln, Rücken flach, Unterarme flach? Gut. Schlauchreifen erst 20 Jahre im Keller lagern, bevor man sie aufzieht? Gut. Rennen im Schneesturm? Obligatorisch. Kettenblätter ausbohren? Ja. (Sorry, das waren die 1970er.) Die Ehrenmitglieder der Eddy-und-Roger-Schule sind die Kämpfernaturen, die richtig harten Burschen des Radsports, und sie werden – selbstverständlich! – auch im weiteren Verlauf dieses Buches immer mal wieder auftauchen. Da wäre zum Beispiel Sean Kelly: ein Fahrer, den ich einmal gesehen habe, wie er bei Temperaturen um den Gefrierpunkt über einen schlammbedeckten, glitschigen Wirtschaftsweg irgendwo in Irland bretterte, als wäre es der Wald von Arenberg, nur um bei einem weihnachtlichen Spaß-Rennen einen Haufen Amateure zu besiegen, denn das besagte Rennen fand in seiner Heimatstadt statt und wurde von seinem Radsportverein ausgerichtet. Oder Laurent Fignon, dessen unnachahmliche Coolness bei der Tour 1984 bedeutet, dass er der Einzige war, der es je gewagt hat, Bernard Hinault in der Öffentlichkeit auszulachen, und die Sache überlebt hat. Und so weiter. Der Mitfavorit der Tour de France, der sich beschwerte, dass es bei der 2011er Ausgabe zu viele gefährliche Abfahrten gäbe, war hingegen eindeutig kein Schüler von Eddy und Roger. (Wir alle wissen, wer gemeint ist.)

Im Chez Fotheringham haben wir auch eine Regel #5a, die ich als geeignete Ergänzung für den Kodex erachten würde. Es sind nur fünf Wörter, die alles sagen: Eddy hat sich nie beschwert. Es gibt sicherlich Puristen, die argumentieren würden, dass sich Eddy sehr wohl beschwert hat, sogar recht häufig, und an diesem Einwand ist durchaus etwas dran. Eddy war dafür bekannt, seine Gegner beim Warten vor dem Start darauf hinzuweisen, dass er Kopfschmerzen/ein lädiertes Knie/ein Ziehen im Ellbogen/eine leichte Erkältung habe. Aber er ließ sich davon nicht aufhalten und gewann das besagte Rennen auch so. Und niemals hätte er das Zipperlein als Ausrede benutzt, um das Rennen sausen zu lassen.

Die Regeln überlappen sich teils mit einem eher obskuren Verhaltenskodex namens »Das Wissen«, das all denjenigen bekannt sein wird, die die Weisheiten von Robert Millar studiert haben. »Das Wissen« ist eine Sammlung von Konventionen des Radsports, die Millar in den 1980ern als einer der damals nur sehr wenigen englischsprachigen Profis im Peloton lernte zu befolgen. Mitte der 1990er Jahre verkündete er sie dann dem britischen Publikum in einigen Artikeln im Magazin *Cycle Sport*: Man isst nicht das weichere Innere des Baguettes. Hotelzimmer und Teamautos dürfen keine Klimaanlage haben. Wenn man nicht auf dem Rad sitzt, sollte man immer eine Wollmütze tragen, außer im Hochsommer. Man muss der Versuchung widerstehen, in kurzen Hose zu trainieren, vor allem wenn es 40 Grad im Schatten sind. Man stellt sich unter die Dusche und nimmt kein Bad in der Wanne, denn Baden zerstört den Muskeltonus. Die Velominati-Regel, dass man sich niemals am Tag vor einem Rennen rasieren darf, weil dies einen schwächt, ist direkt von Millar übernommen.

Worauf sich die Regeln, »Das Wissen« und die Eddy-und-Roger-Schule gleichermaßen stützen, das ist Passion. Vor langer Zeit fragte ich Eddy einmal, was ihn antrieb, so ziemlich jedes Radrennen zu gewinnen, das es wert war, sich eine Startnummer anzuheften (außer Paris–Tours, für die Pedanten unter Ihnen), und er hatte eine einfache Antwort: Leidenschaft, einfach nur Leidenschaft. »Sie war stärker als ich. Ich war ihr hörig.«

Das Wichtigste an Leidenschaft ist, dass stets die Robert-Millar-Regel gilt. Diese Regel besagt, dass begnadete Kletterer am Berg nicht etwa weniger leiden würden als wir anderen, sie leiden genauso, sie fahren nur schneller bergauf. Was ich damit sagen möchte, ist, dass Passion in vielen Erscheinungsformen und Intensitätsstufen daherkommt und dass sie uns an ganz verschiedene Orte führt.

Leidenschaft ist nicht auf Eddy und Roger beschränkt. Sie ist die Triebfeder allen Sports, und das gilt in besonderem Maße für unseren Sport, denn Rennradfahren ist nicht einfach etwas, was man am Wochenende gerne unternimmt. Für die meisten von uns ist der Radsport viel, viel mehr: Er ist ein Lebensstil. Und das, so glaube ich, offenbart sich immer wieder während der Lektüre dieses Buches.

Leidenschaft ist das schwer in Worte zu fassende Element, das uns als Radsportler verbindet. Leidenschaft ist es, was wir mit den Jungs gemeinsam haben, die gut genug sind, um mit Radfahren ihren Lebensunterhalt zu verdienen und die Rennen zu gewinnen, von denen wir nur träumen, sie eines Tages bestreiten zu dürfen. Auch sie haben einst geträumt; ob es Tom Simpson war mit den Postern von Fausto Coppi an der Wand seines Kinderzimmers oder der 16-jährige Eddy in seinem geschenkten Faema-Trikot, von dem er den aufgestickten Sponsorennamen abknibbelte, um an seinem ersten Rennen teilnehmen zu können. Passion für den Radsport ist es, was diese Heroen mit dem Kerl verbindet, der neulich bei der Winterbahn-Serie im Velodrom unvermittelt von der Überhöhung in die nicht vorhandene Lücke vor mir herabschoss. (Er steht selbstredend im Notizbuch.)

Ich denke nicht oft über den Stellenwert nach, den der Radsport in meinem Leben hat, aber ich wurde dazu gezwungen, als mir neulich jemand sagte: »Es muss schön sein, dass Sie Ihr Hobby zum Beruf machen konnten.« Hobby? Hobby? Ich war seltsam empört über den Ausdruck. Hobby, das hört sich in meinen Ohren nach etwas Zwanglosem an, nach etwas, was man einfach so anfangen und wieder drangeben kann, nach etwas, was man in seiner Freizeit tut, nur aus Lust und Laune und ohne jeden Ernst. Klar, Radsport macht Spaß und natürlich ist er im Vergleich zu den wirklich ernsten Dingen des Lebens eine entspannte Sache. Wenn es hart auf hart kommt, gehen andere Dinge vor, aber dennoch habe ich das Rennradfahren nie als lockeren Spaß empfunden. Vielmehr habe ich die Idee, mich auf dem Rad mit anderen zu messen, weitaus ernster genommen als die meisten anderen Dinge in meinem Leben und ich habe auf jeden Fall viel mehr Gedanken daran verschwendet. Ich hatte unglaubliches Glück, dieser Leidenschaft auf meine Weise folgen konnte: dass ich auf mäßigem Niveau selbst Rennen bestritten habe (und immer noch bestreite), dass ich die Chance hatte, wichtige Radrennen hautnah zu erleben, und dass ich einige der ganz Großen persönlich treffen durfte. Es war für mich nie einfach nur eine Möglichkeit, meinen Lebensunterhalt zu verdienen, obschon ich das Glück hatte, dies zu tun.

Also, worum handelt es sich bei dieser Sache, die unsere Gedanken dermaßen bannt und die so viele unserer wachen Stunden für sich beansprucht. Um Sport? Viel mehr als das. Um einen Lebensstil? Viel zu klinisch. Vielleicht um das Leben selbst? Im Sinne von »Get a life«? Ach, ich bitte Sie. Es ist einfach eine Leidenschaft. Eine Passion. Das ist alles. Und dies könnte die wichtigste Regel von allen sein.

William Fotheringham begleitet den internationalen Profiradsport seit 1994 als Korrespondent für den Guardian, er war Gründungsmitglied der Radsportmagazine Cycle Sport und Procycling, und er nimmt selbst seit 1980 an Radrennen teil. Zu den zahlreichen Büchern, die er bereits zum Thema veröffentlicht hat, gehören viel beachtete Biografien von Eddy Merckx, Fausto Coppi und Tom Simpson. Letztere ist – unter dem Titel »Put me back on my bike« – auch in einer deutschsprachigen Ausgabe im Covadonga Verlag erschienen.

Prolog

Der Radsport ist ein mächtiger Sport mit einer reichen und überaus vielschichtigen Historie. Ob Rennfahrer, Unternehmen, Teil der Bekleidung oder Komponente: Praktisch alles und jedes in diesem Sport hat seine eigene Legende oder erzählt seine eigene Geschichte – ein wichtiger Grund, warum viele Menschen eine solche Passion für den Radsport aufbringen. In vielen Fällen besitzen diese Geschichten und Legenden sogar eine ganz persönliche und nostalgische Verbindung zu unserem eigenen Leben.

Obschon er so stark in Traditionen verwurzelt ist, ist der Radsport gleichzeitig auch unbändig modern und strebt stets nach Fortschritt mittels Technik und Wissenschaft. Eine Tatsache, die seine Komplexität nur noch mehrt.

Aus dieser fragilen Balance zwischen Tradition und Fortschrittswillen rührt seit jeher ein besonderer Sinn für Etikette. Die Vorgaben für akzeptables Verhalten unter Rennradfahrern haben sich im Laufe vieler Jahre entwickelt. Sie sind ebenso das Resultat der dem Radsport innewohnenden Gefahren wie auch der steten wechselseitigen Abhängigkeiten zwischen den Fahrern, die für diesen Sport kennzeichnend sind. Entstanden ist daraus ein komplexes Geflecht von Übereinkünften, die regeln, was für einen Radsportler akzeptabel ist und was nicht. Die Bandbreite reicht von rein ästhetischen bis hin zu rein funktionalen Konventionen.

Wir sind die Velominati, der heilige Orden der Radsportjünger. Wir verbringen unsere Tage damit, über die Essenz des Radsports nachzudenken, zu seinem Kern vorzudringen, um zu verstehen, was ihn zu einem solch farbigen, schillernden Universum formt. Das ist der Raison d'Être der Velominati.

La Vie Velominatus ist ein Ausdruck, den die Velominati häufig verwenden, um die Lebensweise eines wahrhaften Radsportlers zu beschreiben: eines Rennradfahrers, der diesen Sport, seine Geschichte, seine Kultur, seine Etikette und seine Ausübung in einem beinahe religiösen Kontext betrachtet.

La Vie ist Französisch und bedeutet »das Leben«. Aber es würde viel zu kurz greifen, wenn man den Ausdruck nur in diesem Sinne verstünde, denn es hieße, sich nur auf eine Bedeutungsebene zu konzentrieren, auf nur eine Facette, und gleichzeitig etwas Wichtigeres außer Acht zu lassen: nämlich die Gemeinschaft der vielen anderen gleichgesinnten Seelen, mit denen wir diese schöne Erfahrung teilen.

Es geht nicht um das Individuum; es geht um das Kollektiv. Um eine Art zu leben und das Leben zu betrachten. Das ist der gemeinsame Weg der Radsportjünger.

La Vie Velominatus steht und fällt mit Passion, und diese Passion wird durch fünf entscheidende Aspekte befeuert.

Erstens: Wir glauben, dass die beste Herangehensweise, um ein besserer Radsportler zu werden, einfach darin besteht, so oft wie möglich Rad zu fahren, und zwar so ambitioniert wie möglich.

Zweitens: Wir halten die Historie des Radsports in Ehren. Wir bewundern jene, die vor uns da waren und für uns gelitten haben. Aber wir betrachten auch die heutige Radsportkultur mit derselben Demut wie die Radsportkultur jener Generationen, denen wir nachfolgen.

Drittens: Wir betreiben und betrachten unseren Sport in dem Wissen, dass stetige Weiterentwicklung der Schlüssel ist, um auf Dauer bestehen zu können. Die Art und Weise, wie man die Dinge früher gemacht hat, muss nicht unbedingt die Art und Weise sein, wie man sie heute machen sollte. Wir lieben die Tradition, aber wir begrüßen die Zukunft mit offenen Armen.

Viertens: Wir glauben, dass Ästhetik eine entscheidende Rolle spielt, damit ein Fahrer das erforderliche Maß an Motivation entwickeln kann, um den Radsport in einer Weise auszuüben, dass er tatsächlich das meiste aus seinen Möglichkeiten macht und Tag für Tag aufs Rad steigt, Saison für verregnete Saison, Jahr für Jahr. Wenn man gut *aussieht*, dann *fühlt* man sich gut. Oder wie der Schriftsteller Paul Fournel es ausdrückt: Schön zu sein, heißt auch, schnell zu sein.

Fünftens und vermutlich am wichtigsten: Wir glauben, dass man, um die ersten vier Aspekte bestmöglich umsetzen zu können, einen gesunden Sinn für Humor braucht und nach Möglichkeit auch einen gewissen schwarzen Humor.

Die Regeln bilden eine der Säulen von *La Vie Velominatus*. Unser Kodex ist dabei weit mehr als nur eine simple Auflistung von allerlei Gesetzen und Geboten, die für Außenstehende auf den ersten Blick mehr oder weniger willkürlich oder unsinnig erscheinen mögen. Vielmehr fassen die Regeln die grundlegenden Prinzipien zusammen, nach denen ein Jünger des Radsports sein Leben lebt. Auch wenn einige Punkte vielleicht seltsam erscheinen und andere so wirken, als wären sie rein ästhetisch motiviert, so haben doch alle ihren Ursprung in der Geschichte, Kultur und Etikette unseres Sports und dienen letztlich allesamt einem Zweck: die Leute zu motivieren, öfter aufs Rennrad zu steigen und den Radsport und das Radfahren noch inniger zu lieben als bisher.

Du wirst bei der Lektüre dieses Buches schnell merken, dass es eine oberste Regel gibt, und zwar ist dies die Regel #5: Beiß verflucht noch mal auf die Zähne! Das ist das zentrale Element des Kodex der Velominati. Wir sprechen auch gern einfach von der V (»Die Fünf«), wenn wir uns auf diesen Kerngedanken beziehen. Radsport ist nun mal ein harter Sport, und das erfordert von uns im Umkehrschluss, dass wir hart im Nehmen sein müssen. Die V steckt in jedem von uns, wie ein tiefer Brunnen, den wir anzapfen können, wenn wir ihn am meisten brauchen. Die V durchdringt uns, sie ist immer um uns, sie hält unseren Sport zusammen.

Unter den Velominati gibt es einige, die der Regel #5 dermaßen große Wertschätzung entgegenbringen, dass sie das Gefühl haben, alle anderen Regeln wären überflüssig. Diese Regel #5-Fundamentalisten haben vielleicht nicht gänzlich Unrecht, aber die Dinge auf ihren simplen Kern zu verkürzen, würde doch auch bedeuten, den größeren Gedanken zu negieren, dass aus Komplexität unermessliche Freude entspringen kann. Es mag ja sein, dass ein Glas Wasser genügt, um seinen Durst auf die denkbar erfrischendste Weise zu stillen, und doch kann man gleichzeitig auch einen guten Wein wertschätzen, der sich durch die Tiefe seines Geschmacks und seine Unverwechselbarkeit abhebt. Wir haben uns entschieden, mit offenen Armen der Vielfalt an Weisheiten zu begegnen, die durch die übrigen Regeln vermittelt wird – sei es, das Training in schlechtem Wetter zu genießen (siehe Regel #9), lieber das Radsport-Fachgeschäft vor Ort zu beehren, als im Online-Handel einzukaufen (siehe Regel #58), oder immer und überall zu versuchen, sorgsame Nonchalance zu verkörpern (siehe Regel #80). In der Tat versuchen die Velominati sich auszuzeichnen, indem sie die Subtilität dieses glorreichen Sports feiern.

Dieses Buch setzt nichts voraus außer Passion: Als Leser wirst du nichts benötigen als eine, wie auch immer geartete, Leidenschaft für den Radsport. Wir werden dir keine Lektionen in Radsportgeschichte erteilen, und wir werden dir nicht erklären, was ein Schnellspanner ist. Es gibt andere Bücher und sonstige Medien, die viel besser geeignet sind, um etwa die Geheimnisse des Trainings oder der richtigen Tritttechnik zu erläutern.

Vielmehr möchte dieses Buch dich inspirieren, selbst aufs Rennrad zu steigen – ganz gleich, ob du das erst gestern noch gemacht hast oder zum letzten Mal vor zehn Jahren. Wir hoffen, einen Beitrag dazu zu leisten, dass du genau dieselbe Liebe und Neugier für diesen Sport, für das Rad und diese Art zu leben – *La Vie Velominatus* – entdecken wirst wie wir. Dies ist eine unerschöpfliche Quelle der Motivation, der Freude und des Vergnügens, die uns immer wieder aufs Neue inspiriert, eine Runde mit dem Rad zu drehen, mehr über unseren Sport zu lernen und nicht nur bessere Radsportler zu werden, sondern bessere Menschen.

Die Regeln und unser Glossar haben sich im Laufe der Jahre organisch weiterentwickelt, und was uns heute vorliegt ist eine Liste mit insgesamt fünfundneunzig Regeln. Die Regeln sind chronologisch durchnummeriert, also nach dem Zeitpunkt, an dem sie dem Kanon hinzugefügt wurden – und nicht etwa geordnet nach ihrer Bedeutsamkeit. Aus diesem Grund haben wir uns entschieden, die Regeln für dieses Buch in fünf Abschnitte zu untergliedern, die jeweils unter einer thematischen Überschrift stehen, anstatt sie in der Reihenfolge zu belassen, in der sie auf *Velominati.com* aufgeführt sind. Jede Regel hat jedoch ihre ursprüngliche Nummer beibehalten. Im Laufe der Jahre haben wir zudem ein eigenes Vokabular entwickelt; solltest du also mal einen Begriff nicht auf Anhieb verstehen, konsultiere einfach das Glossar am Ende dieses Buches oder die Community von *Velominati.com*.

Vive la Vie Velominatus.

TEIL I:

Die Jünger

Es war ein langer, allmählicher Prozess, diese Reise, die uns zu Jüngern des Radsports machte. Vielleicht begann alles mit diesem Gefühl zu fliegen, als wir uns zum allerersten Mal auf einem Fahrrad vorwärtsbewegten, ohne das Gleichgewicht zu verlieren und nach ein paar wackligen Metern umzufallen. Oder vielleicht war es das erste Mal, dass wir eigenhändig ein neues Lenkerband aufzogen und erstaunt waren, wie frisch unser Rennrad nun aussah. Oder womöglich das erste Mal, dass wir eine seltsam vertraute Schwermut bemerkten, ja, ein Gefühl des Verlustes sogar, als wir aus irgendeinem Grund, den wir nicht beeinflussen konnten, einige Zeit ohne unser geliebtes Rad auskommen mussten.

Der Radsport ist ein schwerer Sport. Nicht schwer in dem Sinne, dass man frontal über den Haufen gelaufen würde wie beim Rugby oder American Football. Nicht schwer in dem Sinne, dass man gegen das Ertrinken kämpfen müsste wie beim Schwimmen. Nicht schwer in dem Sinne, dass man einen kleinen Ball mit einem schmalen Holzschläger treffen müsste wie beim Baseball. Der Radsport ist schwer, weil unsere Ausfahrten und Rennen in Stunden und in Hunderten von Kilometern gemessen werden. Dieser Sport ist schwer in dem Sinne, dass das größte Hindernis nicht etwa das Rad ist oder das Streckenprofil, sondern unser Geist: Wir müssen der Verlockung widerstehen, drinnen auf dem Sofa zu bleiben, wenn es draußen aus Kübeln schüttet, wir müssen die Courage aufbringen, auch dann weiterzumachen, wenn unsere Beine furchtbar schmerzen, und wir müssen genügend Standhaftigkeit beweisen, um bitterer Kälte ebenso zu trotzen wie erdrückender Hitze.

Radsportler ticken anders als andere Menschen. Wir streben danach, die höchsten Pässe in der kürzest möglichen Zeit hinaufzufahren; wir brennen darauf, über die schmalsten, ruppigsten Wirtschaftswege ganz Europas zu brettern. Wir ziehen die Vorhänge zur Seite, sehen nichts als dunkle Wolken und verregnete Straßen und packen doch eiligst unsere Klamotten zusammen, um uns so schnell wie möglich der grausamen Pracht einer Ausfahrt bei widrigen Bedingungen hinzugeben.

Wenn ein Radsportler davon spricht, »sich großartig zu fühlen«, meint einer wie wir damit etwas anderes als die meisten Menschen. Jünger des Radsports müssen gelernt haben, auch dann den Druck auf den Pedalen aufrechtzuerhalten, wenn die Lunge zu explodieren droht und das Herz versucht, mit einem mächtigen Satz der Enge des Brustkorbs zu entkommen. Und das alles, während der Körper von so viel Laktatsäure geflutet wird, dass der Kiefer beginnt zu schmerzen, die Muskeln sich in brennende Kohleklumpen verwandeln und die Sehkraft schwindet.

Dann nicht einzuknicken und stattdessen noch mal den Druck auf dem Pedal zu erhöhen, um einfach noch *ein bisschen mehr* Tempo aus uns und unserem Rad herauszupressen, bedeutet für uns, »sich großartig zu fühlen«.

Der Radsport besitzt eine reiche und überaus vielschichtige Historie. Alles in diesem Sport, jedes Unternehmen, jeder Rennfahrer, jedes Teil der Bekleidung und jede Komponente, hat seine eigene Legende. Und oft besitzen diese Dinge auch eine ganz persönliche und nostalgische Verbindung zu unserem eigenen Leben. Bilder unserer Heroen – die Großtaten von Merckx, Coppi, Hinault – geistern uns im Kopf herum, wenn wir einen berühmten Berg hochbolzen oder unsere Konturen im flämischen Spiegel betrachten, den der regennasse Asphalt bildet.

Obschon er so stark in Traditionen verwurzelt ist, ist der Radsport gleichzeitig auch unbändig modern und strebt stets nach Fortschritt mittels Technik und Wissenschaft. Eine Tatsache, die seine Komplexität nur noch mehrt. Wir werden von den Legenden der Vergangenheit inspiriert, aber was uns letztlich antreibt, ist Fortschritt: leichteres und steiferes Material; atmungsaktivere Kleidung, die besser mit Feuchtigkeit zurechtkommt, ganz gleich, ob sie aus unseren Poren strömt oder vom Himmel herunterprasselt. Keine dieser Neuerungen wird jedoch einfach kritiklos akzeptiert; alles muss sich erst bewähren im Kontext unseres großartigen Sports und vor dem Hintergrund des gemeinsamen Weges, den wir alle gefahren sind.

Dieser Dualismus verleiht uns eine Perspektive und hilft uns, uns weiterzuentwickeln, ohne unsere Wurzeln zu vergessen. Er hält uns vor Augen, dass ein wahrer Velominatus ein Radsportjünger höchsten Ranges ist. Wir verbringen unsere Tage damit, über den Kern dessen nachzudenken, was unseren Sport so besonders macht und ihn zu einem solch farbigen, schillernden Universum formt. Das ist der Raison d'Être der Velominati. Das ist unsere Agonie - unser Ehrenabzeichen - unsere Sünde.

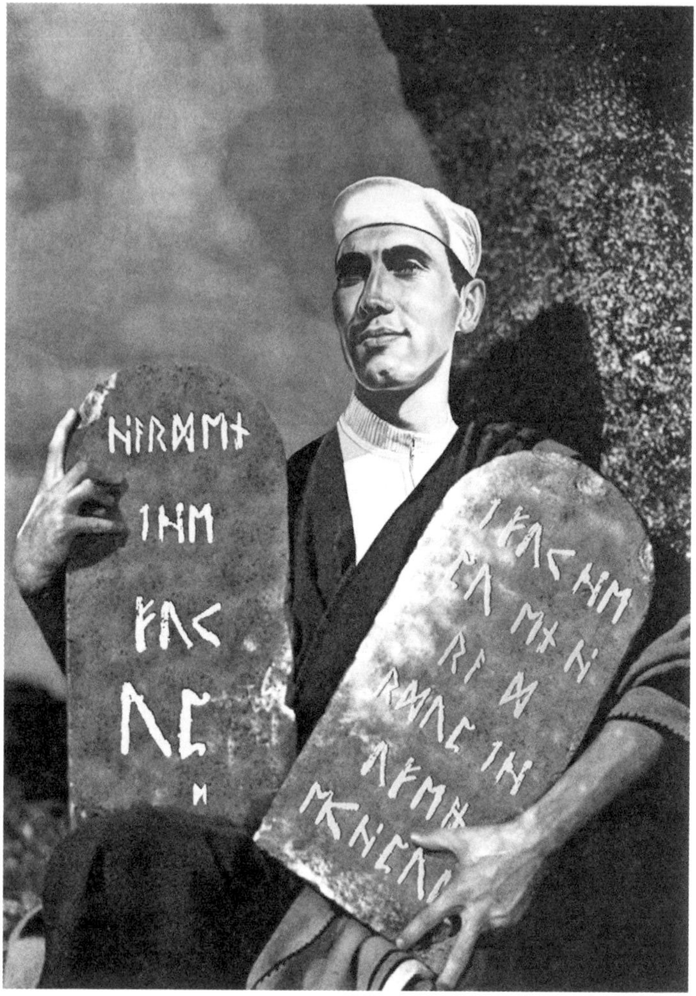

Der Prophet Eddy Merckx überbringt
das heilige V-estament.

REGEL #1 //
BEFOLGE DIE REGELN

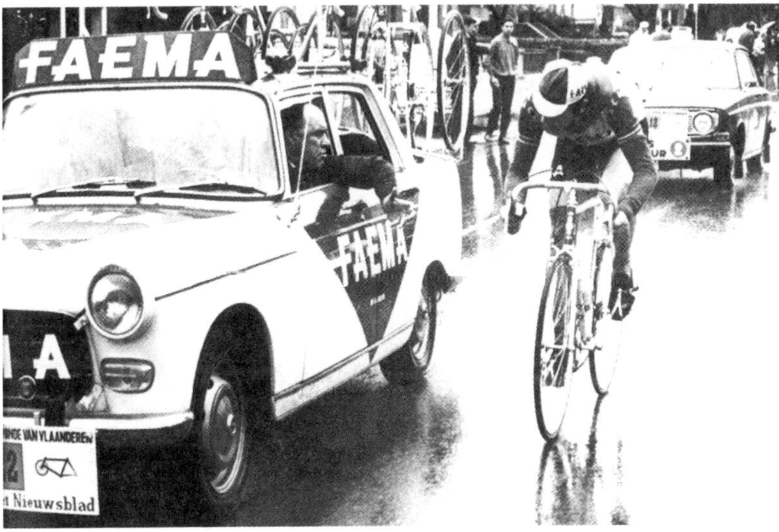

Die Ronde van Vlaanderen 1969: In seiner vielleicht stärksten Saison preschte Merckx bei einer nassen und verregneten Ausgabe der Ronde mit noch kuschligen 80 Rennkilometern vor der Brust vorne aus dem Feld heraus. Als einsamer Solist stürmte er gegen den beißenden Wind an. Da wies ihn sein Teamleiter an, die Beine hochzunehmen und auf die Meute zu warten. »Leck mich«, antwortete der Prophet. Merckx teilte die Fluten am Mount Velomis – niemand konnte ihn aufhalten.

Eine alte Velominati-Legende:

> Er stand oben auf dem Mount Velomis, halb Mensch, halb Rad. Als er auf die Welt hinabblickte, die zu schaffen ihn so viele Mühen gekostet hatte, wurde ihm bewusst, dass seine Jünger weich geworden waren.
>
> Sie beschwerten sich über Kälte, über Regen, über gefährliche Abfahrten. Sie beschwerten sich über Wind, über Hitze, über lange Tage im Sattel. Sie fuhren in abgetragenen Shorts und Trikots, die nicht zusammenpassten, und unter ihren Hintern befanden sich rückwärtig baumelnde Gepäckfächer. Auf ihren ungepflegten, nachlässig gewarteten Maschinen brachten sie Schande über alles, wofür er stand.
>
> So geschah es, hoch oben auf dem Mount Velomis, dass er noch einmal auf sein Rad stieg. Und während seine Reifen langsam wieder zu summen begannen auf seiner mächtigen Rolle, legte er los und trat in die Pedale, erst voller Verzweiflung, dann voller Wut, dann voller Fürsorge.
>
> Als sich sein Feuer schließlich in Erbarmen aufgelöst hatte und der Schweiß begann, von den mächtigen Geschützen seiner Beine auf den uralten Fels unter ihm zu tropfen, da formten die heiligen Mächte den Granit des Mount Velomis, so dass sie fortan in Stein gehauen dort zu lesen waren.
> Die Regeln.

Der Mount Velomis erhebt sich wie der Olymp über einer großartigen Kultur geprägt von Traditionen und Etikette, er erhebt sich über einem Jahrhundert Radsportgeschichte von den frühen Heldentaten von Major Taylor und Henri Desgrange bis hin zu den vergötterten Bravourstücken von Coppi, Bobet, Merckx und Hinault. Sein Schatten reicht weit über die Erfindung des Schnellspanners und der Kettenschaltung hinaus – allesamt Dinge, die wir in unserem ruhmreichen Sport seit langem für eine Selbstverständlichkeit halten. Wie ein mächtiger Fluss strömen von seinen Hängen all die zu erlernenden Lektionen herab, weitergetragen durch die kollektive Erfahrung von Mechanikern, die in Diensten anspruchsvoller Rennfahrer standen, die Wert auf kleinste Details legten. Die pochenden Herzen der Radsportjünger entfachen gemeinsam einen mächtigen Sturm, wenn wir uns völlig verausgaben, bis an unsere Grenzen und noch ein Stückchen mehr.

Wenn Radsportler sich in Schale werfen und auf ihr Rad steigen, stehen sie nicht auf den Schultern von Giganten; sie stehen auf einem gewaltigen Berg geformt aus Geschichte und Legenden. Sie stehen auf dem mächtigen Fels des Mount Velomis.

Wir sind Radsportler. Der Rest der Welt fährt einfach bloß Rad.

Befolge die Regeln.

REGEL #2 // GEH MIT GUTEM BEISPIEL VORAN

Jedem, der mit den Regeln vertraut ist, ist es strikt verboten, wissentlich einer anderen Person dabei behilflich zu sein, sie zu brechen.

Einige oder vielleicht sogar alle von uns haben irgendwann mal beiläufig die Bemerkung fallen lassen, dass wir, obschon wir doch die Regeln aufstellen, uns nicht immer und überall hundertprozentig an sie halten müssen. Das klingt ein bisschen wie eine Ausrede eines aufgeflogenen Dopers: »Ja, okay, ich hab dieses Zeug genommen und, ja, ich habe darüber gelogen, aber was blieb mir denn anderes übrig, ich musste es tun, weil alle anderen es auch taten.« Das ist natürlich Larifari. Niemand kauft einem so etwas ab, also sollte man gefälligst aufhören, anderen so einen windelweichen Sermon zu erzählen. Wenn also ein guter Freund dich um Rat fragt, ob er beim Rennradfahren einen Helmspiegel verwenden sollte oder nicht, dann solltest du instinktiv die richtige Antwort wissen, die du ihm geben musst.

Aber was ist, wenn derselbe Freund den Helmspiegel nun mal partout möchte oder wenn ihm von seinen Angehörigen eingetrichtert wurde, dass man sich erheblich weniger Sorgen um ihn machen würde, wenn er sich eine solche Monstrosität an die Rübe schraubt, ganz gleich, wie bescheuert man damit aussieht? Bittest du ihn, in Ruhe abzuwägen, ob er wirklich wie ein Depp aussehen möchte, wenn er hinterrücks von einem Sattelschlepper zermalmt wird, oder ob er in derselben Situation doch lieber nicht wie ein Depp aussehen möchte, wenn er hinterrücks von einem Sattelschlepper zermalmt wird? Wäre das ein überzeugendes Argument? Oder sagst du einfach: »Naja, dann schraub das Ding halt dran, wenn du dich damit sicherer fühlst oder wenn es dich davor bewahrt, für unbestimmte Zeit auf der Couch schlafen zu müssen, weil du den Wunsch deiner besseren Hälfte missachtet hast.«?

Ja, du kennst die Antwort. Wir müssen unsere Mit-Velominati nicht vor Lastwagen oder Autos oder ihren Ehepartnern beschützen: Wir müssen sie davor bewahren, dass sie in tadellosem Ornat fahren, das Rad akkurat geputzt und perfekt eingestellt, und das alles dann durch einen Akt des Wahnsinns verderben, indem sie zum Beispiel wegen eines subjektiv empfundenen Sicherheitsnutzens eine neongelbe Ordnerjacke (NGOJ) überstreifen oder einen Spiegel am Helm montieren. Du musst mit Nachdruck darauf bestehen, dass solche Gegenstände keinen Platz in der Garderobe oder Ausrüstung deiner Freunde haben. Bläue ihnen ein, dass man mit so etwas riskiert, von den anderen Fahrern in der Gruppe (die in solchen Fragen natürlich allesamt bereits sehr versiert sind, wenn du deine Überzeugungsarbeit im Rahmen deiner Möglichkeiten ordnungsgemäß erfüllt hast) aufs Entschiedenste zurechtgewiesen zu werden. Wenn sie dennoch darauf bestehen, bleibt dir nichts anderes übrig, als resignierend die Hände zu heben und noch mal klarzustellen, dass du an allem, was in dieser Angelegenheit noch folgen wird, schuldlos bist. In ein paar Wochen oder Monaten, wenn der Frevler seinen Fehler eingesehen hat, werden dich seine Worte des Dankes und der Entschuldigung ausreichend entschädigen. Du kannst also in Ruhe und Bescheidenheit der Dinge harren, im Wissen, dass du deinen Teil getan hast und dass die Vernunft und der gute Geschmack sich letztlich einmal mehr durchsetzen.

REGEL #3 // LEITE DIE UNEINGEWEIHTEN AN

Ganz gleich, für wie gut du deinen Grund hältst, wissentlich gegen die Regeln zu verstoßen, du kannst dir sicher sein: Er ist niemals gut genug.

Vielen Uneingeweihten erscheinen die Regeln oft willkürlich oder obskur. Aber für den Velominatus haben sie eine große Bedeutung, bieten sie ihm doch einen Weg zu Erleuchtung und Aufklärung in allen radsportlichen Dingen. Wie sehr wir als Rennradfahrer auch manchmal auf uns allein gestellt sein mögen, so treffen wir doch unweigerlich immer wieder auf andere Radsportler. Regel #3 bezieht sich auf die Verantwortung, die wir gegenüber unserem Sport haben, andere Menschen auf ihrem Weg zur Erkenntnis anzuleiten, während wir selbst auf diesem Weg dahinrollen.

Die Einhaltung von Regel #3 erfordert, dass wir zunächst einmal erkennen, wer die Regeln erschaffen hat: niemand und alle. Die Regeln wurden am Altar der Landstraße prophezeit und im Tiegel der Radsporttradition geschmiedet von den Generationen von Radsportlern, die uns vorausgegangen sind. Verfalle um Merckx' willen niemals in den Irrglauben, dass sich die Regeln vornehmlich um so etwas wie Style oder Eitelkeiten drehen würden. Und zweifle auch nicht für eine Sekunde daran, dass diese Wahrheiten, die aus Notwendigkeit geboren und für die Nachwelt aufgezeichnet wurden, auf Millionen von Kilometern Landstraße getestet wurden, auf Kopfsteinpflaster-Sektoren, an langen Anstiegen im Hochgebirge, auf Wirtschaftswegen inmitten windgepeitschter Äcker. Diese kollektive Weisheit ist es, die den Regeln ihre Macht verleiht, denn sie sind größer als wir alle zusammen und sie repräsentieren Jahrzehnte der Schmerzen und des Leidens auf dem Fahrrad. Sobald man das begriffen ist, wird die übliche, reflexartig vorgetragene Kritik an den Regeln, diese Litanei, sie seien letztlich doch nur reiner »Rennradfahrer-Snobismus«, als grenzenlos ignorant entlarvt. Kurzum: Die Gurte deines Helmes (siehe Regel #37) und die Hersteller-Labels deiner Reifen (siehe Regel #40) sind aus gutem Grund in ganz bestimmter Weise zu platzieren, und genau dieser Grund ist es auch, weshalb man auf die besagte Weise fantastisch aussieht.

Regel #3 ist ein Ruf zur Pflicht für den Velominatus. Im Wesentlichen besagt sie, dass wir, sobald uns der Weg von den Altvorderen gezeigt wurde, anderen Orientierung bieten müssen, wenn sie sich auf ihre Reise begeben. Denk jedoch daran, dass Regel #3 nicht festlegt, wie wir es anstellen, andere zu führen. Der eine oder andere mag dazu neigen, sich bei jeder Gelegenheit zu Wort zu melden und sein Urteil barsch und fest entschlossen zu verkünden. Diese Methode mag auf diejenigen überzeugend wirken, die die Welt gern in Schwarz und Weiß, Gut und Böse unterteilen oder den Weg zum Cognoscenti im Grunde bereits eingeschlagen haben. Aber bei diesem Ansatz läuft man stets Gefahr, Regel #43 zu verletzen (Führ dich nicht wie ein Idiot auf) oder – schlimmer noch – den interessierten Pedalwan zu verschrecken und vom richtigen Weg abzubringen. Im Gegensatz dazu kann man auch die sokratische Methode wählen und auf diese Weise zu einem Radsport-Sensei werden, der die Lernenden ihre intrinsische Motivation entdecken lässt, den Weg aus freien Stücken zu gehen. Das Risiko besteht hierbei darin, dass man nur vage Ideen verbreitet oder, Merckx bewahre, sogar der Disziplinlosigkeit das Wort redet und auf diese Weise die Regeln als etwas Fakultatives erscheinen lässt. Aber wie auch immer du es anstellst: Die Bereitschaft, die Uneingeweihten anzuleiten, wird deine eigene Entschlossenheit festigen und dich darin bestätigen, dass du selbst auf dem richtigen Weg durchs Leben fährst.

REGEL #4 // ALLES DREHT SICH UMS RAD

Es geht, absolut, ohne Frage, ganz eindeutig, um das Rad. Wer etwas anderes behauptet, ist offensichtlich ein Schwachkopf.

»Wenn ein Fahrrad sexy sein kann, dann ist dieses Fahrrad definitiv sexy.«

Ich stand stolz neben meiner neu aufgebauten Rennmaschine, einem Rad, von dem ich fast fünf Jahre lang geträumt hatte, immer in der Hoffnung, irgendwann ein Bein über seinen Sattel werfen zu dürfen.

Die Zusammenstellung des Rosses, bis hin zu seinen einzelnen Komponenten, war mühsam und aufwändig abgewogen und festgelegt und dann noch mal komplett neu durchdacht und überarbeitet worden, ehe ich mich daran wagte, überhaupt irgendein Teil zu kaufen. Also zum Teufel, ja, ein Fahrrad kann sexy sein. Und zur Hölle, ja, dieses Fahrrad war definitiv sexy.

Viel kann sich in der Zeit ändern, die es braucht, um ein Fahrrad aufzubauen. Es hatte mich über fünf Jahre gekostet, bis ich schließlich jenes Rad fertiggestellt hatte, das ich an diesem Tag meinen Freunden vorführte. Der Stand der Technik, das Material, das meine Idole fuhren, die gewünschte Lackierung des Rahmens – all diese Dinge hatten sich in einem fließenden Prozess immer wieder verändert wie Schlamm von Flanderns Äckern, der zwischen regennassen Pflastersteinen hinabrinnt.

Die Auswahl einer Komponente ist eine Entscheidung, die man sich über Wochen oder Monate hinweg erarbeiten muss, auch indem man sie immer wieder hartnäckig überdenkt und ausführlich mit jedem bespricht, der zu höflich ist, um wegzulaufen. Aber trotz all dieser

Aufmerksamkeit, die man dem Thema widmet, unterläuft einem mitunter ein Fehler und das betreffende Teil muss gegen eines ausgetauscht werden, das sich besser anfühlt oder besser mit der Ästhetik des Rades harmoniert.

Und dabei sind entscheidende Elemente wie die Frage, für welche Rahmengröße man sich entscheidet, noch nicht mal angesprochen. Als Junge war ich immer Räder gefahren, die zu groß für mich waren – ich sollte gewissermaßen in sie hineinwachsen, während ich langsam erwachsen wurde (mitunter bekomme ich zu hören, dass dies bis heute nicht der Fall ist). Ich selbst war nicht scharf darauf gewesen, mal wieder einen zu großen Rahmen zu kaufen, aber wenn man einen zu kleinen Rahmen kauft, hat man ein ernsthaftes Problem, nämlich eines, für das es keine Lösung gibt. Monate des angestrengten Nachdenkens wurden daher nun dieser kritischen Entscheidung gewidmet, und zwar mit Hilfe von Geometrie- und Trigonometrie-Lehrbüchern von der Highschool, die ich wieder ausgrub und die mir unverzichtbare Unterstützung in der Frage boten, welche Rahmengröße mir zu den geeigneten Rohrmaßen und -winkeln verhelfen würde, damit ich mich vom Esel in ein Vollblut verwandeln konnte.

Selbst die Details, die sich zu einem späteren Zeitpunkt leicht noch ändern lassen, erfordern lange Überlegungen, ganz einfach, weil der allererste Eindruck, den du von einer neu aufgebauten Maschine bekommst, sich auf ewig in deine Psyche einbrennen wird. Wenn du versehentlich ein Lenkerband in der falschen Farbe oder einen falschen Sattel wählst, würde das einen bitteren Nachgeschmack hinterlassen, der sich nicht so leicht wegspülen lässt (obwohl dafür ein gut gehopftes Ale sicherlich ein brauchbarer Anfang wäre).

Sorgfältig wurde bei jeder Komponente darauf geachtet, wie sich die Kosten in Relation zu Gewicht und Langlebigkeit verhielten. Für mich als großen, schlaksigen Kerl ist der Flex des Rahmens von primärem Interesse, dennoch gehe ich, gerade auch angesichts des beträchtlichen Gesamtgewichts von Fahrer und Rad, beim Materialgewicht nicht leichtfertig Kompromisse ein. Die Herausforderung, eine vernünftige Balance zwischen diesen Faktoren herzustellen, war eine Reminiszenz an meinen Versuch, das Gleichgewicht zu halten, als ich das erste Mal ohne die helfende, stabilisierende Hand meines neben mir herlaufenden Vaters am Sattel fuhr.

Dieses spezielle Rad lebte ein halbes Jahrzehnt lang in meinem Herzen, bevor ich erstmals eines seiner Rohre berührte. Seit ich es besitze, lebt und wächst es mit mir, wird immer mal wieder ein wenig angepasst, um meiner Entwicklung als Fahrer gerecht zu werden oder den jeweiligen Bedingungen und Anforderungen bestmöglich zu entsprechen. Für Hochgebirgspässe, Kopfsteinpflaster oder Trainingsfahrten werden jeweils entsprechende Laufräder ausgewählt. Gepolstertes Lenkerband kommt zum Einsatz, um die Unvermeidbarkeit von ermüdeten Händen auf dem *Pavé* ein wenig zu lindern. Die Kassette wird in Abhängigkeit vom erwarteten Streckenprofil ausgetauscht. Und vielleicht am wichtigsten: Die Breite und das Profil der Reifen werden danach ausgesucht, wohin Asphalt und Schotter mich tragen könnten. Letzten Endes wird dieses Rad für immer in meinem Herzen weiterleben, auch wenn es schon längst aufgestiegen ist in den ewigen Schrotthaufen an den Hängen des Mount Velomis.

Wenn ich nur einen Bruchteil der Gedanken, die ich der Zusammenstellung, Pflege und Instandhaltung dieses Rades gewidmet habe, in meinen Job investiert hätte - oder auch in die Entwicklung meines Charakters -, wäre ich bestimmt längst ein sehr mächtiger Mann und steinreich noch dazu.

Aber das stört mich nicht im Geringsten. Denn alles dreht sich ums Rad.

REGEL #11 //

NICHT DIE FAMILIE KOMMT AN ERSTER STELLE. ES IST DAS RAD

Sean Kelly wird nach dem Amstel Gold Race 1984 von einem Reporter interviewt. Da sieht er seine Frau an seinem Citroën AX lehnen. Er unterbricht das Interview, um ihr zu sagen, dass sie gefälligst vom Lack runtergehen soll, worauf sie nur achselzuckend meint: »In deinem Leben kommt halt das Auto an erster Stelle, dann das Rad und erst danach ich.« Instinktiv schnappt er zurück: »Da verwechselst du was. An erster Stelle kommt das Rad.«

Zunächst einige Hintergrundinfos zu Sean Kelly.

Sean Kelly hat während seiner gesamten Karriere nie gelächelt, auch nicht bei den vielen Gelegenheiten, bei denen er die Ziellinie als Sieger überquerte. Sieben Jungfrauen in neun Ländern fielen gleichzeitig in Ohnmacht, als er sich einmal erlaubte, einen kurzen Moment lang nicht finster dreinzublicken. Sean Kelly fuhr bekanntermaßen Räder des französischen Herstellers Vitus. Schöne Rahmen aus Aluminium- oder Carbon-Kevlar-Rohren, die alles, was ihnen an Steifigkeit vielleicht fehlte, mit ihrer Schönheit locker wieder wettmachten. Seine Teamkollegen erhielten jeweils einen Rahmen fürs Training und einen für die Rennen. Sean Kelly hingegen fraß seine Rahmen geradezu. Jeder einzelne hielt nur ein einziges Rennen, bevor er auf dem Schrottplatz landete.

Sean Kelly ist ein ehrlicher, fleißiger, Klartext redender Ire, sozusagen ein Destillat all der Grundzutaten, die den Radsport großartig machen. Im Ruhestand ist aus ihm noch ein verhältnismäßig jovialer Bursche geworden, zumindest munkelt man, dass er nun gelegentlich mal kichert, aber wenn seine Worte mit irgendetwas gewürzt sind, dann immer noch mit einer Marinade aus Pisse und Essig.

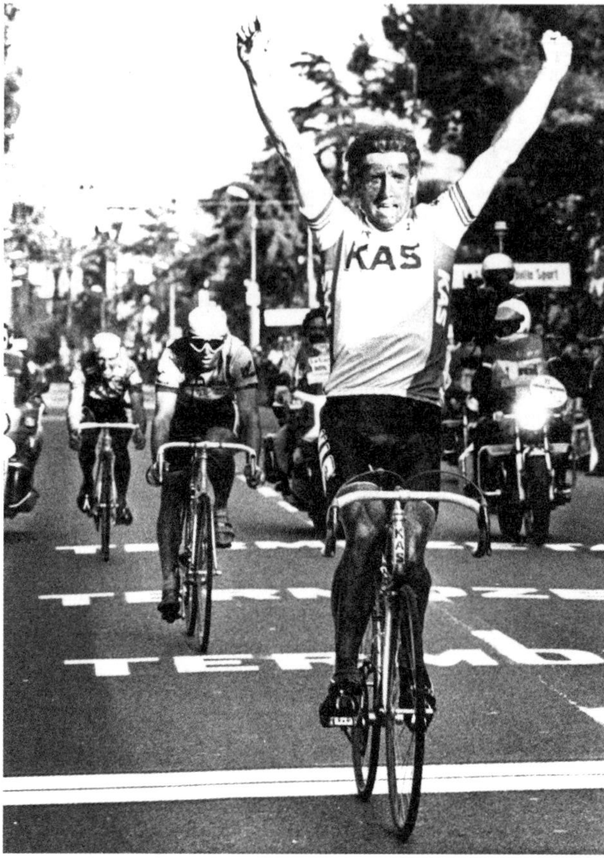

Sean Kelly reckt triumphierend die Arme in die Höhe, nachdem er Greg LeMond bei Mailand-Sanremo 1986 im Sprint geschlagen hat.

Geboren Mitte der 1950er Jahre im ländlichen Irland, wuchs er in einem Milieu auf, in dem harte Maloche bis zur Selbstaufgabe großgeschrieben wurde. Doch Kelly ließ sein vorbestimmtes Dasein als einfacher Landarbeiter hinter sich und entschied sich stattdessen dafür, einer der furchteinflößendsten Siegertypen zu werden, die unser Sport je erlebt hat. Es gibt zwar die Redewendung vom »Luck of the Irish«, aber im Falle Kellys muss man eher das Klischee vom

»Glück des Tüchtigen« bemühen. Immer in Gedanken bei seinem Job als Radrennfahrer und ohne jeden Sinn für Humor – mit diesem Mann war buchstäblich nicht zu spaßen.

Kelly wurde in den 1970er Jahren Profi und zermalmte fortan systematisch jeden Fahrer, dessen Hinterrad sich in sein Blickfeld schob. Als einfacher Mann, der mit schwerer Arbeit auf schwierigem Boden aufgewachsen war, legte er wenig Wert auf technischen Fortschritt und ein zeitgemäßes Outfit. Lange nachdem das gesamte Peloton zu Klickpedalen gewechselt war, konnte man Kellys Position im dichtgedrängten Feld immer noch auf Anhieb am Glitzern des Sonnenlichts erkennen, das sich auf den Hakenpedalen spiegelte, denen er beharrlich die Treue hielt.

Bei Mailand-Sanremo 1991 überquerte der Italiener Moreno Argentin allein an der Spitze des Rennens den Gipfel des berühmten Poggio und fuhr einem sicheren Sieg entgegen. Vor ihm lagen nur noch drei Kilometer kurvenreiche Abfahrt und dann ein flacher Kilometer bis zum Ziel auf der Via Roma in Sanremo.

Es gab nur ein Problem: Sean Kelly war hinter ihm, und ein Sean Kelly macht keine halben Sachen. Vor allem aber ist Sean Kelly überzeugt, dass Bremsen nur etwas für Weicheier ist, und Sean Kelly ist kein Weichei. Argentin raste den Poggio hinab, als wäre er ein Dieb auf der Flucht und wollte nicht eingebuchtet werden. Aber Sean Kelly nahm diese Abfahrt, als würde er lieber sterben als verlieren. Kelly holte den Italiener auf dem letzten Kilometer ein und schlug ihn mit einem Blick von sorgsamer Nonchalance, ehe er seinen Zielsprint auch nur eröffnet hatte.

Siebzehn Jahre lang entriss Sean Kelly verdienten Fahrern höchsten Ranges zahllose prestigeträchtige Siege. Vom Anbeginn seiner Karriere bis zu deren Herbst gewann er Rennen durch List, Stärke, Nehmerqualitäten und unerschütterliche Entschlossenheit. Aber vor allem errang er seine Siege durch totale und vollständige Hingabe an seine Profession, an sein Handwerk.

Für ihn gab es nichts als das Rad. Nicht die Familie kam an erster Stelle, es war das Rad.

REGEL #12 //
DIE KORREKTE ANZAHL RÄDER, DIE MAN BESITZEN SOLLTE, LAUTET N+1

Während drei die minimale Anzahl von Fahrrädern ist, die man besitzen sollte, lautet die korrekte Anzahl N+1, wobei N für die Zahl der derzeit im Besitz befindlichen Räder steht. Diese Gleichung lässt sich auch umformen in S-1, wobei S für die Zahl der in deinem Besitz befindlichen Räder steht, die dazu führt, dass dein Partner bzw. deine Partnerin sich von dir trennt.

Ich möchte mir einen neuen Cyclocross-Rahmen kaufen. Meine Freundin unterstützt das, obwohl sie weiß, dass ich schon einen Cyclocrosser habe. Ganz zu schweigen von den drei Rennrädern, meinem Rad für Besorgungen in der Stadt und dem MTB. Da sie selbst Radsportlerin ist, besitzt sie natürlich ebenfalls drei Rennräder und ein paar Räder fürs Gelände.

Nichtsdestotrotz hat sie die entscheidende Stimme in unserem Haushaltsausschuss, und alle derartigen Käufe müssen von besagtem Ausschuss abgesegnet werden. Was unserem Entscheidungssystem an Bürokratie vielleicht fehlen mag, macht es mit akribischer Prüfung locker wett: Es ist nicht übertrieben, dass ich sehr erleichtert bin, dass ich letztlich die Zustimmung des Ausschusses erhalten habe.

Genau genommen, freut aber auch meine Freundin sich auf die Neuanschaffung. Der fragliche Rahmenbauer ist nämlich ein kleiner exquisiter Shop im Nordwesten der USA, und wenn sie im Nordwesten der USA was gut können, dann kleine exquisite Shops. Nach einer langen Diskussion darüber, ob eine *Gruppo*-, Group-san- oder Bro-Set-Ausstattung dieses besondere Rad beehren soll, sprach sie einen Satz aus, der mein Herz so sehr in Wallung brachte, dass mir die Luft wegblieb: »Danach gehe ich davon aus, dass wir diese Fahrradkauf-Sache mal für eine Weile auf Eis legen und uns auf unsere anderen Prioritäten konzentrieren können, nicht wahr?« Das war keine Frage, auch wenn es so formuliert war.

Bilder von herrlichen 29ern und Zeitfahrmaschinen zogen vor meinem geistigen Auge vorüber, während ich mich beeilte, zustimmend zu nicken. Bei Licht betrachtet sträube ich mich ja gar nicht dagegen, mich mal auf »andere« Prioritäten zu konzentrieren. Aber ehrlich gesagt verstehe ich nicht so recht, was sie mit dieser Formulierung meint. Bisher hatte ich gedacht, das 29er und die Zeitfahrmaschine wären die anderen Prioritäten.

Wir Velominati lieben unsere Räder. Ein Fahrrad ist für uns mehr als nur einfach ein Handwerkszeug; jede Maschine, die wir fahren, hilft uns, eine Verbindung zur V herzustellen, die einen unauslöschlichen Eindruck in unserer Psyche hinterlässt. Wir betrachten kein Rad als Selbstverständlichkeit, und wir verstehen, dass ein Rad, das nicht gefahren wird, ein Rad ist, das nicht wertgeschätzt wird – und dass ein Rad, das nicht wertgeschätzt wird, womöglich das Traurigste ist, was man sich auf Erden vorstellen kann.

Nichtsdestotrotz sehnen wir uns immer nach einem weiteren Rad. Vielleicht ist es eine tief verwurzelte Störung, die sich aus unserem genetischen Erbe als Jäger und Sammler erklärt. Vielleicht ist es auch eine mysteriöse Spielart des Stockholm-Syndroms, der wir anheimgefallen sind, so dass wir einer Maschine, die letztlich nicht viel mehr tut, als uns auf primitive Weise leiden zu lassen, einen überweltlichen Wert beimessen.

In den Stall kommen mir ausschließlich Räder, die zuvor sorgsam ausgewählt, zusammengestellt und montiert wurden. Den ganzen Sommer zwischen der sechsten und siebten Klasse habe ich miese Gelegenheitsjobs übernommen, um mir mein erstes richtiges Rennrad kaufen zu können. Kurz danach begann ich, es nach meinen Vorstellungen anzupassen. Ich montierte einen Cinelli-Vorbau und einen Drop-in-Lenker von Scott, den ich mit Benotto-Lenkerband umwickelte, sofern man etwas, was ganz ohne selbstklebende Fläche auskommt, tatsächlich so nennen kann. Kurz darauf kaufte ich ein Paar Time-Pedale und bald darauf einen Selle San Marco Regal-Sattel. In den wenigen kurzen Monaten, in denen ich das Rad nun besaß, verwandelte es sich in etwas, das nicht mehr als die Maschine zu erkennen war, die ich aus dem örtlichen Fahrradgeschäft geschoben hatte.

Ich liebte dieses Rad. Ich fuhr es, bis es auseinanderfiel. Und als es auseinanderfiel, reparierte ich es oder kaufte neue Teile, um jene zu ersetzen, die unrettbar hinüber waren. Ich fuhr es beinahe zwanzig Jahre lang, und einige seiner Komponenten leben sozusagen im Hospiz an einem meiner jetzigen Räder weiter.

Jedes Rad, das ich seither besessen habe, begann mit dem Kauf eines Rahmens und entwickelte sich peu à peu zu einem prächtigen Ross, ein jedes mit seiner eigenen Geschichte, die von knappen Budgets und langen Phasen vorfreudigen Wartens erzählt.

2003 nahmen mein Velomihottie und ich an der L'Etape du Tour teil, einem jährlichen Radmarathon, der von den Veranstaltern der Tour de France auf die Beine gestellt wird und Normalsterblichen die Chance gibt, eine Bergetappe der jeweiligen Ausgabe der Tour als Jedermannrennen zu bestreiten. In jenem Jahr führte die Strecke von Pau nach Bayonne. 220 Kilometer, erst über drei Pyrenäenpässe, dann 80 Kilometer bergab vom letzten Gipfel hinab ins Ziel. Das ganze Frühjahr über trainierten wir wie die Bescheuerten. Unsere Trainingstagebücher waren voll mit Einträgen, die von 200 Tageskilometern und mehr kündeten.

Ein paar Tage nach der L'Etape kehrten wir an die Strecke zurück, um mitzuerleben, wie die richtige Tour de France über dieselben Straßen führte. Wir schauten vom Straßenrand aus zu, wie das Feld vorbeikam, bevor wir in ein Dorf-Café mit dem treffenden Namen Calamity Jane umzogen. Dort verfolgten wir den Rest der Etappe auf einem Fernseher, dessen Antenne ständige Aufmerksamkeit von den Angestellten der Bar verlangte und der den *Patron* des Ladens jedes Mal zu Anfeuerungsrufen animierte, sobald auf dem kleinen Bildschirm mal kurzzeitig ein klares Bild zu erkennen war. Tyler Hamilton gewann an diesem Tag die Etappe auf dem Prototyp eines Rades, das später das Cervélo R3 werden sollte.

Sieben Jahre lang träumte ich davon, ein Rad wie das zu besitzen, mit dem Hamilton auf den Straßen, die wir beide flüchtig geteilt hatten, zum Sieg gefahren war – sein späteres Dopinggeständnis hin oder her. Als schließlich der Tag gekommen war, an dem ich mein Bein über das Oberrohr meines eigenen R3 werfen konnte, hatte ich das Gefühl, neu geboren zu sein. Der krönende Abschluss so vieler Träume, die in diesem ganz besonderen Moment zusammenliefen, lässt sich vielleicht am besten damit beschreiben, was Wissenschaftler als Singularität bezeichnen: ein bestimmter Punkt, an dem die physikalischen Gesetze, wie wir sie kennen, nicht mehr über die Ereignisse herrschen, wenn wir sie sehen. Geteilt durch null, um es mit dem Taschenrechner auszudrücken.

Ein Freund von mir baute den Rahmen, den ich derzeit fahre und im Rennen benutze und der mich in die vielleicht vulgärste und elementarste Form des Radrennsports einführte: Cyclocross. Vermenge Radrennen, Trailrunning, Minigolf und Fight Club zu einer einzigen Sportart und du hast eine ungefähre Ahnung davon, worum es geht. Füge dann noch etwas Morast und Alkohol hinzu, und das Bild nimmt langsam Konturen an. Ich liebe den Cyclocrosser, den ich derzeit fahre und er ist unverwechselbar. Fotos von den Rennen, an denen ich teilnehme, offenbaren immer einen riesigen orange lackierten Rahmen, der bei den Laufpassagen, wenn die Räder geschultert werden, alle anderen Räder um einen Meter überragt.

Dieses Rad hat jedoch ein paar traumatische Erlebnisse gehabt, die durch meine Inkompetenz als Querfeldein-Rennfahrer ausgelöst wurden, und es leidet auch darunter, eher ein Schwergewicht zu sein. Was den Radsport betrifft, bin ich zu der Schlussfolgerung gekommen, dass ich mir zwar selbst ein wenig Gewicht zu viel zugestehen kann, aber niemals meinem Rad.

In einem Sport, der von einem verlangt, sein Rad während eines Rennens mehrere Dutzend Mal hochzuheben, bin ich naturgemäß ein großer Fan federleichter Maschinen. Was mich zu meiner anfänglichen Bemerkung zurückbringt: Ich möchte mir einen neuen Cyclocross-Rahmen kaufen.

Und sobald diese Sehnsucht gestillt ist, gehe ich auf die Jagd nach einem 29er und einer Zeitfahrmaschine. Und wenn das erfolgreich war, habe ich ja immer noch kein einziges Rad mit Titanrahmen. Und wenn ich mir ein 29er kaufe, wird es entweder ein Hardtail oder vollgefedert sein, was bedeutet, dass ich entweder noch kein vollgefedertes 29er oder kein 29er Hardtail habe. Und ich bezweifle, dass eins davon aus Titan ist.

Ich habe gehört, dass sich Titan großartig fährt und dass es, wenn man erst mal ein Titanrad hat, keine Notwendigkeit mehr gibt, sich noch mal ein neues Rad zu kaufen. Wer das behauptet, hat offenbar keine Ahnung. Seit wann geht es um so etwas wie Notwendigkeit?

REGEL #13 //

WENN DU DIE START-NUMMER 13 ZIEHST, DREH SIE AUF DEN KOPF

Paradoxerweise ist derselbe Geist, der solch immense Kontrolle über den Körper ausübt, auch jämmerlich fragil und anfällig für abergläubische Anwandlungen. Allzu leicht geschieht es, dass er von Zweifeln erfüllt und von Nebensächlichkeiten abgelenkt wird. Deshalb ist es so wichtig, dass das Lenkerband stets perfekt gewickelt ist, dass das Rad keine Geräusche macht und dass keine Flecken deine Radkleidung besudeln. Und wenn du als Startnummer die Unglückszahl 13 erwischst, dreh sie auf den Kopf, um ihrer negativen Energie entgegenzuwirken.

Als ich noch Skilangläufer war, hatten wir ständig mit bitterkaltem und tristem Wetter zu kämpfen. Wir hatten natürlich jede Menge Ausrüstung, um mit diesen Bedingungen zurechtzukommen. Unterschiedlich dicke Handschuhe, unterschiedlich warme Mützen, verschiedene Sonnenbrillen für grellen Sonnenschein, bewölkten Himmel und Regen (wobei es sich weniger um Sonnenbrillen als vielmehr um gelb getönte Gläser handelte). Ich hatte Skier für weichen Schnee, Skier für harten Schnee und Skier für Schnee, der sich nicht so recht entscheiden konnte.

Ich habe endlose Stunden trainiert – mehr als jeder andere in meiner Trainingsgruppe. Im Sommer trainierte ich viel härter als alle meine Konkurrenten, insbesondere auch deshalb, weil es während dieses Sommer-Trainings war, dass ich meine Liebe für das Radfahren entdeckte.

Solange kein Schnee auf den Straßen lag, fuhr ich fast das ganze Jahr hindurch. Wir trainierten auf Mountainbike-Strecken im Norden von Minnesota, auf Trails, auf die sich nur wenige Leute jemals mit einem Rad gewagt hatten. In einem Jahr luden wir den Trainer eines Konkurrenzteams ein, mal einen Tag lang mit uns zu trainieren. Es regnete, und wir fuhren über unseren gewohnten Singletrail, der mit dichtem, Schienbein-aufschlitzendem Gestrüpp und ultrasteilen und nicht minder steinigen Abschnitten aufwartete, so dass wir regelmäßig Kettenrisse und verbogene Lenker zu verzeichnen hatten.

Mehr als einmal warf er sein Fahrrad ins Gebüsch – zum Teil aus Wut, zum Teil auch einfach, um eine Ausrede zu haben, einmal richtig durchzuatmen, während er es wieder aus dem Gestrüpp holte.

Als er von dieser Ausfahrt zurückkam, soll er Berichten zufolge zu seinem Team gesagt haben, dass sie in diesem Jahr die Hoffnung auf einen Sieg in den wichtigen Rennen abschreiben könnten. Denn so wie ich trainierte, würde ich sie sicherlich alle locker abhängen. Tatsache ist, dass ich gar nicht so trainierte, wie er dachte. Wir hatten Rick lediglich einen kleinen Vorgeschmack auf unser richtiges Training gegeben, sozusagen eine Touristen-Version. Mit ihm waren wir nur eine der insgesamt vier Schleifen unseres Trails gefahren. Es hat sechs oder sieben Stunden gedauert. Während des Sommers fuhren wir regelmäßig alle vier Schleifen am Stück. Normalerweise in acht Stunden oder weniger.

Und wir sprechen hier nicht über Mountainbiking, wie man es heute kennt. Dies war vielmehr eine frühe, sich in der tiefsten Walachei abspielende Initiation in Regel #5. Wir verbrachten ganze Tage an einem einzigen Hügel, um herauszufinden, wer in der schnellsten Zeit oben auf dem Gipfel war. Unsere Trails waren steile, technische Rampen, die wir mit ungefederten Stahlrahmen wie dem Bridgestone MB-1 meisterten. Jeden Anstieg stuften mit unserem eigenen Wertungssystem ein: als null, eins oder zwei. Solange keiner von uns es bis nach oben geschafft hatte, war es ein Nuller-Berg. Wenn einer von uns es packte, wurde es ein Einser. Wenn zwei von uns es schafften, wurde es Zweier. An diesem Punkt verlor sich unser Interesse an einem solchen Anstieg. Dass man erfolgreich hochkam, war nur noch eine Pflichtübung, um sein Gesicht zu wahren.

Und wenn wir mal nicht im Wald waren, um uns gegenseitig im Morast zu überbieten, bolzten wir Kilometer auf der Straße. Als der Winter kam, verlagerte ich dann meine Energien auf das Skilanglauf-

Training. Unzählige Stunden trainierte ich in Vorbereitung auf den nächsten Wettkampf.

Je fieser die äußeren Bedingungen, desto besser. Frostige Temperaturen waren mir am liebsten, aber sie fochten eine enge Schlacht mit hüfthohem Schnee aus.

Ungeachtet des ganzen Trainings wusste ich jedoch, dass ich bei all meinen besten Wettkämpfen stets dasselbe Paar Handschuhe und meine Oakley Razors mit dunklen Brillengläsern getragen hatte. Nach ein paar Saisons griff ich fast automatisch zu dieser Handschuh-Brille-Kombination, wann immer etwas auf dem Spiel stand. Und auch nun, trotz dieser mörderischen Trainingsumfänge, blieb da dieser Aberglaube, welche Handschuhe und welche Sportbrille ich am Renntag tragen müsste.

Das ist vielleicht der eigenartigste Aspekt an uns Athleten. Wir trainieren unsere Körper in dem Wissen, dass jede Stunde, in der wir an unserer Fitness arbeiten, eine Einzahlung auf unser Konto bei der V-Bank darstellt, die wir uns dann mit Zinsen zu einem späteren Zeitpunkt auszahlen lassen können, wenn wir sie benötigen.

Und doch sprechen wir Radsportler von unseren Beinen in der dritten Person: »die Beine«. Fast so, als handelte es sich um jenseitige Objekte. Oder als hätten wir mehrere Paar zur Auswahl in der Garage hängen und würden uns an jedem Tag eines nehmen, draufsteigen und hoffen, dass es *gute Beine* sind.

Trotz unseres Trainings und unseres Selbstbewusstseins gibt es da ein gewisses Element in der Wettkampfvorbereitung, das sich dem Zugriff von Ärzten und der Wissenschaft entzieht: ein paranormales Element, von dem der Athlet glaubt, dass es existiert, und das genau deshalb real ist. Voodoo funktioniert nicht, solange du nicht dran glaubst.

Schau dir mal bei nächster Gelegenheit das Peloton der Profis an und such den Fahrer mit der Startnummer 13. Fällt dir was auf? Ich gehe jede Wette ein, dass er seine Rückennummer verkehrt herum befestigt hat, um dem unglückbringenden Effekt entgegenzuwirken.

Athleten sind wunderbar abergläubische Wesen.

REGEL #24 //

GESCHWINDIGKEITEN UND ENTFERNUNGEN SIND IN KILOMETERN ZU ERFASSEN UND ANZUGEBEN

Wenn man sich als amerikanischer Velominatus bei der Arbeit mit nicht Radsport-affinen Kollegen über Radrennen und Radtraining unterhält, trägt die Verwendung von Kilometerangaben erfahrungsgemäß dazu bei, diesen wunderbaren Sport noch weiter zu mystifizieren. Während sich verwirrte Mienen auf ihren unbefangenen Gesichtern ausbreiten, kann man noch ganz beiläufig seine rasierten Beine erwähnen, um ihre zurückgebliebenen kognitiven Fähigkeiten endgültig zu überfordern. Alle Monumente des Radsports sind nach dem metrischen System vermessen, und folglich ist es verboten, in Bezug auf den Radsport in Meilen zu denken.

Der Großteil der korrekt denkenden Welt wird sich naturgemäß und problemlos an Regel #24 halten. Diese richtet sich nur an die Velominati in den vielleicht zwei Ländern, die es in der Welt noch gibt, die fälschlicherweise das imperiale System zur Messung von Geschwindigkeit und Entfernung verwenden. Abgesehen von den psychologischen Vorteilen von Kilometern statt Meilen und km/h statt mph, dank denen man das Gefühl hat, sowohl weiter als auch schneller zu fahren, ist es nun mal so, dass alle Monumente in Kilometern vermessen werden. Mailand-Sanremo wäre nicht Mailand-Sanremo, wenn es über 185 Meilen führen würde. Okay, das wäre es schon, aber dieses Rennen führt über 298 Kilometer und jedem Velominatus liege es fern, etwas anderes zu denken, geschweige denn auszusprechen.

Die Einhaltung dieser Regel geht weit darüber hinaus, sich im richtigen Kontext auf Profirennen zu beziehen. Vielmehr erlaubt Regel

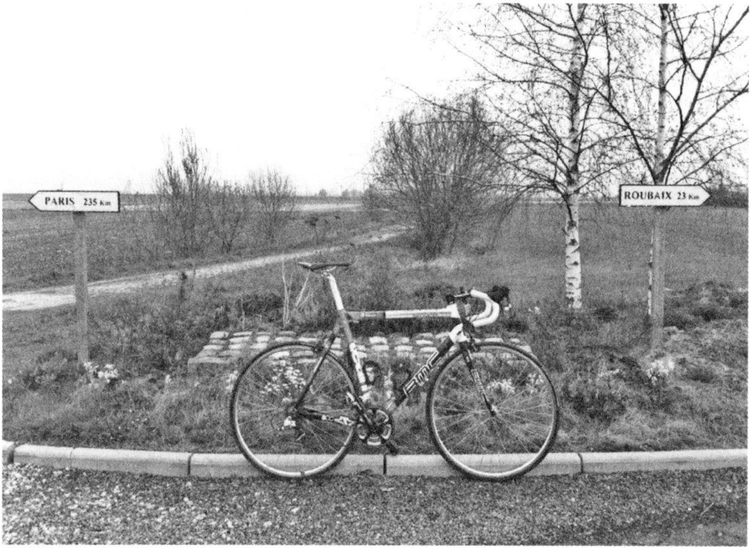

Auf Klassikerspuren – mit Kurs Roubaix.

#24 jedem Radsportler, sich selbst mit dem Rest der Radfahr-Welt auszutauschen und zu messen. Das metrische System aus dem Effeff zu beherrschen, hilft uns Amerikanern beim Training, aber auch hinterher, wenn man bei der Arbeit, im Café oder in der Kneipe über seine Trainingsleistungen bluffen möchte. Denk nur an den aufgeblasenen Heini, wie er nach der Gruppenausfahrt am Dienstag mal wieder mit seiner 500-km-Woche und seinem 37er Schnitt beim sonntäglichen Solo-200er prahlt. Während er dir seine Zahlen vor den Latz knallt, kannst du ein gekünsteltes Lächeln aufsetzen, zustimmend nicken und ihm vorlügen, wie du in der ganzen Woche nur auf eine lockere 75-km-Runde gekommen bist. Am übernächsten Dienstag, wenn du das nächste Mal dabei bist, wirst du ihn dann nach einer weiteren Woche, in der du selbst 500 Trainingskilometer abgerissen hast, an der ersten leichten Steigung abhängen und mit der Frage zurücklassen, wie man mit so wenig Training so schnell fahren kann. Und jetzt denk an die attraktive Arbeitskollegin, die neugierig auf den Radsport geworden ist und sich allein schon deshalb für dich interessiert, weil du schon ewig Rennrad fährst. Im Pausenraum erwähnt sie dir gegenüber, dass sie letzten Samstag eine zehn Meilen lange Radtour unternommen hat, dann schaut sie dich Ehrfurcht heischend an und fragt, ob du am Wochenende denn auch aufs Rad gekommen bist. Erneut stellst du ein gekünsteltes Lächeln zur Schau, nickst zustimmend und erzählst – diesmal aber wahrheitsgemäß –, dass du am Sonntag noch vor dem Mittagessen eine 140 km lange Trainingsausfahrt durch die Hügel rund um die Stadt unternommen hast. Die Kollegin wird zwar ahnen, dass das eine stramme Leistung ist, aber sie wird nicht gekränkt sein, weil du ihre eigene Tour so dermaßen übertrumpft hast. Sie weiß ja nicht, was ein »km« ist, und du hast gerade nur ihren Sinn für die Mysterien und Ränkespiele geschärft, die dem Radsport innewohnen.

REGEL #25 //

DIE RÄDER AUF DEM DACH DEINES AUTOS SOLLTEN MEHR WERT SEIN ALS DAS AUTO

Oder zumindest sollten sie relativ kostspieliger sein. Einfach gesagt: Wenn du ein Supermarkt-Rad auf einen Rolls Royce lädst, steckst du in Schwierigkeiten, mein Freund. Vergiss nicht, was Sean Kelly gesagt hat.

Abgesehen von meinen rasierten Beinen, meiner Unbeholfenheit im Smalltalk und meiner ungewöhnlichen Erscheinung fiel ich in der Highschool durch den schrecklichen Zustand meines Autos auf. Es war ein Oldsmobile-Diesel als Kombi, Baujahr 1980, dessen Farbe der eines riesigen Kackhaufens ähnelte. Liebevoll nannte ich ihn »The Brownie«.

Ich bin kein Ingenieur, also kenne ich mich nicht im Detail mit so was aus, aber ich habe mir erzählen lassen, dass ein Dieselmotor auf einem anderen Funktionsprinzip beruht als ein gängiger Benzinmotor. Anstatt sich auf einen Zündfunken zu verlassen, setzt ein Diesel auf Glühkerzen und hochverdichtete Luft, um den Kraftstoff zum Entzünden zu bringen. Dieser Unterschied zwischen einem Benzin- und einem Dieselmotor wird am deutlichsten durch die Tatsache demonstriert, dass ein Benziner immer noch anspringt, wenn die Temperatur unter -10°C fällt, ein Diesel hingegen nicht.

Sobald er aber erst mal lief, war der Brownie anderen Autos nicht unähnlich. Auch meine Karre hatte mehrere Gänge fürs Vorwärtsfahren und einen Rückwärtsgang. Das Auto verfügte auch über ein Bremspedal, falls man das Ding wieder stoppen wollte, wenn man es geschafft hatte, es in Gang zu bringen. Ebenso besaß es auch ein Gaspedal, dessen Betätigung den Effekt hatte, dass das Vehikel eine enorme schwarze Abgaswolke ausstieß und sich quälend langsam dem Tempo annäherte, das man gemeinhin auf Highways zu fahren gewillt ist.

Der Brownie hatte ein gewisses Korrosionsproblem, verursacht durch das Salz, das unsere Verkehrsbehörden in rauen Mengen auf die Straßen schütteten, ganz gleich, ob diese vereist waren oder nicht. Die braune Farbe war eher ein Vorteil, da sich der Lack so nur unwesentlich von den Rostflecken unterschied. Solange man genügend weit weg stand und es von der richtigen Seite aus betrachtete, sah das Auto fast makellos aus. Dies rechtfertigte meine Entscheidung, auf jegliche Instandhaltungsbemühungen zu verzichten, obwohl mein Vater darauf beharrte, dass ich zumindest gewisse Vorsichtsmaßnahmen unternahm, wie einen Ölwechsel und eine gelegentliche Wäsche.

Nachdem sich der Brownie ein paar Jahre in meiner Obhut befand, hatte sich der Rostfleck über seiner Windschutzscheibe so weit ausgedehnt, dass er erhebliche Mengen Wasser durchließ. Das hätte mich nicht groß gestört, wäre da nicht die Tatsache, dass das Wasser nirgendwo hinfließen konnte, außer in die Fahrgastzelle. Die naheliegende Lösung war, die Front des Autos mit Gaffertape abzudichten, was sehr gut funktionierte, außer dass dieser Akt als solcher eine offensichtliche Form von Instandhaltung darstellte und somit gegen meinen obersten Vorsatz verstieß, dem Brownie keinerlei aktive Wartung zu gönnen.

Ich liebte dieses Auto. Es kutschierte mich zu einigen der großartigsten Erlebnisse meiner Jugend. Regelmäßig lud ich meine Fahrräder auf oder in den Brownie (je nachdem, wie viele Leute dabei waren) und fuhr in die Berge oder in den Wald, um unzählige Stunden damit zu verbringen, was ich am meisten liebte: Radfahren.

In Holland gibt es die Redensart, dass eine Sache entweder über die Länge oder über die Breite kommt. Das soll besagen, dass es sich mit den Möglichkeiten, die man hat, jeweils wie mit einem Rechteck von vorgegebenem Flächeninhalt verhält. Wenn man eine Seite länger macht, wird die andere Seite automatisch kürzer. Auf den konkreten Fall bezogen heißt das: Du kannst einen Geldbetrag immer nur einmal ausgeben, entweder für dein Fahrrad oder für dein Auto.

Für den Velominatus ist dies eine sehr einfache Entscheidung: Wir investieren nur so viel Geld in unser Auto, dass es uns zu unserer nächsten Ausfahrt mit dem Rad bringt.

REGEL #43 // FÜHR DICH NICHT WIE EIN IDIOT AUF

Aber wenn du dich unbedingt wie ein Idiot aufführen musst, dann wenigstens wie ein unterhaltsamer Idiot. Vergiss nicht: Auf der Straße sind wir alle Brüder und Schwestern.

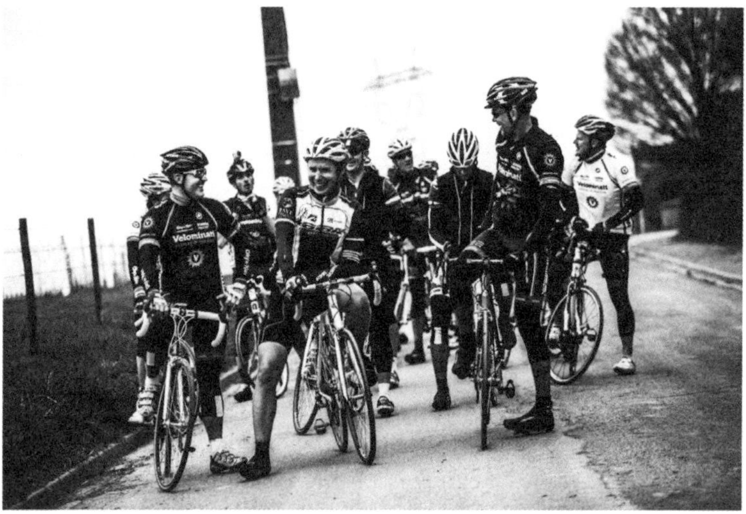

Witze, Frotzeleien, Lachen und Radfahren gehören zusammen.

Niemand hat je ein Fahrrad angeschaut und zu sich selbst gesagt: »Dieses Teil will ich fahren, weil ich darauf zum Arschloch werde.« Nein, alle haben wir angefangen, Rad zu fahren, weil wir Spaß haben wollten. Vom kleinsten Knirps auf seinem ersten Laufrad bis zum Möchtegern-Profi mit dem teuersten Material: Es geht darum, rauszugehen und die Zeit zu genießen. Es geht um dieses Gefühl, das wir im Sattel haben und das dem Fliegen so nahe kommt wie nichts auf der Welt, was wir mit eigener Kraft erreichen können. Klar, bei den meisten von uns haben sich die Einstellungen zum Radfahren im Laufe der Jahre weiterentwickelt, so dass nun auch andere Aspekte eine Rolle spielen: das Rad als Fitness- oder Wettkampfgerät, das Rad als Fortbewegungs- und Transportmittel, mit dem man der Umwelt was Gutes tut und im Einzelfall sogar seinen Lebensunterhalt bestreitet. Am Anfang jedoch, da stand der Wunsch, Spaß zu haben, indem wir die Einschränkungen unserer Existenz als Zweibeiner überwinden.

Die Person, die diese Regel in der Ära des modernen Radsports am besten verkörpert, ist ohne Zweifel George Hincapie. Abgesehen davon, dass er neun Mal als Edelhelfer im Team des Tour-Siegers stand und selbst ein formidabler Klassikerjäger war, galt Hincapie zu seiner Zeit als Profi als einer der nettesten, zugänglichsten Fahrer im gesamten Peloton. Anders als die beiden Kapitäne, für die er gefahren ist, scheint Hincapie trotz all des Drucks und der Anforderungen, die häufig mit dem Erfolg einhergehen, immer er selbst geblieben zu sein. Bei vielen Regeln schauen wir auf der Suche nach Orientierung und Inspiration darauf, was die Profis machen; um Regel #43 zu verstehen, reicht es, sich Big George anzusehen.

Natürlich stehen Rennradfahrer (oft nicht ganz unbegründet) im Ruf, sich wie Idioten aufzuführen. Aus unerfindlichen Gründen glauben manche Leute tatsächlich, dass es, sobald man es raushat, auf schicken Rädern gut auszusehen und gut zu fahren, akzeptabel wäre, andere Radfahrer wie Scheiße zu behandeln. Jedwedes schlechte Benehmen – und das reicht von relativ kleinen Indiskretionen wie verächtlichen Blicken gegenüber anderen Fahrern bis hin zu Ungeheuerlichkeiten wie dem öffentlichen Runtermachen eines Rennrades, das jemand anders sich hart vom Mund abgespart hat – wird nur dazu beitragen, das Vorurteil von den »Snobs im Rennradsattel« zu bestätigen. Wenn du mal in die Situation kommst, jemanden wegen eines Verstoßes gegen eine der Regeln anzusprechen, so tu es mit Humor. Oder wenigstens mit einem Lächeln.

Solltest du dich hingegen selbst einmal veranlasst fühlen, dich in einer Weise zu verhalten, die einem Velominatus unangemessen ist, so sei dir dringend angeraten, noch mal den Film *Breaking Away* rauszukramen. Erinnerst du dich daran, wie dieses italienische Profiteam in die Stadt kam, um an Rennen teilzunehmen, und wie Dave in seinem ganzen Überschwang dennoch in der Lage war, mit ihnen an der Spitze mitzuhalten und sich noch dazu in ihrer Muttersprache mit ihnen zu unterhalten? Falls ja, wirst du dich auch noch daran erinnern, wie einer der italienischen Fahrer seine Luftpumpe in Daves Vorderrad steckte und ihn so zu Sturz brachte. Der Typ war ein Idiot. Und er war dabei nicht einmal unterhaltsam. Okay, das war natürlich nur eine Szene aus einem fiktiven Film mit fiktiven Charakteren, aber das bedeutet ja nicht, dass es nicht genauso passieren könnte. Also: Führ dich nicht wie ein Idiot auf. Es geht letztlich darum, mehr Menschen in *La Vie Velominatus* willkommen zu heißen, und nicht darum, die Leute vor den Kopf zu stoßen und zu vertreiben. Das solltest du nie vergessen.

REGEL #47 //

TRINK TRIPEL

ABER LASS DIE FINGER VON DREIFACH-KURBELN

Radfahren und Bier sind so eng miteinander verknüpft, dass wir ihre Beziehung wohl nie in Gänze verstehen werden. Bier ist ein Regenerationsgetränk, ein Elixier für das freundschaftliche Palaver im Anschluss an die Ausfahrt und einfach ein ausgezeichnetes Zeug, um es die Kehle hinunterrinnen zu lassen. Wer trainiert, um sich hinterher ein Bier zu genehmigen, sollte auch dabei keine halben Sachen machen. Trink Qualitätsbier aus echten Brauereien. Wenn es hingegen aus Reis statt Gestenmalz gebraut wurde oder die Beigabe einer Limette erfordert, weißt du, dass du besser die Finger davon lässt. Du solltest dich mit den Bittereinheiten von Bier ebenso gut auskennen wie mit den Übersetzungsverhältnissen deines Rades. Das Leben ist kurz, verschwende es nicht mit dünner Plörre.

Ebenso wie Westflandern die spirituelle Heimat des Radsports ist, so ist es auch die spirituelle Heimat des Biers. Klar, die Tschechen mögen das Pilsener erfunden haben und die Amerikaner das Lite-Bier, aber um ein echtes Biererlebnis zu genießen, muss man nach Belgien schauen.

Für jeden Velominatus, der sein Hopfen und Malz wert ist, ist das Ritual, nach einer langen Trainingseinheit samt ausgiebiger Geißelung gemäß Regel #5 aus der verschwitzten Radhose zu steigen und sich ein Bier einzuschütten, genauso sehr Teil der Ausfahrt wie das Rauf- und Runterschalten oder das Versägen von Triathleten. Unsere Gedanken sind schon beim Bier, während wir fahren, die Verlockung des Hopfens durchdringt unser Unterbewusstsein, während wir gegen Wind, Regen und Schwerkraft ankämpfen, angetrieben durch ein Versprechen an uns selbst: Je eher wir unsere Dämonen besiegt haben, umso eher können wir auch den flüssigen Lohn genießen. Fast können wir ihn schon unterwegs im Mund schmecken.

Wir, die wir uns stets Mühe geben, unsere Maschinen, unsere Kleidung und unsere Körper zu pflegen, sollten ebenso aufmerksam darauf achten, auch beim Bier die gleichen Maßstäbe des guten Geschmacks anzulegen. So wie wir die Komponenten unserer Räder, seien es Ketten oder Kassetten, stets nach Qualität auswählen, wählen wir auch unserer Bräu nach der Güte der wichtigsten Zutaten, die aus dem regenerativen Beisammensein nach der Ausfahrt mehr als nur ein reines Auftanken machen. Die Menge und die Art des Hopfens und Malzes, der Brauprozess und der Alkoholgehalt sind allesamt wichtige Faktoren, die berücksichtigt werden müssen. Der Preis hingegen sollte niemals eine Rolle spielen. Du montierst an deinem Rad nicht die billigste No-Name-Kette, um ein paar Cent zu sparen, nur damit sie schon nach ein paar hundert Kilometern reißt, und du solltest auch keine 24er-Palette irgendeiner dünnen, wässrigen Plörre kaufen, nur um ein paar Euro zu sparen. Denn sowohl die Kette als auch das Gesöff würden eh vorzeitig in den Müll wandern.

Ein Velominatus trinkt nicht, um betrunken zu werden. Wir trinken, um die Erfahrung zu genießen, den ältesten bekannten Nektar der Großartigkeit zu schlürfen, den die Menschheitsgeschichte kennt. Wir trinken, um die Unternehmung einer Ausfahrt abzurunden. Wir trinken, um zu feiern, dass wir einmal mehr das Terrain und den Schmerz bezwungen haben. Und natürlich auch all die Jammerlappen mit ihren Kompakt- oder – schlimmer noch – Dreifach-Kurbeln, die sich hinterher standesgemäß mit geschmacksneutralen, seelenlosen, austauschbaren Pseudobieren zu trösten versuchen, die sie mit ebenso wenig Effekt in sich reinschütten, wie sie ihre mickrigen Gänge treten. Und so bleiben sie zurück voller Leere und beherrscht von dem Bedauern, nicht den Mumm gehabt zu haben, es wie die großen Männer und Frauen aus Belgien zu halten. Männer und Frauen, die niemals weniger in Betracht gezogen haben als 53 Zähne und 7 Volumenprozent.

REGEL #51 //
LIVESTRONG-ARMBÄNDER SIND COCKRINGE FÜRS HANDGELENK

Natürlich verabscheuen auch wir den Krebs zutiefst, aber ist es nicht besser, einfach etwas Geld zu spenden, ohne diese Tatsache in den nächsten fünf Jahren bei jeder Gelegenheit öffentlich kundzutun? Ebenso gut könntest du dir die Zeile »Ich bin ein Wichtigtuer« auf die Stirn tätowieren lassen.

Seit dem Tag, an dem diese Regel verfasst wurde, ist viel geschehen. Dinge, die der sachkundige, passionierte Freund des Radsports bereits zuvor wusste oder zumindest ahnte. Dinge, die das breite Publikum der Leichtgläubigen und leicht Beeinflussbaren, die immer irgendetwas brauchen, an das sie ihre eigenen persönlichen Träume und Hoffnungen hängen können, nicht wusste und nicht wissen wollte. Dinge, die einige von ihnen sich noch immer weigern zu akzeptieren.

Diese armen Seelen – sie *glaubten*. Ständig wurde ihnen von ihrem Helden erzählt, dass tatsächlich Wunder geschehen. Und wie frisch überzeugte Scientology-Anhänger, ganz schwindlig und gehirngewaschen von einer Flut von Lügen, kauften sie ihm alles ab. Sie kauften die Geschichte, den Traum, die Hoffnung; und sie kauften das Merchandise. Der allgegenwärtigste dieser Werbeartikel war das kleine gelbe Armband aus Gummi. Wenn man eins dieser Teile ums Handgelenk trug, tat man der übrigen Menschheit damit zwei Dinge kund: a) Ich bin ein Radsportler, und b) ich glaube an Wunder. Dass diese Wunder nicht existieren, war für manche ein Schock, aber nicht für diejenigen, die sich der Mechanismen des Profiradsports bewusst waren und auch der Tatsache, dass der vermeintliche Messias kein Messias war.

Wir alle sind schon mal in irgendeiner Weise mit Krebs in Berührung gekommen. Viele Menschen werden im Laufe ihres Lebens von dieser grauenhaften Krankheit heimgesucht. Das ist die furchtbare, die hässliche Realität. Und da liegt der Hase im Pfeffer: dass eine schreckliche Realität als Marketinginstrument für die Imagepflege einer bestimmten Person herangezogen und missbraucht werden kann. Zwar hat besagte Person zweifellos einige gute Dinge getan, um das öffentliche Bewusstsein für das Schicksal von Krebspatienten zu verbessern, Fakt jedoch bleibt, dass all die dargebotenen Träume und Hoffnungen auf einem Fundament aus Irreführung und Korruption, Lug und Betrug fußten. Und das ist schlichtweg dreist und unanständig. Allen gegenüber.

Selbst wenn du den Glauben noch immer in dir trägst, gibt es bessere Möglichkeiten, gegen den Krebs zu kämpfen, und bessere Organisationen, mit denen man sich in diesem Kampf zusammentun kann. Niemand wird denken, dass du ein besserer Mensch bist, weil du einen gelben Cockring am Arm trägst. Niemand wird diese Tatsache zum Anlass nehmen, um dir zu sagen: »Hey, du kämpfst gegen Krebs, das ist großartig.« Du musst der Welt nicht marktschreierisch mitteilen, dass du ein guter Mensch bist und dich engagierst. Du kannst dieser gute Mensch auch sein, ohne dass andere es dir sagen.

REGEL #58 // UNTERSTÜTZE DEINEN RADLADEN VOR ORT

Kauf niemals Fahrräder, Teile oder Zubehör online. Ins Radsportgeschäft vor Ort zu latschen, unzählige Fragen zu stellen, die wertvolle Zeit des Personals zu beanspruchen, nur um dann hinterher im Internet einzukaufen, ist ungefähr so, als würdest du ein Bier mit deinem besten Freund trinken, bevor du mit seiner Frau in die Kiste hüpfst. Wenn du dir unbedingt irgendwelche Komponenten im Netz besorgen musst, sei darauf vorbereitet, alles selbst zu montieren und zu warten. Wer einen Radladen mit im Netz gekauften Teilen betritt und erwartet, dass man ihm den Krempel ans Rad baut, sollte wenigstens bereit sein, einen vernünftigen Preis für diese Dienstleistung zu bezahlen und dem Schrauber ein ordentliches Trinkgeld zuzustecken.

Als wir selbst unsere Reise auf der Straße von *La Vie Velominatus* begannen, suchten wir an einem besonderen Ort Rat und Inspiration: im lokalen Radsportgeschäft. Es war wie ein Zufluchtsort für uns und unsereins. Wir konnten dort hingehen, um schmachtend die allerneuesten Rennmaschinen und Komponenten anzustarren; wir konnten dort in Magazinen über die großartigen Heldentaten außergewöhnlicher Männer in fernen Ländern lesen; wir konnten dort über das Geschehen in der lokalen Radsport-Szene diskutieren oder darüber, wer die neue Zehnfach-Gruppe gekauft hat, die letzte Woche neu reingekommen war. Es war ein Zufluchtsort, an dem wir uns akzeptiert fühlten, an dem wir nicht als Außenseiter einer Gesellschaft angesehen wurden, die im Allgemeinen mehr an halslosen Quadratschädeln in American-Football-Montur interessiert war als an schmächtigen Hungerhaken in hautengem Lycra.

Der Besitzer des Ladens war normalerweise ein älterer Herr, womöglich zu seiner Zeit ein Amateurrennfahrer von nationaler Klasse, der immer noch bei Vereinsrennen auftauchte, ordentlich Druck unter den Hufen hatte und auf einer Maschine saß, die vor zwanzig Jahren ein absolutes Topmodell gewesen war, nun aber von den jungen Schnöseln als vorsintflutliches Relikt belächelt wurde. An Renntagen konnte er ihnen immer noch eine gute Portion reinster V servieren, und obschon sie weiter über sein Rad spotteten, hatten sie doch Hochachtung vor seiner Fähigkeit, 15 Kilo Stahl in einem Affenzahn über die Strecke zu wuchten. Während die Falten in seinem Gesicht von einem langen Leben zeugten, das er der Sonne und dem Wind ausgesetzt und stets am Anschlag fahrend verbracht hatte, sahen seine Beine aus, als gehörten sie einem Mann, der viele Jahrzehnte jünger war als er. Glatt wie Seide, hart wie Stein, Adern wie schwere Blutschläuche, die zu einem Pferdeherzen führen.

Mit dem Siegeszug des Internets wurden diese Doyens des Radsports immer seltener und drohten bald sogar auszusterben. Immer noch wurden neue Radläden eröffnet, aber das Personal war nun viel jünger und die Chefs hatten einen völlig anderen Hintergrund: Waren es früher Radsportler gewesen, die alles über ihr Fach wussten, aber oft nicht viel von Buchhaltung und Controlling verstanden, so waren es nun in erster Linie Absolventen der Betriebswirtschaftslehre, die wohl in ihrer Freizeit auch ein bisschen Rad fuhren. Das Sortiment verlagerte sich von reinrassigen Rennmaschinen hin zu allgemeineren Fortbewegungsmitteln mit zwei Rädern. Radfahren stellte für die neuen Ladenbesitzer weniger eine Passion oder Lebensart dar als vielmehr nur eine Form der Körperertüchtigung und der Fortbewegung. In solchen Läden eine Campagnolo-Kette zu kaufen, war ein Unterfangen, bei dem man ausdruckslosen Blicken und albernen Fragen ausgesetzt war. Das Geschäft im Internet boomte, ein Online-Shop nach dem nächsten machte auf. Diese konnten dank geringerer Fixkosten mit deutlich günstigeren Preisen locken, so dass Verbraucher vor eine Wahl gestellt wurden, die vielen von ihnen mit Blick auf die Geldbörse sehr einfach fiel, selbst wenn mancher ein ungutes Gefühl dabei behielt.

Der loyale Kunde hingegen ließ sich davon nicht beirren, mied weiterhin die Online-Shops und besuchte regelmäßig seine Lieblings-Radläden. Zeit im örtlichen Radsportgeschäft zu verbringen und dort Teil der lokalen Fahrradkultur zu sein, war genauso wichtig, wie dort seine Räder zu kaufen. Außerdem kostete es nichts. Radsport-Foren im Internet waren einfach nicht dasselbe wie eine echte, persönliche Diskussion über das Aufkommen von Carbonrahmen oder die Regenwahrscheinlichkeit bei Paris–Roubaix am Sonntag. Die neuesten Komponenten hatten wir nun natürlich längst schon geraume Zeit vorher im Internet gesehen, bevor unser Händler sie in seinen Regalen ausstellen konnte, aber da wir nun mal treue Seelen sind, warteten wir artig, bis sie auf der Liste seines Großhändlers auftauchten, gaben dann unsere Bestellung auf und bezahlten den aufgerufenen Preis, natürlich abzüglich des Freunde- und Stammkundenrabatts. Einige Zeit später würde das Teil ankommen, wir würden einen Anruf erhalten, daraufhin mit unserem Rad im Laden aufkreuzen, alles kostenlos dranschrauben lassen und uns noch am selben Tag glücklich damit auf den Weg machen. Wir wussten, dass die Teile richtig montiert und eingestellt waren, und ebenso wussten wir, dass die Garantie greifen würde, sollte doch mal irgendetwas nicht passen oder vorzeitig den Geist aufgeben.

Beim Einkaufen im Internet fallen die Erfahrung und Expertise der kampferprobten Schrauber und Servicemitarbeiter eines echten Radladens komplett weg. Die ganzen Schnäppchenjäger lesen nur »Schaltwerk zum Sonderpreis« und klicken auf »in den Warenkorb«. Wenn das Teil ein paar Tage später eintrifft und sie keine Ahnung haben, wie sie es dranbauen sollen oder so einstellen können, dass es sich über alle Ritzel bewegt, stapfen sie ins nächste Radsportgeschäft und verlangen Hilfe. Wenn man ihnen dort verklickert, dass ein 8-fach-Schaltwerk mit kurzem Käfig nicht mit einer 9-fach-MTB-Kassette funktioniert, sind sie entweder peinlich berührt oder geradeheraus empört. Ein wenig Klartext an die Adresse dieser bedauernswerten Gestalten sei also gestattet: Es ist bestimmt nicht die Schuld des Radladens, wenn ihr euren Arsch nicht von eurem Ellbogen unterscheiden könnt. Werdet nicht unverschämt, wenn man euch erklärt, dass ihr ein neues Schaltwerk kaufen müsst. Und wenn ihr im Internet zufällig doch das passende Teil bekommen habt, staunt keine Bauklötze, wenn man euch mitteilt, dass der freundliche Mechaniker einen angemessenen Obolus für seine Schrauberdienste berechnen muss. Die Leute betreiben schließlich keine Wohltätigkeitsorganisation.

REGEL #77 //

RESPEKTIERE DIE UMWELT: SCHMEISS DEINEN MÜLL NICHT EINFACH IN DIE GEGEND

Radfahren gibt dir keinen Freibrief, um nach Herzenslust die Umwelt zu verschmutzen. Wirf leere Geltüten, die Verpackungen deiner Energieriegel oder kaputte Schläuche nicht einfach an den Straßenrand oder ins Gebüsch. Stopf sie in die Trikottasche, und wenn du zu Hause bist, flickst du den Schlauch.

Radfahren und Umweltschutz sind so eng miteinander verbunden wie die Farbe Celeste und Bianchi. Ob du es glaubst oder nicht, für jedes Fahrrad auf der Welt gibt es 3,5 Aufkleber, die dein Auto zum waldzerstörerischen, Treibhausgase verströmenden, delfinmordenden, künftige Generationen ihrer Lebensgrundlagen beraubenden Sarg erklären. Aus diesem Grund haben wir nicht das Gefühl, dass wir dich daran erinnern müssten, auf unseren Planeten achtzugeben. Es gibt da draußen schon genug selbstgerechte, scheinheilige Flachzangen, die das tun.

Woran wir dich erinnern müssen, ist, dass du deinen verräterischen Radsportler-Abfall nicht einfach auf die Straße, in die Landschaft oder auf den Radweg wirfst. Wir hoffen doch stark, dass die meisten Velominati keine Idioten sind, die bei ihren Ausfahrten eine Spur glänzender Kunststoffverpackungen und leerer CO_2-Kartuschen in ihrem Kielwasser hinterlassen. Das würde uns doch erhebliche Bauchschmerzen bereiten. Wir müssen uns eh schon so viel Käse anhören, weil wir Lycra-Klamotten tragen, uns die Beine rasieren und uns gelegentlich mal über andere Radfahrer lustig machen. Man muss so was ja nicht unnötig aus reiner Faulheit heraus noch provozieren. Wenn es nicht zu schwer war, das Gel aus der Trikottasche zu kramen, dann wird es auch nicht zu schwer sein, die ausgelutschte Tüte wieder dorthin zurückzustecken.

REGEL #81 // HALTE DEN BALL FLACH

Ausfahrten und Stürze mit dem Rennrad dürfen nur im Detail diskutiert und nacherzählt werden, wenn der betreffende Fahrer bei der anschließenden Regeneration oder Rettung auf fremde Hilfe angewiesen war. Ansonsten halte dich gefälligst an Regel #5.

Der Sauerstoff, der diesen kleinen Planeten umgibt, ist dazu da, die Muskeln in deinen Beinen zu versorgen – man sollte ihn nicht für Geplapper vergeuden. Es hat bei deiner letzten Tour übelst geregnet? Du hast auf eigene Faust die 150 Kilometer vollgemacht? Du bist schneller als jeder andere in deinem Verein, seit du diese neuen Keramik-Naben hast? Nun, halt trotzdem einfach den Rand. Setz dich wieder auf dein Rad und fahr, bis du außer Atem bist und nicht mehr reden kannst.

La Vie Velominatus dreht sich um die Leidenschaft fürs Radfahren, für Rennräder und dafür, sich als Radsportler zu verbessern – nicht ums Ego. Wir reden (und schreiben) über viele Dinge, aber wir lügen uns nicht selbst in Tasche und glauben, wir wären tolle Hechte. Und sollte sich bei unseren Ausfahrten tatsächlich mal ein flüchtiger Augenblick von Klasse einstellen, bleiben wir uns bewusst, dass sicherlich schon ein viel stärkerer Fahrer von hinten naht, um uns eiskalt zu versägen. So ist nun mal das Leben. Gerede provoziert nur Betretenheit und Spott – das Heil liegt in der Tat. Worte helfen nicht, wenn du dein Rad nicht auf Tempo bringst. Ausfahrt für Ausfahrt schinden wir uns schweigend und legen in stummem Leiden an Kraft und Ausdauer zu. Und wenn wir auf diese Weise dann etwas bessere Radsportler geworden sind, beweisen wir es auf der Straße, wo alle, die es interessiert, es sehen werden. Und wenn wir schwächer sind, so erkennen wir es an und trainieren am nächsten Morgen umso härter.

Reden ist eine Ablenkung. Deine Ausfahrten als solche brauchen keine Werbetrommel, keinen Rapport, kein Garmin-Update. Du weißt, was du getan hast und was du nicht getan hast, also belass es dabei. Wenn du eine Tour nachbereiten möchtest, spar dir das Gerede und setz dich einfach am nächsten Tag wieder aufs Rad. Wir sind wegen des Radfahrens hier, nicht um zu schwätzen.

REGEL #89 // SPRICH DIE DINGE RICHTIG AUS

Alle Rennen sind mit dem Namen zu bezeichnen, den sie in ihrem Herkunftsland tragen, wobei darauf zu achten ist, den Namen so gut wie möglich auszusprechen. Für belgische Rennen ist es ratsam, den Namen in der jeweiligen Herkunftsregion zu wählen, wobei es einem freisteht, ob man die flämische oder die wallonische Aussprache verwenden möchte. Dieser Grundsatz sollte auch auf die Namen von Fahrern, Radherstellern, Komponentenmarken und sonstigen Radsport-Requisiten angewendet werden.

Der amerikanische Ex-Profi Bob Roll beispielsweise hat in seiner Rolle als TV-Experte viel zu lange und viel zu oft gegen Regel #89 verstoßen, und dies als ein Mann, der des Italienischen mächtig ist. Zwanzig Mal pro Stunde bekommen wir von ihm »The Tour DAAY France« zu hören, wenn er im Fernsehen über das Rennen berichtet. Geschieht dies womöglich nur, um seinen mehrsprachigen Reporterkollegen Paul Sherwen in den Wahnsinn zu treiben, oder legt er es darauf an, uns alle in den Wahnsinn zu treiben?

Egal, letztlich sorgt das Ganze vor allem dafür, dass sich Bob Roll noch weniger intelligent anhört, als er es ehedem bereits tut. Nur wenige Menschen, die nicht in Flandern leben, sprechen Flämisch, aber zumindest können wir uns bemühen, die flämischen Radrennen und Radsport-Schauplätze korrekt auszusprechen. Orte, Personennamen, Fahrradkomponenten – alles sollte möglichst getreu so ausgesprochen werden, wie ein Muttersprachler es tun würde.

Zu einem Schaltwerk kann man auch *Derailleur* sagen, aber nicht *De-rail-er*.

Die Ronde van Vlaanderen ist nicht die Tour of Flanders, die Tour de Suisse nicht die Schweiz-Rundfahrt.

Der Scharfrichter in Geraardsbergen ist keine steile Wand, sondern: *De Muur* oder *De Kapelmuur*.

REGEL #93 //

ABFAHRTEN DIENEN NICHT DER ERHOLUNG. ERHOLEN KANNST DU DICH BEIM REGENERATIONSBIER

Abfahrten sollten ebenso hart und herausfordernd sein wie die Anstiege – und hinzu kommt, dass sie noch erheblich gefährlicher sind. Fahr bergauf am Anschlag und nutze die anschließende Abfahrt, um eine Lücke zu schließen oder eine zu reißen. Abfahrten sollten wehtun und keine Regenerationspausen sein. Die Erholung erfolgt bei anderer Gelegenheit: beim gemeinsamen Bier und Fabulieren danach.

Ständig hört man, wie hart dieser oder jener Anstieg sei, aber beim Klettern geht es im Kern letztlich nur darum, mehr Druck auf die Pedale zu bringen. Auch das ist in gewisser Weise eine Kunst, daran ist nicht zu rütteln, aber ob du schnell bergauf fährst, hängt nur davon ab, wie groß deine Willensstärke ist und mit welcher Furie sie dafür sorgt, dass deine Beine die Pedale herumwuchten.

Bergab gestaltet sich die Sache ganz anders: Schnell abzufahren, ist entweder eine Frage des Könnens oder aber der Fähigkeit, seiner Vorstellungskraft zu trotzen.

Wenn man älter wird, lässt man in allem nach, außer darin, sich auszumalen, was in einer Highspeed-Abfahrt wohl passieren könnte. Es gibt zwei Möglichkeiten, dem zu begegnen: a) du wirst ein besserer Abfahrer oder b) du fährst langsamer den Berg runter. Option b) ist nicht wirklich eine Option, sondern vielmehr nur ein Notbehelf.

Als junger Kerl verstand ich nicht viel von der Physik des Radfahrens, von Rädern und Reifen. Ich machte mir keinen Kopf, ich fuhr einfach. Je schneller, desto besser. Bei einer Gelegenheit, die aufgrund ihrer

Konsequenzen herausstach, krachte ich in Upstate New York mal voll in eine Schikane.

Damals zelteten wir oben auf dem Berg, während mein Bruder unten in der Stadt logierte. Häufig fuhren wir mit dem Fahrrad hinunter, um ihn zu besuchen, und ich lernte, dass alles, was ich tun musste, um schneller durch die Spitzkehren zu kommen, war, härter in den Lenker zu greifen. Bei besagter Gelegenheit befand ich mich in wilder Verfolgung meiner Schwester, die an mir vorbeigezogen war. Jeder Junge mit einer älteren Schwester weiß, unter welchen Druck mich das setzte, ich hatte also keine andere Wahl, als sie rücksichtslos zu verfolgen. Wir fuhren in die Kurven hinein und ich griff härter in den Lenker, um ein höheres Tempo zuzulassen. Mein Rad jedoch, bockig wie es war, hielt an seinem vergnügten Schlingerkurs fest und ich war gezwungen, abzusteigen. Ich erinnere mich noch, dass ich ganz erstaunt war, wie weit ich schlitterte. »Wow, wie ein Motorradrennfahrer«, war mein erster Gedanke.

Gut abfahren ist – mehr noch als alles andere beim Radfahren – eine Kunst. Die Kräfte, mit denen wir spielen, um auf zwei Rädern aufrechtzubleiben, wirken bei hohem Tempo in zugespitzter Form, und das Kurvenfahren macht die Dinge nur noch komplizierter. Es gibt keinen schöneren Anblick auf Erden als eine Perlenkette von Fahrern, die durch eine Serie von Kurven gleiten und sich wie eine Schlange den Berg hinabwinden.

Es gibt wenige Radsportler im Laufe der Geschichte, die sich als Meister der Abfahrtskunst hervorgetan haben. Paolo Salvodelli und Philippe Gilbert sind bekannt für ihre spektakuläre Art, die Berge hinabzurasen, mit der sie praktisch in jeder Kurve die Physik herausfordern, so dass beide Reifen auf dem Asphalt nach außen rutschen, am absoluten Limit ihres Grips.

Der Prophet Eddy Merckx war auch ein Meister dieser Kunst. Merckx war auch ein großartiger Kletterer – nicht so sehr wegen seiner Statur oder seiner Grazilität oder seines Pedaltritts, sondern vor allem wegen seines grenzenlosen Vermögens, sich zu schinden. Aber auf den Abfahrten bewegte er sich in gänzlich anderen Sphären als seine Kollegen. Er war berühmt für die Akribie, mit der er sich um Rahmengeometrien und die Sitzposition auf dem Rad kümmerte; hunderte Rahmen musste Ernesto Colnago für ihn bauen, ein jeder mit marginal unterschiedlicher Geometrie. Er bevorzugte Rahmen, die auf Abfahrten große Spurstabilität boten - dies war ihm wichtiger als alles andere. Merckx wusste, dass er nur *eine* Chance hatte, um die Zeit wettzumachen, die er womöglich im Anstieg auf die reinrassigen Bergziegen verlieren würde, und zwar indem er den Berg auf der anderen Seite so schnell wie irgend möglich runterkam.

1971 befand sich Merckx bei der Tour de France in der unglückseligen Lage, dass ihm der Spanier Luis Ocaña im Gesamtklassement um mehr als acht Minuten enteilt war. Merckx war an den Anstiegen regelmäßig distanziert worden, aber am Col de Menté hielt er sich wacker. Den Menté von Osten hochzufahren, ist schon nicht ohne: erst gleichmäßig bergauf, dann gehen in einer Zwischenabfahrt ein paar Höhenmeter verloren, bevor sich die Straße in brutalen Rampen zur Passhöhe hinaufwindet.

Die Abfahrt jedoch ist noch mal eine ganz andere Nummer. Schon beim leisen Gedanken daran läuft es einem eiskalt den Rücken runter. Lose klammert sie sich an die Bergflanke, geradezu grotesk exponiert windet sich die Straße in engen Spitzkehren hinab ins Tal. Als Sicherheitsmaßnahme säumen niedrige Mauern die exponiertesten Abschnitte, so niedrig, dass sie nicht viel mehr ausrichten, als einem die Gewissheit zu verleihen, dass man kopfüber den Abhang hinuntersegelt, sollte man die Kontrolle verlieren und dagegenfahren.

Ein heftiges Unwetter tobte, und als sie die Passhöhe überquerten, stürzte sich Merckx auf der anderen Seite mit einer unheimlichen Mischung aus Angst, Rücksichtslosigkeit und Wagemut talwärts. Ocaña, im Versuch ihm zu folgen, besaß zu viel Vorstellungskraft und stürzte in einer engen Kehre. Er wurde dann auch noch von dem Niederländer Joop Zoetemelk getroffen, der in derselben Kurve eine Reifenpanne hatte und die Kontrolle verlor. Ocaña war außerstande, das Rennen fortzusetzen, und Merckx gewann seine dritte Tour de France in Serie.

Schnell vorgespult zur Tour 2010. Wir erleben Andy Schleck im Gelben Trikot, wie er bei der 15. Etappe am Port de Bales ein Problem mit seiner Kette hat und machtlos zusieht, wie sein Rivale Alberto Contador erst vorbei- und dann davonzieht. Mit 15 Sekunden Rückstand auf den Widersacher kommt Schleck über den Gipfel des Schlussanstiegs, von wo die Strecke direkt hinab ins Etappenziel führt. Er verliert noch 30 weitere Sekunden und erreicht das Ziel mit 45 Sekunden Rückstand auf die Gruppe mit Contador.

Das alles soll veranschaulichen, dass Abfahrten ein ebenso entscheidender Teil des Radsports sind wie Anstiege und Flachstücke. Lerne, sie zu meistern. Lerne, sie zu deinem Vorteil zu nutzen.

Und was die Erholung betrifft: Spar sie dir einfach fürs gemeinsame Bier in der Kneipe auf. Je härter die Tour war, umso mehr Bier und Fabulieren sind anschließend erforderlich, um alles zu verdauen und die Großartigkeit des soeben Erlebten – mit immer größerer Detailversessenheit – zu erklären.

* Schleck wurde nachträglich zum Sieger der Tour 2010 erklärt, weil Contador positiv auf Clenbuterol getestet worden war.

REGEL #94 //
VERWENDE STETS DAS RICHTIGE WERKZEUG UND VERWENDE DEIN WERKZEUG STETS RICHTIG

Die Wartung von Fahrrädern ist eine Kunst. Es wurden verschiedene Werkzeuge für spezifische Aufgaben entwickelt und es ist unabdingbar, dass der Velominatus lernt, jedes dieser Werkzeuge vorschriftsgemäß zu verwenden, wenn er Hand an seine loyale Maschine legt.

Einmal versuchte ich, Holzscheite mit einer Machete zu spalten. Es funktionierte ganz gut, die meiste Zeit zumindest, obschon der Mangel an teilender Kraft, wie sie sich mit einer Spaltaxt entfalten ließe, dazu führte, dass die Holzhälften unkontrolliert nach oben flogen, oft haarscharf an meinem Kopf vorbei, und ihn bei einer unwillkommenen Gelegenheit frontal trafen.

Inzwischen verwende ich für diese Aufgabe ausschließlich eine Spaltaxt und das Resultat ist erfreulich frei von Erste-Hilfe-Kästen und Ärzten, die mit Nadel und Faden hantieren.

Ein gutes Werkzeug ist ein Kunstwerk: Es handelt es sich um ein Objekt, das Funktion und Schönheit auf das Trefflichste vereint, genau wie unsere geschätzten Rennräder. Allein wenn du es in Händen wiegst, spürst du die Qualität der verwendeten Materialien und des Herstellungsprozesses.

Campagnolo ist ein traditionsreiches Unternehmen, das sich auf Werkzeuge versteht. Lezyne hingegen ist ein junges Unternehmen, das sich auf Werkzeuge versteht. Lezyne produziert Kettenpeitschen und Pedalschlüssel mit Holzgriffen, die Schmierfett und Dreck aufnehmen und mit Gebrauch geschmeidiger werden. Im Laufe der Zeit erzählen sie von den Abenteuern, die ihr beide gemeinsam bei der Arbeit an deinen Rädern erlebt habt. Alle ihre Werkzeuge verfügen über einen Flaschenöffner - ein Hinweis, dass sie bei Lezyne begriffen haben, dass sich an Rädern besser schrauben lässt, wenn eine Flasche Qualitätsbier griffbereit steht.

Campagnolo unternimmt keine Anstalten, solche Extras in ihren Werkzeugen zu verstecken, aber sie haben einen Korkenzieher im Sortiment, der das Problem, die Spindel mittig über dem Korken zu zentrieren, perfekt löst. Ihre Werkzeuge werden genauso präzise gefertigt wie ihre Rennrad-Komponenten, um auf erhabene Weise einer bestimmten Funktion zu dienen. Eine Zeit lang verkaufte Campagnolo komplette Werkzeugsätze, dargeboten und transportiert im edlen Holzkoffer. Dem Vernehmen nach hat der erstmalige Anblick besagten Werkzeugkoffers mehrere seriöse Herren so sehr in Verzückung versetzt, dass sie auf der Stelle ihre Religion und ihre Unterwäsche wechselten. Sie sind echt keine Banausen, diese Italiener.

Ein Fahrrad ist eine simple Maschine, aber zu lernen, wie man ein Fahrrad instand hält, ist ein Liebesdienst. Sein Rad fachgerecht zu warten, ist eine Fertigkeit, die man im Laufe vieler Jahre erlangt, die man dieser Kunst widmet. Mag die Maschine selbst auch simpel sein, so handelt es sich bei den benötigten Werkzeugen um hochspezialisierte Geräte: von einfachsten Abläng- und Kabelschuhzangen über Konusschlüssel bis hin zu Gewindeschneidern und Einpresswerkzeugen für Lagerschalen. Wenn man versucht, einen Bremszug mit einem Drahtschneider zu kürzen, kommt nur zerfranster Mist dabei raus. Eine Ablängzange hingegen kürzt ihn perfekt mit einem einzigen hübschen Schnitt. Zudem hält dieses Werkzeug die kleinen verzwirbelten Stahldrähte in perfekter Ordnung, so dass sich das Zugende nun mit einer Endkappe versehen oder, falls der Mechaniker ein Künstler ist, sogar verschweißen lässt.

Die Schrauben und Muttern an einem guten Rad sind aus Leichtbauwerkstoffen, die man allzu leicht zu fest anzieht oder überdreht. Geeignete Werkzeuge erlauben eine präzise Montage und beugen Abnutzung und Beschädigungen vor. Verstellbare Universalschlüssel sind vielleicht praktisch für ungewöhnliche Größen, aber Ringschlüssel arbeiten erheblich präziser. Nutze Drehmomentschlüssel, wann immer es möglich ist, und deinen gesunden Menschenverstand sowie dein Gefühl für Mechanik, wenn kein Drehmomentschlüssel zur Hand ist.

Investiere in die besten Werkzeuge, die du dir leisten kannst, und in die Freundschaft zu Leuten, die all die Werkzeuge besitzen, die dir selbst vielleicht fehlen. Einem Kumpel als Dank für ein Werkzeug, das er dir geliehen hat, ein paar Bier auszugeben, ist ein Vergnügen, von dem beide Seiten etwas haben.

TEIL II:

Die Ausfahrt

Meine Lunge fühlt sich an, als würde sie jeden Moment explodieren, was mir ein Rätsel ist, weil ich doch offenbar nicht genug Luft in sie hineinbekomme, so sehr ich mich auch bemühe. Meine Beine brennen dermaßen, dass sie praktisch taub sind. Mein Kopf dient überhaupt keinem Zweck mehr – Denken ist in meiner Situation nicht erforderlich, es würde eh nichts bringen –, doch er kommt mir so schwer vor, dass ich ihn kaum oben halten kann. Selbst meine Augenlider und mein Kiefer scheinen bleischwer zu sein. Erstere wollen zufallen, und Zweiterer besteht darauf, unkontrolliert irgendwo auf halb acht zu baumeln.

Es versteht sich also von selbst, dass dies eine meiner besten Ausfahrten überhaupt ist.

Die Ausfahrt mit dem Rad ist so etwas wie die Kathedrale unserer Zunft. Hier knien wir am Altar, der dem Mann mit dem Hammer geweiht ist, und beten darum, von seiner verführerischen Gemahlin *La Volupté* berührt zu werden. Während man das Rad als das zentrale Handwerkszeug unserer Zunft beschreiben könnte, bedeutet der Akt, in die Pedale zu treten, das Gefühl von Freiheit zu erleben, das Gefühl zu fliegen. Im Sattel wird der Rennradfahrer zur anmutigen Kreatur; zu Fuß watschelt er herum wie eine Ente mit gebrochenem Bein.

Ein Radsportler ohne sein Rad ist nur eine Anstoß erregende Person mit rasierten Beinen. Im Fahren werden wir Radsportler. Zu lernen, wie man als Radsportler richtig fährt, wie man eins mit seinem Rad wird, ist ein wenig wie Sexualaufklärung: Man wird mit einer Menge

Falschinformationen konfrontiert, und das Entscheidende lernt man erst in der Praxis. Regel #59 richtig anzuwenden zum Beispiel – Halte deine Linie –, lernt man nicht in der zweiten Klasse bei Fräulein Schmidt. Erst wenn man im Pulk mit anderen Radsportlern über die Landstraßen fliegt und kreucht, wird es zu einer offensichtlichen und wichtigen Tatsache des Lebens. Dein Vater wird dich nicht eines Tages verschämt bei Seite nehmen, um dir eine unbeholfene und irgendwie unvollständige Einführung in die Geheimnisse von Regel #59 zu geben. Und auch auf dem Pausenhof wirst du nur Mumpitz darüber hören, wie man richtig Rad fährt. Die Pumpe muss wohin? Hilfe, das kann doch wohl nicht euer Ernst sein!

Vielerorts in Europa, dem Kontinent, wo unser Sport seine Wurzeln hat und groß geworden ist, gibt es Gelegenheiten für Ausfahrten auf heiligem Boden. Die *cols* in Frankreich und die *passi* von Italien tragen Namen, die gleichermaßen begeistern und Angst einflößen. Gavia, Stelvio, Galibier, L'Alpe d'Huez und Tourmalet sind nur ein paar der berühmten Anstiege, die jeder Radfahrer einmal gefahren sein sollte.

Die *Pavé*-Sektoren von Nordfrankreich und Belgien bilden vielleicht die grausamsten Straßen, die ein Rad und sein Fahrer erleben können. Man hat gar keine andere Wahl, als diese Abschnitte *à bloc* zu fahren – mit Vollgas. Es gilt, eine neue Art von Symbiose zu erlernen, wenn das Rad in Dissonanz mit dem Mann oder der Frau im Sattel über die grob gehauenen Steine rattert. Jeder Muskel und jede Sehne im Körper machen sich bemerkbar, während dieser vor Verzweiflung aufschreit. Selbst die lebhafteste Vorstellungsgabe scheitert daran, sich diese grausamen Straßen halbwegs realistisch auszumalen: Das Kopfsteinpflaster muss man am eigenen Leib erlebt haben.

Geheiligter Boden ist eine Sache, aber unsere Welt wimmelt nur so von erstaunlichen Straßen, die darauf warten, von gewissenhaften Radsportlern entdeckt und gefahren zu werden. Mit wenigen Ausnahmen – die in der Regel aus einer unvertretbaren Verkehrsbelastung resultieren – sind alle Ecken der Welt mit Berg- und Landstraßen übersät, die eine übergroße Fülle der Möglichkeiten eröffnen.

Auf der Insel Maui im hawaiianischen Archipel liegt ein Vulkan namens Haleakala. Das kurvenreiche Stück Asphalt, das hinaufführt, ist der längste asphaltierte Anstieg der Welt. 60 Kilometer bergauf zu fahren, ist ein Erlebnis, das man besser beim Bier danach richtig wertschätzen kann als während der Anstrengung. Doch wenn du oben auf diesem Monster stehst, im Wissen, dass dich deine Beine von Meereshöhe hinauf auf 3.050 Meter getragen haben - mehr als ein Drittel der Höhe des Mount Everest -, wirst du etwas davon verstehen, welches Gefühl der Freiheit, welches Gefühl, etwas vollbracht zu haben, ein Fahrrad einem Menschen in relativ kurzer Zeit bescheren kann.

Besagter Berg besitzt vielleicht auch die absolut perfekte Straße für eine Abfahrt mit dem Rad. Der Abschnitt von 1.800 hinab auf 1.200 Meter Meereshöhe führt in weiten, ausladenden Kehren durch ausgedehnte Wiesen. Die Gefahr eines katastrophalen Sturzes ist relativ gering, und als Radfahrer kann man diese Kurven mit hohem Tempo nehmen. Das Gefühl der Harmonie, wenn man durch diese Kurven fährt, ist so ausgeprägt, dass man den Drang, vor Freude zu jauchzen und zu weinen, kaum unterdrücken kann.

Glücklich sind die Radsportler, die jeden Tag mit dem Rad zur Arbeit fahren können. Einen Arbeitstag zu beginnen und zu beenden, indem man sich eine kleine Dosis V gönnt, macht den Berufsalltag erträglich. Leicht erschöpft und richtig wach bei der Arbeit anzukommen, im Gefühl, zig auf dem Smartphone rumtippende Autofahrer abgehängt und manch rutschigen kleinen Hügel gemeistert zu haben: Das macht den Tag im Büro aushaltbar. Und das Intervall zwischen dem Arbeitsende und dem Feierabend zu Hause - es ist die Chance für den Körper, etwas Energie zu verbrennen, und für den Kopf, sich von bösen Fantasien zu lösen, bei denen der Chef unter dem Hahn des Wasserspenders ersäuft wird. Wenn man seinen Arbeitsweg aus dem Effeff kennt, lassen sich die kleine Rampe hinter der Ampel und der Hipster auf seinem schlecht getunten Fixie locker bezwingen. Im Gefühl des Sieges kommt man dann nach Hause, fast wie der Höhlenmensch, der ein frisch erlegtes Warzenschwein zu Füßen seines Weibes fallen lässt.

Straßen allerorten warten nur darauf, gefahren zu werden. An uns ist es lediglich, so viele von ihnen zu fahren, wie wir schaffen.

REGEL #6 //

BEFREIE DEINEN GEIST UND DEINE BEINE WERDEN FOLGEN

Dein Verstand ist dein schlimmster Feind. Erledige alles, was du an Denken erledigen musst, vor Beginn der Ausfahrt. Lass dich, sobald sich die Pedale zu drehen beginnen, ganz von den Sinneseindrücken des Radfahrens einnehmen – der Geruch der Luft, das Geräusch der Reifen, das Gefühl zu fliegen, wenn dein Rad über die Straße hinweggleitet.

Diese Regel hätte womöglich auch andersherum formuliert werden können, denn sie trifft genauso zu, wenn man sie in umgekehrter Reihenfolge liest. Beide Versionen stimmen. Gut zu fahren, erfordert einen ruhigen Geist, aber auch das Rennradfahren als solches führt dich zur Erleuchtung. Man kann unrunde Gedanken haben, genauso wie man einen unrunden Tritt haben kann. Ein Radsportler kann selbst an einem Anstieg der *Hors Categorie* ganz in fernen Gedanken gefangen sein, so sehr auf irgendwelche Nichtigkeiten des Lebens oder Berufsalltags fixiert, dass er den Gipfel in Reichweite nicht sieht.

Die Lösung besteht darin, viel und oft zu fahren. Jede Ausfahrt spült deinen Kopf mit einer neuen Dosis vielfältiger Sinneseindrücke frei. Der Geist öffnet sich, wenn sich die Lungen füllen. Die Gedanken schweifen ab, die Beine bauen Kraft auf. Fahr einfach nur lang genug, und die Gedanken kommen zur Ruhe und lassen einen klaren Fokus entstehen. Das erfordert natürlich Übung. An manchen Tagen stellt es sich nach kurzer Zeit praktisch von allein ein, an anderen Tagen vielleicht überhaupt nicht.

Die einfachste Möglichkeit, um daran zu arbeiten, ist, täglich mit dem Rad zur Arbeit (oder zur Schule oder Uni) zu fahren, ganz gleich wie lang und welcher Art der Weg ist. Jeden Tag zu fahren, bedeutet, die Sinnesreize der Welt zu deren Bedingungen wahrzunehmen: heiß, kalt, nass, trocken – alle Umstände sind unvermeidlich und alle sind sie willkommen. Morgen für Morgen beginnt der Tag mit etwas Realem, mit etwas, was sich außerhalb deines Kopfes abspielt. Jeden Abend gebietest du den neuen Transgressionen des Geistes durch ein weiteres Eintauchen in die reale, greifbare Welt Einhalt.

In der Meditation besteht das Ziel darin, das Physische zu übersteigen – den unvollkommenen Körper zurückzulassen und in eine höhere Sphäre einzutauchen. Auf dem Fahrrad hingegen suchen wir die Transzendenz *mit* dem Körper, keine Flucht vor ihm. Wir streben nach Bewusstsein für die Unbehaglichkeit. Wir wollen schneller, stärker, geschmeidiger fahren. Unsere Sinne sind scharfgestellt, nicht ausgestellt. Wir disziplinieren den Körper, so dass wir den Geist bezwingen können und sodann – in Harmonie von Körper und Geist – über uns hinauswachsen.

REGEL #20 // BEI SCHMERZ HELFEN NUR DREI DINGE

Und zwar:

a) wenn deine vordere Oberschenkelmuskulatur zu brennen beginnt, rutsch auf dem Sattel nach vorne, um so verstärkt deine Waden- und hintere Oberschenkelmuskulatur zu nutzen,

b) wenn deine Waden- und hintere Oberschenkelmuskulatur zu brennen beginnt, rutsch auf dem Sattel nach hinten, um so verstärkt deine vordere Oberschenkelmuskulatur zu nutzen,

c) wenn du dich schwach fühlst, denk ganz fest und tief an Regel #5 und trainier gefälligst mehr.

Diese Waden da unten sind nicht allein dafür da, andere einzuschüchtern. Indem du das Sprunggelenk, die hintere Oberschenkelmuskulatur und die Waden einsetzt, kannst du nämlich auch die Muskulatur an der Vorderseite deiner Oberschenkel entlasten. Letztere ist zwar hervorragend geeignet, um die Pedale kraftvoll von der 1-Uhr-Position in die 4-Uhr-Position zu wuchten, aber erst mittels der Waden und beweglicher Sprunggelenke lässt sich die Kraftübertragung nahtlos bis in die 7-Uhr-Position fortsetzen. Die hintere Oberschenkelmuskulatur wird dann in der Zugphase hinauf in die 11-Uhr-Position beansprucht, wo dann wiederum die Waden und Sprunggelenke übernehmen, um den Job zu beenden und das Pedal zurück in die 1-Uhr-Position zu bringen.

Die Optionen a) und b) sind ungefähr dreißig Sekunden lang nützlich. Danach ist man auf Abhilfe c) angewiesen. Letztlich ist Regel #5 also die einzige Möglichkeit für einen Radsportler, dem Schmerz zu begegnen. Schmerz ist gut. Schmerz ist vergänglich.

Schmerz hat viele Gesichter. Der Schmerz sollte wie ein Freund sein, den man hin und wieder einlädt. Man bittet den Schmerz herein, bietet ihm eine Tasse Tee an, der Schmerz lehnt ab, man bittet den Schmerz, zu gehen und ein andermal wiederzukommen. So etwas ist ein Indiz, dass du lebst, was riskierst und alles gibst. Es kann durchaus sein, dass du so auch mal in den tiefroten Bereich kommst und es nur noch eine Frage der Zeit ist, bis die große Lähmung dich erfasst.

Trainieren bedeutet fahren: Wenn du nicht gerne trainierst, fährst du nicht gerne. Auch für den Rennradfahrer, der keine Rennen bestreitet (also für die meisten), ist das Trainieren nicht minder wichtig. Und sei es auch nur, um es mit diesem alten Knacker auf dem Mountainbike aufnehmen zu können, den man gerade mit Mühe und Not überholt hat. Oder mit dem drahtigen Jungen in Turnschuhen und abgeschnittenen Jeans, der einem in dieser elendig langen Steigung hinterhersteigt, als wäre die Stunde der Entscheidung gekommen. Wir alle können in die Pedale treten, als ginge es um Leben und Tod, aber dieser Junge ist der Tod mit einer rostigen, knarzenden Kette. Wenn er dich einholt, bist du erledigt.

Du musst alle Tricks und Kniffe nutzen, die du dir im Laufe der Jahre auf dem Rad angeeignet hast. Und wenn alles nicht hilft und der Tod in abgeschnittenen Jeans immer noch näher kommt, ist es an der Zeit für Regel #5, Herrschaftskinder. Schalte hoch, geh aus dem Sattel und mach es wie Stephen Roche in der Tour de France '87, als er Pedro Delgado auf Abstand hielt. Dieser Junge wird dich nicht einholen, nie im Leben, selbst dann nicht, wenn er schon den ganzen Weg von seiner Oma ständig Poppers geschnüffelt hat. Du ziehst durch, bis der Junge gebrochen ist und sich endlich eine Lücke auftut, die so groß ist, dass er nicht hören kann, dass du längst wie ein Tier wimmerst und die Muttergottes um Hilfe anflehst, als du *Sur la Plaque* über den Gipfel rollst, aus seinem Blickfeld verschwindest und wie *Il Falcone* in die Abfahrt gehst, um dich entweder hinter der nächsten Hecke zu verstecken oder in die nächste Kneipe zu hocken.

Deshalb trainiert man. Ein Rennen kann dir jederzeit aufgezwungen werden, auch dann, wenn du es am wenigsten erwartest, und dann wäre es besser, dass du bereit bist.

REGEL #38 // SPIEL NICHT BOCKSPRINGEN

Trainier vernünftig: Wenn du von jemandem überholt wirst, nimm es nicht persönlich. Akzeptiere einfach, dass er oder sie an diesem Tag, bei dieser Ausfahrt oder bei diesem Ortsschildsprint stärker war als du. Und wenn du damit nicht klarkommst, streng dich im Training mehr an. Aber spiel nicht »Bockspringen«, indem du dich mit Mühe und Not wieder vorbeischiebst (und dieses alberne Spiel im schlimmsten Fall x-Mal hintereinander abziehst), nur um dann bald darauf wieder überholt zu werden, weil du das Tempo nicht halten kannst. Tu so was vor allem niemals, nur weil die Person, die dich überholt hat, eine Frau ist. Kein Scheiß. Komm darüber hinweg.

Es scheint da draußen eine Gruppe von Radfahrern zu geben, die es allzu persönlich nehmen, sollten sie mal von einem anderen, schnelleren Fahrer oder einer Gruppe überholt werden. Vielleicht hatten sie ja damals ältere Geschwister, gegen die sie jeden Tag das Wettrennen zum Briefkasten verloren haben, die ihnen immer ihr Eis abknöpften und die nie auf sie gewartet haben, wenn sie mit dem Fahrrad in den alten Steinbruch fuhren. Und sie sind nie darüber hinweggekommen.

Es kommt einem fast so vor, als besäßen diese armen Gestalten inzwischen auch eine besondere Neigung, auf hässlichen Mountainbikes mit komplett entfetteten, quietschenden Ketten zu ihren Bürojobs zu fahren. Der Radpendler Grand Prix kann hart und gefährlich sein, vor allem weil das allgemeine Konkurrenzgebaren allzu erbittert ist: Das alles hat wenig mit einer gemütlichen gemeinsamen Radtour zur Arbeit zu tun, sondern ähnelt vielmehr bereits den Ellbogenkämpfen um die Beförderung vom Junior Accountant zum Senior Accountant, unter deren Diktat der Rest des Tages stehen wird – bestimmte Leute müssen halt so früh wie möglich da sein, damit bloß nicht Kollege Meyer aus dem dritten Stock vor ihnen eintrifft und sich als Erster beim Chef einschleimen kann. Oje, da vorne geht der Meyer ja schon den Flur hinauf, ach du Schreck, er ist schon auf Höhe meines Schreibtischs, besser ich drängle mich am Kopierer an ihm vorbei. Nimm das, Meyer.

Meistens wird diese Problematik durch die natürliche Selektion ordentlich gelöst, aber manchmal kann der Auswahlprozess ein harter Lehrmeister sein, also sei lieber vorsichtig. Kürzlich zum Beispiel kletterte unsere kleine Gruppe hinter einem einsamen Mountainbiker eine schmale, als stark befahren bekannte Straße hinauf. Aus Respekt vor der Sicherheit und dem ungehinderten Vorankommen aller Beteiligter – wir, der Mountainbiker, der übrige Verkehr – blieben wir bis zur Kuppe hinter ihm, wo wir genügend Platz hatten, um zu überholen. Nicht lange, nachdem wir freundlich grüßend an ihm vorübergezogen waren, waren wir gezwungen, an einer großen Kreuzung hinter einer Reihe stehender Autos anzuhalten. Kaum hatten wir es uns auf den Oberrohren unserer Räder gemütlich gemacht, flog auch schon Mister Mountainbike vorbei, und zwar nicht nur an uns, sondern auch an den sechs, sieben wartenden Autos, und das alles auf der falschen Straßenseite, auf der selbstredend längst Gegenverkehr nahte. Ein kollektives, ungläubiges, nervöses Kichern machte sich in unserer Gruppe breit, aber niemand hätte gelacht, wäre es tatsächlich zu einem Frontalzusammenstoß gekommen.

Selbstverständlich haben wir den Kerl knapp zwanzig Meter weiter eingeholt und saßen dann wieder hinter ihm fest, seiner törichten, kindischen und rücksichtslosen Entschlossenheit, unbedingt vorne zu bleiben, sei Dank. Wir überholten ihn erneut und zogen dann auf Nimmerwiedersehen davon. Vielleicht hat er an diesem Tag ein wenig über sich gelernt, doch vermutlich nicht. Wir aber auf jeden Fall.

REGEL #39 // FAHR NIEMALS OHNE BRILLE

Du solltest es dir nicht zur Gewohnheit machen, ohne Brille zu fahren, obschon Nebel, Hitzewallungen und schlechte Lichtverhältnisse zumindest als mildernde Umstände geltend gemacht werden können. Wird die Brille gerade nicht über den Augen getragen, solltest du sie ordentlich in die Öffnungen deines Helmes stecken. Wenn die Bügel nicht passen, kauf dir einen neuen Helm. In der Zwischenzeit kannst du sie falschherum hinten am Kopf tragen oder sie vorsichtig in deine Trikottasche stecken und darauf achten, dass die Gläser nicht von deinem Multi-Tool zerkratzt werden (siehe Regel #31).

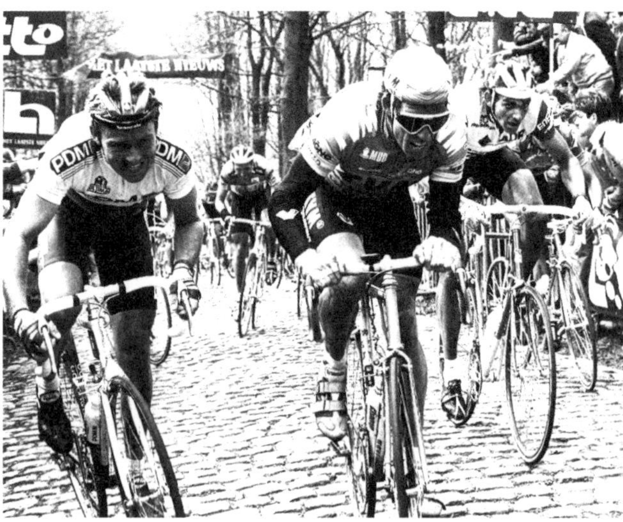

Phil Anderson hängt seine Konkurrenten mit Hilfe seiner Oakley Factory Pilot ab.

In dieser Frage gibt es kein Vertun: Wir leben in einer dreidimensionalen Welt und der wesentliche Mechanismus, auf den wir uns verlassen können, um uns unfallfrei durch diese Welt zu bewegen, ohne ständig mit irgendwas oder irgendwem zusammenzustoßen, ist unser Sehsinn. Das Sehen scheint eine einfache Sache zu sein, und es ist etwas, was wir die meiste Zeit für eine Selbstverständlichkeit halten, ungeachtet der über alle Maßen komplexen Mathematik, die daran beteiligt ist, die genaue Entfernung eines Hindernisses zu bestimmen und entsprechende Navigationsempfehlungen an unser Gehirn zu geben, damit es unsere diversen Extremitäten anweist, sich so zu bewegen, dass wir das umgehen (oder gegebenenfalls erreichen), was auch immer da gerade erspäht wurde.

Das Einzige, was es mit der angeborenen Großartigkeit unserer Augäpfel aufnehmen kann, ist deren Verletzlichkeit. Ich weiß aus eigener Erfahrung, dass es ziemlich unangenehm ist, wenn man nicht gut auf seine Augen achtgibt. Ein bisschen Staub oder eine Wimper auf Abwegen genügen bereits, und schon kauere ich auf allen Vieren und versuche irgendwie, meine Sehkraft und meine Gelassenheit wiederzuerlangen.

Als Teenager bekam ich mal einen Schlag ins Gesicht, bei dem ich eine Schädelfraktur davontrug, eine Fissur von der Augenhöhle hinunter bis zum Kieferknochen. Infolge dessen rutschte einer meiner Augäpfel für knapp einen Monat, den der Heilungsprozess in Anspruch nahm, ein Stück zur Seite. Es war unglaublich unangenehm. Zum Teil einfach deshalb, weil es wehtat. Aber vor allem, weil mein Gehirn nicht damit fertigwurde, dass eines meiner Augen gerade eine Auszeit nahm, während das andere verzweifelt versuchte, irgendwie die Hälfte der Dreiecksmessungen und sonstigen Kalkulationen zu erledigen, auf die wir angewiesen sind, um das Gleichgewicht zu halten. Das Ergebnis waren heftige Kopfschmerzen und ein langer Zeitraum, in dem ich mit ziemlich vielen Dingen zusammenstieß. Oder wie es meine Mutter formulierte: Ich stand einen halben Meter neben mir.

Es ist mir nicht entgangen, dass wir, wenn wir mit dem Rad losfahren, unsere okularen Rezeptoren allerlei Dingen aussetzen, die allzu leicht in sie reinfliegen können: Staub, Steinchen, Regentropfen und Insekten. Ich verwende bewusst den Ausdruck »okularer Rezeptor«, denn dieser Begriff klingt nach an einer Angelegenheit, die gleichermaßen bedeutsam wie brenzlig ist, und genau das trifft ja auch auf den vorübergehenden Verlust des Sehvermögens in voller Fahrt zu.

Erst Mitte der 1980er Jahre kamen spezielle Radbrillen auf den Markt. Bis dahin waren wir auf den kleinen Schirm unserer Radmützen angewiesen, um unsere Augen vor den Dingen zu schützen, denen man als Radfahrer begegnet und die einen blind machen können. Dieser kurze Schirm war das Einzige, was wir hatten, um die Elemente abzuhalten. Gleichzeitig spendete er etwas willkommenen Schatten und ließ zudem direkt unterhalb einen kleinen Luftzug entstehen, der Staub und Schmutz davon abhielt, uns direkt in die Augen zu fliegen.

Das soll nicht heißen, dass man nicht nach Alternativen Ausschau gehalten hätte. In den 1920er und 1930er Jahren nutzten Straßenradsportler Motorradbrillen, um ihre Augen vor Kies und Splitt zu schützen. Aber es gibt kaum Hinweise darauf, dass diese Brillen mehr taten, als den Fahrern ein cooles Aussehen zu verleihen, denn es stellte sich heraus, dass Radfahren doch mit erheblichem körperlichen Einsatz verbunden ist und eine mit Schaumstoff ausgekleidete Schutzbrille dazu neigt, bei Anstrengung zu beschlagen – und dem Fahrer die Sicht zu rauben.

Die Antwort auf die Frage, wer der Pionier der modernen Radsportbrille war, ist sauber getrennt zwischen den beiden Halbkugeln der Erde. In der nördlichen Hemisphäre glauben wir, dass dieser Titel Greg »LeMan« LeMond gebührt. In der südlichen Hemisphäre hält man hingegen vornehmlich Phil Anderson für den Vorreiter. Da die Geschichte stets vom Sieger geschrieben wird und nur einer dieser beiden Fahrer die Tour de France gewonnen hat, scheint es gerechtfertigt, dass die nördliche Hemisphäre für sich beansprucht, wegweisend für den Siegeszug der Radbrille zu sein. Aber da sich die südliche Hemisphäre ehedem bei allem benachteiligt fühlt, werden sie dort dasselbe sagen. Wir werden vielleicht nie wissen, wer recht hat, insbesondere auch deshalb nicht, weil die Australier nie lange genug nüchtern bleiben können, um die Diskussion zu Ende zu führen.

Es war der Hersteller Oakley, der Mitte der 1980er Jahre die Idee hatte, eine Skibrille an die Anforderungen der Radsportwelt anzupassen: Das Design der Brillen wurde ein wenig modifiziert, damit sie leichter waren, und statt eines elastischen Gummibandes um den Kopf nutzte man seitliche Bügel, die hinter die Ohren reichen, um die Brillengläser an Ort und Stelle zu halten.

Greg LeMond, Andy Hampsten, Phil Anderson und diverse andere Visionäre erkannten sofort den Vorteil, den es hatte, beim Fahren richtig sehen zu können, und fingen an, die neuen Radbrillen im Peloton zu tragen. Ihre plötzliche Popularität erinnert an den Siegeszug der Klickpedale, die auch binnen kurzer Zeit von allen genutzt wurden, mit Ausnahme weniger Sturköpfe, die sich weigerten, die unzweifelhaften Vorzüge anzuerkennen.

Heute schützen uns spezielle Radbrillen vor Wind, Regen, Staub und Schmutz und seit der Erfindung selbsttönender, lichtempfindlicher Brillengläser sogar vor verschiedenen Arten von Sonnenlicht. Wenn du also noch mit einem Blue-Blocker oder einer Ray-Ban rumfährst, setz das Teil lieber sofort ab und greif stattdessen zu einer richtigen Radbrille.

REGEL #42 //

EINEM RADRENNEN SOLLTE NIEMALS EIN SCHWIMMEN VORAUSGEHEN UND/ODER EIN LAUF FOLGEN

Wenn ein Schwimmen vorausgeht und/oder ein Lauf folgt, nennt man es nicht Radrennen, sondern Duathlon oder Triathlon. Keins von beidem hat was mit Radsport zu tun. Denk außerdem daran, dass man eh nur schwimmen sollte, um zu verhindern, dass man ertrinkt, und dass der einzige Grund zu laufen, darin besteht, dass jemand hinter einem her ist. Und selbst dann sollte man nur so schnell laufen, dass man nicht eingeholt wird.

Es ist wahrscheinlich genauso schwierig, der Versuchung zu widerstehen, Hardcore-Triathleten so richtig schön zu versägen, wie es dem ein oder anderen Leser schwerfallen wird, zu erkennen, dass wir die Triathleten als solche tatsächlich gar nicht kritisieren. Naja, vielleicht tun wir das schon – aber nur ein bisschen. In erster Linie nimmt diese Regel einfach Bezug auf die Tradition und Kultur des Radsports und insbesondere der Straßenrennen.

Werfen wir zunächst einmal einen Blick auf die Essenz des Radrennsports, schließlich ist diese frappierend einfach. Ein Radrennen heißt Radrennen, da die Teilnehmer auf Rädern um die Wette fahren, und das war's. Lange bevor jemand auf die Idee kam, dass sich ein Kräftemessen zu Rad auch zwischen ein Wettschwimmen und einen Lauf zwängen ließe, nahmen es die Leute nur auf dem Rad miteinander auf – vom Start bis ins Ziel. Sinn und Zweck des Unterfangens war es, herauszufinden, welcher Fahrer der schnellste war, denn alle fuhren von Punkt A nach Punkt B. Wenn dabei überhaupt gelaufen wurde, dann nur aus der Notwendigkeit heraus, den Teamkapitän nach einem Defekt wieder anzuschieben oder womöglich bei einem Querfeldein-Rennen ein paar Meter über Hürden oder eine Treppe hinauf zu Fuß zu bewältigen. Jedenfalls lief niemand um des Laufens willen, sondern immer nur, damit er so schnell wie möglich wieder in die Pedale treten konnte.

Was das Schwimmen angeht, ist es noch weniger nachvollziehbar, warum sich überhaupt je ein Mensch in den Kopf gesetzt hat, es mit Radfahren zu kombinieren. Schwimmen ist eine Freizeitbeschäftigung, die im Sommer stattfindet (oder in einem Trainingslager vor der Saison in einer tropischen Region, in dessen Verlauf hochnotpeinliche PR-Fotos vom Baden mit Teamkollegen entstehen), an einem Pool oder einem Strand, und bei der üblicherweise eine Kühlbox und jede Menge malzhaltige Erfrischungsgetränke zum Einsatz kommen. In jedem Fall aber ist es stets von der Angst begleitet, die messerscharfen Bräunungskanten aufzuweichen, die man zuvor in seiner Radsport-Kluft akribisch kultiviert hat, und allein aus diesem Grund sollte es vermieden werden.

Es gibt auch eine Tradition im Straßenradsport, an die uns Regel #42 erinnert. Regel #42 unterstreicht zum einen die Pflicht des Radsportjüngers, sich an Regel #10 zu halten, und liefert ihm zum anderen gleichzeitig eine vollkommen legitime Entschuldigung, abseits des Rades richtig schön faul zu sein. Es ist allgemein bekannt, dass Radprofis, wenn sie gerade nicht trainieren oder Rennen fahren, alles in ihrer Macht tun, um absolut nichts tun zu müssen. Im Peloton gibt es unzählige Geschichten von Fahrern, die sich an Ruhetagen endlose Stunden ausnahmslos auf der Couch geflätzt haben. George Hincapie war dafür bekannt, geradezu ein Großmeister der Waagerechten auf dem Sofa zu sein: Er konnte endlos vorm Fernseher liegen, ohne auch nur einmal aufstehen zu müssen, weil er alles, was er zum Essen und zur Kommunikation mit der Außenwelt benötigte, in Griffweite drapiert hatte. Es hieß auch, dass Coppi und Hinault beide sogar so weit gegangen sind, dass sie sich während der großen Landesrundfahrten von ihren *Soigneurs* haben die Hoteltreppen hochtragen lassen, um Energie für den nächsten Tag zu sparen. Glaubst du, es wäre ihnen auch nur für den Bruchteil einer Sekunde in den Sinn gekommen, nach einem Radrennen noch eine Runde joggen oder schwimmen zu gehen? Diese Männer interessierte nur eins: so schnell wie möglich Rad fahren zu können.

REGEL #49 // DIE GUMMISEITE BLEIBT UNTEN

Es ist unter jeglichen Umständen völlig inakzeptabel, sein Rad aus welchen Gründen auch immer vorsätzlich auf den Kopf zu stellen. Neben der Gefahr, den Sattel, die Schalt-/Bremshebel und den Vorbau zu zerkratzen, ist es einfach unprofessionell und ein Frevel gegenüber deinem treuen Ross. Es steigt nämlich das Risiko, dass das Fahrrad umkippt, das Ausbauen bzw. Wechseln der Laufräder wird unnötig erschwert, und außerdem werden deine Bidons auslaufen. Der einzige Grund, warum sich ein Fahrrad jemals in Über-Kopf-Position befinden sollte, ist mitten im Überschlag, wenn es zu einem spektakulären Sturz kommt. Diese Regel gilt auch beim Transport mit dem Auto, also für bestimmte Dachträgersysteme, bei denen der Sattel am Träger zu befestigen wäre.

Wenn du einen anderen Rennradfahrer in einer entsprechenden Notlage siehst, sein Fahrrad auf den Kopf gestellt neben ihm, die Kette heillos mit Rahmen und Ritzelpaket verknotet, halt nicht an. Bedenke ihn mit einem mitleidlosen Blick, als ob du fragen wolltest: »Was zum Teufel machst du da, du Vollpfosten? Lern erst mal, wie man ein Laufrad ausbaut, dann helfe ich dir gern.« Und fahr an ihm vorbei.

Anderen Radfahrern zu helfen, ist eine heilige Pflicht für jeden Velominatus, aber auch wir haben unsere Grenzen. Ob es darum geht, den einzigen Ersatzschlauch abzutreten, aus dem Stegreif ein vierminütiges Fortgeschrittenen-Seminar in Reifenflicken-am-Straßenrand zu halten oder eine rutschende Sattelstütze zu bändigen – das alles sind Serviceleistungen, mit denen man bereitwillig einem anderen Radsportler zu Diensten sein sollte.

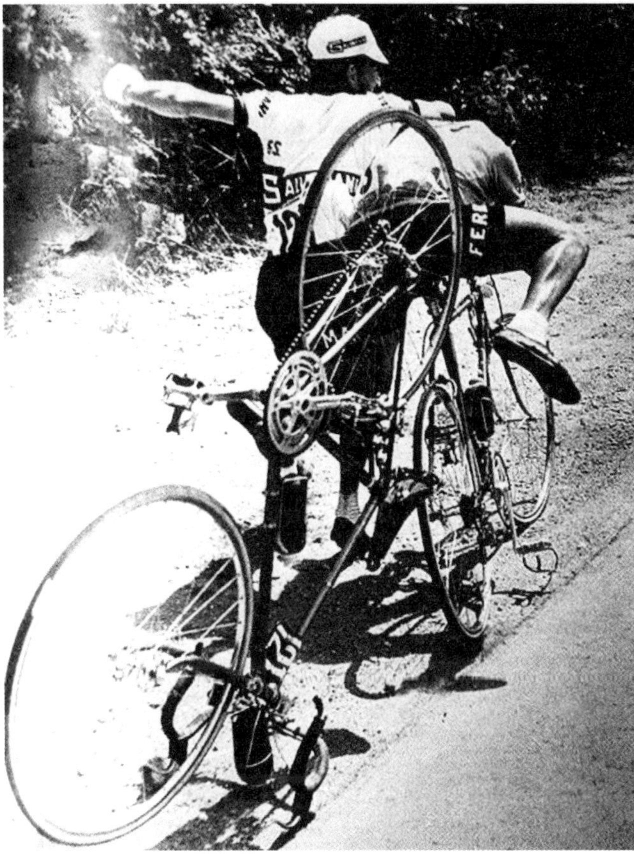

So etwas ist erlaubt.

Aber einem dieser Fahrrad-Umdreher die Weiterfahrt zu ermöglichen, indem man ihm hilft, hilft ihm nicht wirklich. Es bringt nichts, einem solchen Menschen zu zeigen, wie er seine umgedrehte Kette entwirrt (und außerdem besudelst du dabei deine Hände mit Kettenfett). Bring ihm lieber erst mal bei, dass man sein Fahrrad nicht auf den Kopf stellt, wenn man möchte, dass sich die Kette nicht verheddert. Das ist eine Lektion, von der er sein Leben lang etwas hat.

Wie schon ein altes Velomis-Sprichwort besagt: *Zeig einem Radfahrer, wie man Reparaturen an seiner Maschine am Straßenrand sach-*

gerecht erledigt, und du hast hinterher pottdreckige Hände. Zeig ihm, wie er es selbst erledigt, und deine Hände bleiben sauber.

Hast du jemals gesehen, wie ein Profi sein Rad auf den Kopf gestellt hätte, während er auf das Teamfahrzeug mit dem Mechaniker wartet? Dreht der Kfz-Mechaniker ein Auto um, um es zu reparieren? Der Tierarzt ein Pferd? Nein.

Als Gentullio »Tullio« Campagnolo im Jahr 1927 bei eisigen Temperaturen den Passo Croce d'Aune hinauffuhr, hielt er an, um einen anderen Gang aufzulegen. Das Wechseln der Übersetzung erforderte es damals nämlich noch, das Hinterrad auszubauen, es umzudrehen, die Kette auf das zweite Ritzel auf der anderen Seite der Nabe zu legen und das Rad dann wieder einzubauen. Schöne Zeiten waren das... Aber an diesem bitterkalten Tag waren die Flügelmuttern aus Aluminium, die Tullios Hinterrad in den Ausfallenden des Rahmens hielten, komplett vereist und festgefroren. Er konnte den Gang nicht wechseln. Die Unbeflecktheit der Muttergottes wurde an diesem Tag an den Flanken des Croce d'Aune entsprechend ausgiebig und lautstark in Frage gestellt. Doch während sich dies zutrug, war nichts davon zu sehen, dass er sein treues Ross auch nur vorübergehend im Schnee auf den Kopf gestellt hätte. Merckx sei Dank konnte Tullio die verfluchten Flügelmuttern nicht lösen, denn das führte letztlich dazu, dass er eine Menge Dinge erfand, die wir am modernen Rennrad für selbstverständlich erachten, einschließlich des Schnellspanners und des Schaltwerks. Der große Meister ist nicht durchgedreht, als er mit einem technischen Defekt konfrontiert wurde, und das solltest auch du nicht.

REGEL #55 // VERDIEN DIR DEINE KURVEN

Wenn du einen Berg mit dem Rad runterfährst, musst du den Berg zuerst mit dem Rad raufgefahren sein. Es ist verboten, sich motorisierte Verkehrsmittel zunutze zu machen, um den billigen Nervenkitzel der Abfahrt zu genießen. Die einzige Ausnahme ist, wenn du L'Alpe d'Huez oder den Plan de Corones für ein Intervalltraining nutzen möchtest und dein Auto oben am Gipfel parkst, bevor du 20 hammerharte Wiederholungen am Berg absolvierst.

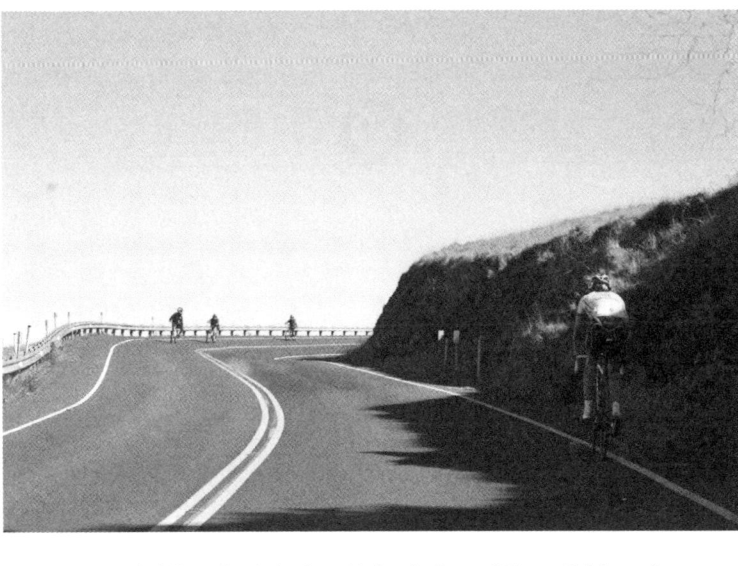

Frank kämpft sich den Haleakala auf Hawaii hinauf, während Touristen sich Fahrräder leihen, um den Berg hinunterzufahren. Was für ein Frevel.

Wenn es sich lohnt, einen Berg runterzufahren, lohnt es sich auf jeden Fall, ihn hochzufahren. Dies ist noch ein weiterer Unterschied zwischen einem Radsportler und einem, der Rad fährt. Als Jünger des Radsports suchen wir den Schmerz und die beglückende Mühsal auf dem Rad. Wenn wir eine 12-prozentige Steigung sehen, deren Serpentinen immer wieder mit 18-prozentigen Rampen gespickt sind, nehmen wir mit dem Vorderrad direkt Kurs darauf und weiden uns am Leiden. Wenn wir den Gipfel erreichen, halten wir oben höchstens kurz an, um einen Schluck zu trinken, bevor wir hinab ins Tal rasen und unsere Beine kurz erleichtert durchatmen lassen, ehe ihnen auch schon wieder der nächste Anstieg und das dazugehörige Milchsäure-Bad bevorstehen. Es spielt keine Rolle, ob wir federgewichtig sind wie die Schleck-Brüder oder auf den Pedalen tanzen können wie einst Charly Gaul. Was zählt, ist, dass wir uns stets schon nach dem nächsten Pass sehnen und in wehmütigem Verlangen auf all die Pässe zurückblicken, die wir gemeistert haben. Wenn er gefragt wird, wie es ihm im Anstieg nach Luz Ardiden ergangen sei, sollte der Velominatus antworten: »Ich habe gelitten, wie ich noch nie zuvor gelitten habe. Es war fantastisch.«

REGEL #59 // HALTE DEINE LINIE

Fahr stets vorhersehbar und vermeide plötzliche Lenkbewegungen. Unter keinen Umständen ist es dir gestattet, deine Linie zu verlassen.

Der Großteil von dem, was in dieser heiligen Schrift dargelegt ist, lässt sich zu gleichen Teilen auf Stilbewusstsein, Tradition, Funktion und eifriges Augenzwinkern herunterbrechen. Um es klar und deutlich zu sagen: Natürlich wirst du deine Reifen so aufziehen, dass sich das Herstellerlabel mittig über dem Ventil befindet, und du wirst dir kein rückwärtig baumelndes Gepäckfach unters Gesäß hängen. Aber wenn du dich aus irgendeinem obskuren Grund mal entschließen solltest, eines dieser Edikte zu missachten, musst du nicht mehr befürchten als eine spöttische Ermahnung seitens eines anderen Velominatus und vielleicht ein paar schmerzhafte Hiebe mit der Minipumpe.

Bei Regel #59 sieht die Sache etwas anders aus: Regel #59 *muss* ernst genommen werden. Begegne ihr mit einer gehörigen Portion Respekt, denn eine Nichteinhaltung kann sehr böse enden. Sowohl für den Fahrer als auch für das Rad.

Um die Notwendigkeit, die eigene Linie zu halten, in ihrer Gänze zu erfassen, muss der angehende Velominatus zunächst verstehen, dass das Rennradfahren keineswegs mehr eine rein individuelle Angelegenheit ist, wenn es in einer großen Meute geschieht - sei es während eines Rennens oder einer Gruppenausfahrt. Radfahren in einem kleineren Pulk oder einem großen Feld erfordert ausreichend Demut, um zu erkennen, dass, was dem einen recht ist, nicht zwangsläufig dem anderen billig sein muss. Nichts wird dir schneller eine Ausladung vom örtlichen Trainingstreff bescheren als eine unkalkulierbare Fahrweise, die Neigung zum Halfwheeling und generelle Unberechenbarkeit auf dem Rad. Die Position in einer Gruppe zu halten, er-

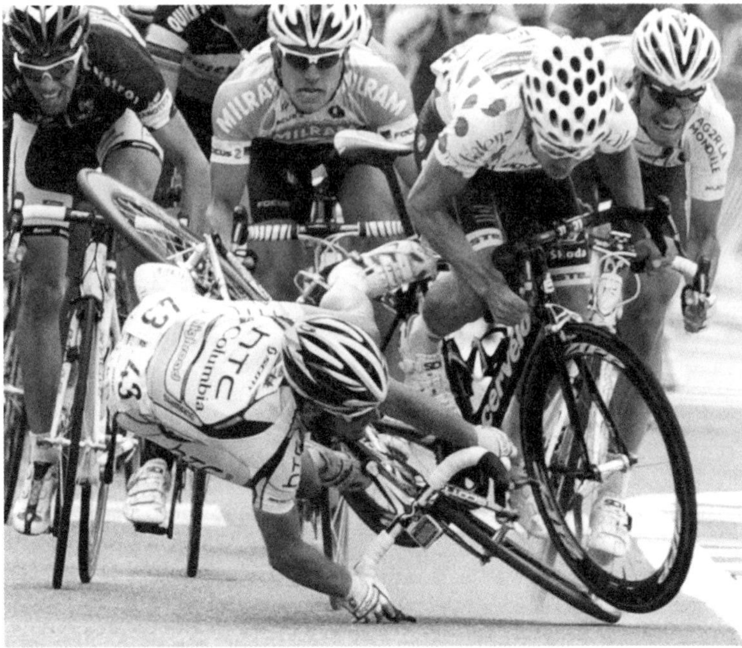

fordert Übung, aber es ist die einzige Möglichkeit, es in die vorderen Reihen zu schaffen und sich dort zu behaupten – und in der Regel ist es unabdingbar, wenn du dich in eine Position manövrieren willst, aus der du es schaffen kannst, die Ziellinie als Sieger zu überqueren.

Aber auch wenn du allein trainierst, solltest du diese Regel im Blick behalten, denn es ist in deinem eigenen Interesse, wenn für Autofahrer und Fußgänger stets ersichtlich und vorhersehbar bleibt, was du da treibst und was du vorhast. Folge den logischen Linien, die die Straße vorgibt, und zeige deine Absichten rechtzeitig und eindeutig an, wenn du abbiegen oder anhalten willst – und, wenn es irgendwie geht, auch wenn du zu einem plötzlichen, scharfen Schlenker gezwungen bist. Schließlich bewegst du dich im Straßenverkehr als weitgehend nackte und schutzlose Person auf einem acht Kilogramm leichten Fahrzeug inmitten von tonnenschweren Autos, an deren Steuer Teenager sitzen, die viel zu jung dafür sind, und geriatrische Greise, die viel zu alt dafür sind. Versuch also lieber, ihnen so gut wie möglich zu helfen.

REGEL #63 //

ZEIGE DIE RICHTUNG AN, IN DIE DU ABBIEGST

Zeige ein beabsichtigtes Linksabbiegen an, indem du den linken Arm nach links ausstreckst, und um ein Rechtsabbiegen anzukündigen, zeigst du entsprechend mit dem rechten Arm nach rechts. Klingt logisch und selbstverständlich, und in Europa mag dies auch weitgehend der Fall sein, aber viele Amerikaner muss man echt eindringlich darauf hinweisen. Also noch mal zum Mitschreiben: Vielleicht hat man euch ja einst tatsächlich noch beigebracht, ein Rechtsabbiegen anzuzeigen, indem ihr den Ellbogen des linken Arms zur Seite ausstellt und den Unterarm hebt, aber das ist Unsinn. Dieses Handzeichen wurde vor Erfindung des elektrischen Blinkers für Kraftfahrzeuge erdacht, da es als Autofahrer doch recht schwierig ist, von der Fahrerseite aus die rechte Hand aus dem Beifahrerfenster zu strecken. Auf einem Fahrrad gibt es eine solche Einschränkung jedoch nicht und es ist eigentlich ganz einfach, den rechten Arm in die Richtung auszustrecken, in die du abbiegen möchtest.

Amerikanische Radfahrer haben zwei überaus idiotische Angewohnheiten. Die erste besteht darin, auf der falschen Seite der Straße gegen den Verkehr zu fahren. Ich vermute mal, diese Unsitte wurde uns beigebracht, weil sich irgendjemand in den Kopf gesetzt hatte, man müsse die durch den Babyboom verursachte Überbevölkerung mal ein wenig eindämmen. Mal abgesehen von einem gewissen Maß an Schuldgefühlen seitens der Autofahrer, die versehentlich einen in die falsche Richtung fahrenden Radfahrer über die Motorhaube geschickt haben, ist dies tatsächlich ein vergleichsweise sauberer Ansatz zur Dezimierung der Bevölkerung. Sauberer zumindest als etwa ein verdeckter Artillerie-Einsatz, weil man eine solche Offensive wohl niemals wirklich effektiv steuern könnte und die Leute danach bestimmt unangenehme Fragen stellen würden.

Die zweite doofe Angewohnheit amerikanischer Radfahrer ist die Neigung, ein Rechtsabbiegen anzukündigen, indem man in den Himmel zeigt. Besuche eine beliebige fahrradfreundliche Stadt irgendwo in den USA, und du wirst einer Myriade von Radlern begegnen, die seltsam herumwackeln, wenn sie sich einer Kreuzung nähern, und dann gen Himmel weisen. Wo genau sie da hinzeigen möchten, ist mir schleierhaft, aber es sieht ganz gewiss nicht nach Rechtsabbiegen aus.

Auf der anderen Seite hat das Zeigen in die Richtung, in die man abbiegen möchte (nach links für Linksabbiegen und nach rechts für Rechtsabbiegen), den doppelten Vorteil, dass es auf der ganzen Welt von jedem Autofahrer klar und eindeutig verstanden wird, ganz gleich, ob dort Rechtsverkehr herrscht oder alle auf der falschen Seite fahren.

Noch ein letzter Aspekt sollte in dieser Frage Berücksichtigung finden: Du solltest dich nicht nur bemühen, stets eindeutige Handzeichen zu geben und gleichzeitig sorgsame Nonchalance zu wahren. Bei der Annäherung an eine Kreuzung hat es sich zudem als sehr praktikabel erwiesen, einmal bereits deutlich vor dem Abbiegemanöver ein Handzeichen zu geben und dann ein zweites Mal unmittelbar bevor man den Lenker fest greift und sich in die Kurve lehnt.

REGEL #64 //

DAS ZUTRAUEN BEIM KURVENFAHREN WÄCHST MIT DEN JAHREN UND DER ERFAHRUNG

Du lernst immer dazu und es klappt peu à peu immer besser, bis die (Lern-)Kurve eines Tages abrupt endet.

Betrachten wir diese Regel in ihren zwei Teilen. Es ist lehrreich, sich einmal genau anzuschauen, wie die Motorradsport-Ikone Valentino Rossi mit 200 Stundenkilometern durch regennasse Kurven fliegt. Er hat Zutrauen und Erfahrung. Die einzigen drei Vorteile, die er gegenüber einem Radfahrer hat, sind eine größere Kontaktfläche seiner Reifen auf der Straße, die teureren Gummimischungen in seinen Reifen und eine Federung seiner Rennmaschine, die die Reifen auf der Piste hält. Das Tragen einer Ledermontur statt eines hautengen, dünnen Lycra-Outfits könnte als ein vierter Vorteil betrachtet werden, aber das hängt davon ab, wie sehr du auf Lycra und Schürfverletzungen stehst.

Glücklicherweise stellt Michelin sowohl Fahrradreifen als auch die Reifen von Valentino Rossi her, so dass auch wir von der Erfahrung profitieren, die das Unternehmen im Motorradrennsport gewonnen hat. Ebenso zu unseren Gunsten zahlt sich aus, dass Valentino und seine Ducati viel mehr wiegen als wir und unser Rennrad, denn das bedeutet, dass er auch erheblich größeren zerstörerischen Kräften ausgesetzt ist. Was uns als Radfahrer davon abhält, die Kurven mit mehr Risiko zu nehmen, ist ein gesundes Misstrauen gegenüber dem Grip unserer Reifen auf der Straße, insbesondere bei nassen Bedingungen.

Die beste Möglichkeit, seine Kurventechnik zu verbessern, besteht darin, anderen Fahrern hinterherzufahren, die das Kurvenfahren besser beherrschen als man selbst. Folge ihrer Linie und achte darauf, wie wenig sie bremsen, wenn sie eine Kurve anfahren. Wenn sie richtig gut sind, befinden sich ihre Hände dabei nicht mal in der Nähe der Bremshebel. Sie vertrauen ihren Reifen. Sie vertrauen ihnen, weil sie beim Reifenkauf nicht am falschen Ende gespart haben. Wenn dir ein Verkäufer einen Reifen andrehen will, der ein Leben lang hält, ist er derjenige, der einen Abgang über die Leitplanke verdient hätte, nicht du. Nur mal zum Vergleich: Motorrad-Rennreifen halten kaum ein Rennen aus! Auch Rennradreifen sollten nicht aus einer so harten Gummimischung bestehen, dass sie mehr als 10.000 Kilometer halten. Und selbstverständlich überprüfst du vor jeder Ausfahrt einmal kurz deine Reifen, oder? Genau wie beim Piloten, den man durchs Flugzeugfenster beobachten kann, wie er noch mal prüfend gegen die Reifen tritt und an den Klappen reißt, ist der letzte Check vor dem Start die richtige Zeit, um einen kleinen Riss im Vorderreifen zu bemerken. Wenn du ihn hingegen erst bemerkst, wenn du dein zweirädriges Cockpit unfreiwillig verlässt und eine Lycra-Landung auf dem Asphalt versuchst, ist das Timing nicht so toll.

Benutze hochwertige Reifen und fahre sie mit dem richtigen Reifendruck. Profis fahren häufig Reifen mit sehr hohem Druck, oft höher als gut wäre. Es hält sich hartnäckig die Mär, dass sehr hart aufgepumpte Reifen schneller wären. Nun, sie fühlen sich vielleicht schneller an, wenn du über die Straße ratterst, aber das ist nicht unbedingt der Fall, insbesondere nicht in Kurven. Je höher nämlich der Reifendruck ist, umso kleiner ist die Kontaktfläche mit der Straße und umso weniger kann sich auch die Seitenwand des Reifens verformen, um die Kontaktfläche mit der Straße aufrechtzuerhalten.

Und schließlich ist es ratsam, einfach *nicht* an die zweite Hälfte dieser Regel zu denken, an den Halbsatz über das plötzlich abrupt nachlassende Zutrauen. Natürlich steckt auch da viel Wahrheit drin: Nach einem Sturz braucht es einige Zeit, bis man wieder dasselbe Vertrauen in seine Reifen hat. Je überraschender der Sturz kam, desto größer der Vertrauensverlust. Wenn du es in irgendeiner Weise hast kommen sehen, ist das eine Sache. Wenn du aber mitten in der Kurve unvermittelt auf einem glatten Fleckchen Asphalt wegrutschst und, ehe du dich versiehst, auch schon im Graben landest, ist das etwas völlig anderes.

Aber an diese Eventualität zu denken, ist nicht hilfreich. Denk an positive Dinge. Denk daran, wo du aus der Kurve rauskommen willst. Denk daran, wie toll es sich anfühlt, eine Kurve auf der Ideallinie zu nehmen. Oder denk an absolut gar nichts. Wenn es einen Moment gibt, in dem Mensch und Maschine wirklich eins werden sollten, dann ist es dieser.

REGEL #67 //

ERLEDIGE DEINEN TEIL DER ARBEIT IM WIND

Niemand mag einen Reifenlutscher. Du denkst vielleicht, dass du ein kluges taktisches Spiel spielst, indem du alle anderen die Arbeit vorn im Wind machen lässt, während du nur hintendrauf sitzt, aber Rennen (und sogar Ortsschildsprints) gewinnt man, indem man mit anderen zusammenarbeitet und bereit ist, auch mal richtig am Anschlag zu fahren, sich selbst in die Mangel zu nehmen und was zu riskieren. Sich hingegen die ganze Zeit im Windschatten zu verstecken und dann an den anderen vorbeizuspringen, ist lediglich eins: mangelnder Sportsgeist.

Vor vielen Jahren reifte in mir der Entschluss, dass ich als Radsportler an einem Punkt angekommen war, an dem einfach nur zu fahren nicht mehr angemessen war. Ich musste anfangen, richtig zu »trainieren«. Denn ich startete inzwischen fast jedes Wochenende bei Rennen, und die Teilnahme an Rennen bedeutet natürlich Training. Jede einzelne Ausfahrt musste etwas bringen, irgendeinen greifbaren Nutzen haben, der mir helfen würde, dass ich von den anderen, entschlosseneren Fahrern jedes Mal ein bisschen weniger deutlich geschlagen würde. Also habe ich mich für eine »Trainings-Tour« auf einer kleinen, abgelegenen Insel fern der Zivilisation angemeldet. Ich fand irgendwie, dass sich das so gehörte - auch ich musste mal ein richtiges Trainingslager fern von daheim absolvieren. Es war nicht Mallorca oder Mexiko, aber man hatte es fast für sich allein.

Es gab bei dieser Tour eine gute Mischung von Fahrern. Nicht unbedingt die jungen, hungrigen Fahrer, die ich vorher erwartet hätte, sondern vielmehr ältere, aber immer noch hungrige (und sehr durstige) Veteranen. Wir haben in dieser Woche viel gegessen und getrunken. Die Trainingsausfahrten ähnelten eher einem Brevet als einem Etappenrennen, aber sie machten mehr Spaß als jedes strukturierte Pulsuhr-Geballer. Es gab ein gesundes Konkurrenzdenken und Kräftemessen, aber die meiste Zeit fuhren wir zusammen. Wir halfen uns gegenseitig, wenn wir litten, und wir teilten uns die Arbeit vorne im Wind, so dass wir am Büfett und an der Bar noch genug Körner übrig hatten, damit unsere Körper mit der Verdauung und dem Biernachschub fertigwurden.

Alle hielten zusammen. Alle außer einer.

Zuerst war da nicht viel mehr als ein paar lockere Scherze auf seine Kosten. Hier mal eine kleine Spitze über seine tadellose, vom Gegenwind völlig unbehelligte Frisur, dort mal ein neckischer neuer Spitzname wie »Reifenmagnet«, und das alles wurde scheinbar auch mit einer ordentlichen Portion Humor aufgenommen. Als die Woche voranschritt und Körper und Geist allmählich von den langen Tagen in praller Sonne und trockenem Wind ausgezehrt waren, nahm die Toleranz jedoch ab und die Stimmung kippte. Diese Klette hatte einmal zu viel an unseren Hinterrädern gelutscht, und jeder Versuch, ihn auch mal nach vorn in den Wind zu manövrieren, wurde letztlich durch seine listige Fahrweise und hinterhältige Taktik vereitelt. Es gab keine Möglichkeit, diesen Kerl an die Spitze zu lotsen, also wurde beschlossen, dass er dann eben hinten rausfliegen musste. Es wurden Angriffe en masse gefahren und bis zum Erbrechen fortgesetzt, bis er sich schließlich wie ein mit Salz bestreuter Blutegel wand und abreißen lassen musste. Uns war es egal, dass unsere verschwörerische Neandertaler-Taktik nur dazu führte, dass wir selbst erheblich mehr Körner verschossen, als wir uns dies vernünftigerweise erlauben konnten. Wir hatten es auf zivilisierte Art und Weise versucht, und unsere Grenzen des Mitgefühls und des Anstands waren wirklich bis aufs Letzte ausgereizt worden. Der Groschen fiel beim Reifenmagneten nach ein oder zwei Tagen, an denen er auch beim Abendessen allein gesessen hatte, und siehe da, wer sich für den Rest der Tour immer wieder vorn im Wind zeigte!

Eine wertvolle Lektion war verstanden worden, unser Wortschatz war um einen neuen Begriff reicher (Reifenmagnet) und die Welt war in Ordnung. Bis zur nächsten Tour im nächsten Jahr...

REGEL #68 // AUSFAHRTEN BEMISST MAN NACH IHRER QUALITÄT

Ausfahrten sollten nach der Qualität der zurückgelegten Distanz bemessen werden, niemals nach der Distanz allein. Bei Trainingstouren und Rennen in bergigem Terrain gibt man die absolvierten Höhenmeter an, bei flachen oder welligen Strecken die Streckenlänge und Durchschnittsgeschwindigkeit. Zum Beispiel würde die Aussage »Wir haben 4.000 Meter gemacht« bedeuten, dass während der Ausfahrt Anstiege mit insgesamt 4.000 Höhenmetern bewältigt wurden, wobei die Distanz als solche vergleichsweise irrelevant ist. Umgekehrt ist eine 150-Kilometer-Tour im Flachen mit 23 km/h nichts, was man in einem öffentlichen Forum erwähnen sollte, sondern lediglich Anlass, sich dringend noch mal Regel #5 zu Gemüte zu führen.

Wenn du schon einmal einen einzigen der *Pavé*-Sektoren in Nord Pas de Calais oder einen der Kopfsteinpflaster-Hügel bei Oudenaarde mit dem Rennrad gefahren bist, hast du diese Regel am eigenen Leib erlebt – und folglich begriffen. Einmal den Trouée d'Arenberg oder den Koppenberg zu meistern, entspricht in etwa der Gesamtheit deiner kilometerreichsten Saison auf den monotonen Straßen bei dir in der Gegend. Es ist eine religiöse Erfahrung, ähnlich der, die ein gläubiger Mensch macht, wenn er die heiligste aller Pilgerfahrten unternimmt.

Das hat ebenso viel mit der Art des Fahrerlebnisses zu tun, das diese Orte bieten, wie mit ihrer historischen Bedeutung, die sie für den Radsport haben. Paris-Roubaix führt normalerweise über knapp 260 Kilometer, aber die ersten 100 Kilometer bis zum ersten *Pavé*-Sektor sind praktisch neutralisiert, sieht man von den üblichen frühen Ausreißversuchen und Fluchtgruppen ab, die von vornherein zum Scheitern verurteilt sind.

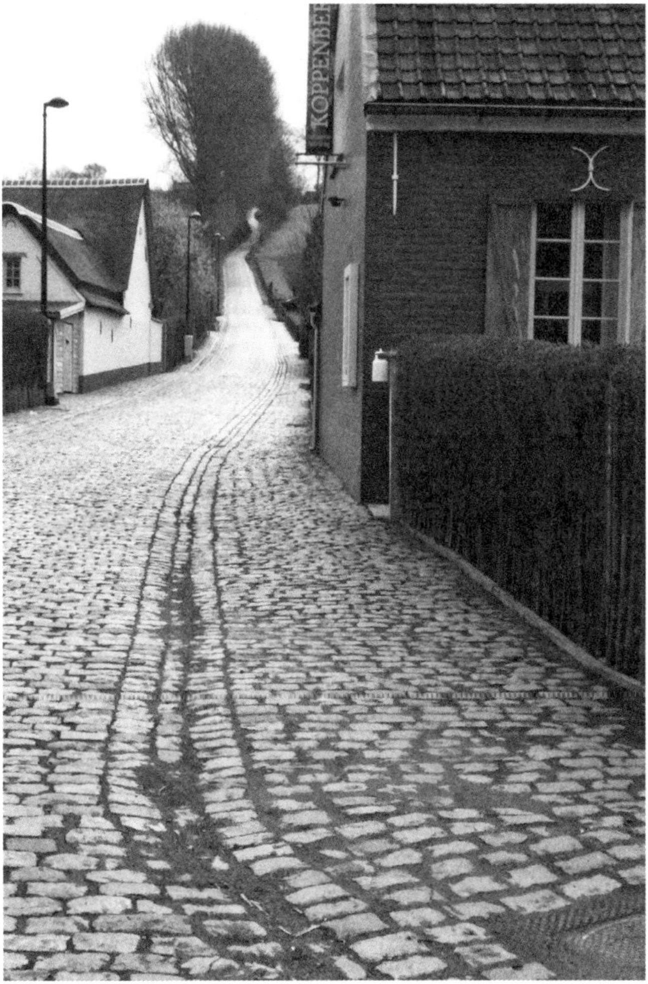

Der Koppenberg erhebt sich himmelwärts.

Die Rennfahrer wissen genau, dass es nur auf die letzten 150 Kilometer ankommt, und insbesondere auf die 50 Kilometer Kopfsteinpflaster, die sich auf etwa 27 oder 28 *Pavé*-Sektoren verteilen. Diese Straßen besitzen eine rätselhafte Art, dich gleichzeitig zu zermürben und zu erregen. Sie machen sich unter deinen Reifen bemerkbar, indem sie jeden Knochen, jedes Gelenk und jeden Muskel in deinem

Körper bestrafen. Es ist ein kleines Wunder, dass dein Fahrrad nicht unter dir zerbröselt, wenn es in einer annähernd geraden Linie über den höchsten Punkt in der Mitte des grob und windschief gepflasterten Wirtschaftswegs hoppelt.

Während des kontrollierten Chaos aus Fahrern, Rennmaschinen und Pflastersteinen bist du seltsam motiviert, jeden letzten Funken Kraft aus deinen Beinen herauszupressen, während du darum kämpfst, das Tempo zu halten und nicht umzufallen. Jedes Neuron in deinem Gehirn konzentriert sich auf die Tatsache, dass die Straße unter dir alles versucht, was in ihrer Macht steht, um dich vom Vorankommen abzuhalten. Für den Jünger des Radsports gibt es nichts Großartigeres. Eine Ausfahrt über dieses Pflaster ist von ihrer Qualität derart hoch einzuschätzen, dass es nicht darauf ankommt, welche Distanz du an diesem Tag insgesamt zurückgelegt hast und seien es auch die kompletten 260 Kilometer. Was zählt, ist, dass du jeden einzelnen *Pavé*-Sektor gemeistert hast und es ohne Rücksicht auf Verluste mit jedem Pflasterstein aufgenommen hast, der dein Vorder- und Hinterrad mit einer Irrsinnsvehemenz gegen deinen Körper gehämmert hat. Eine solche Fahrt ist in ihrer Gesamtheit viel großartiger und monströser als die Summe ihrer Teile.

Wenn wir über die deutlich weniger anspruchsvollen und aufregenden Straßen unserer Trainingsrunden vor Ort rollen, müssen wir uns

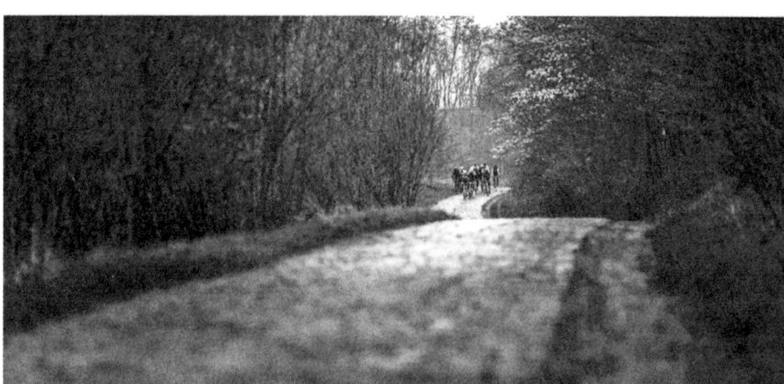

Nicht alle Ausfahrten können über das geheiligte *Pavé* in Nord Pas de Calais führen.

als Jünger des Radsports der Tatsache bewusst sein, dass dies niemals auch nur annähernd den Grad der Genialität erreichen kann, den die geheiligten Straßen unseres Sports repräsentieren. Was man als Jünger des Radsports jedoch tun kann, ist, in jede einzelne Ausfahrt mit der Einstellung hineinzugehen, dass es im Rahmen jeder gegebenen Runde von einer bestimmten Distanz unzählige Möglichkeiten gibt, die Qualität der Ausfahrt zu mehren. Konzentriere dich auf deine Atmung, trete eine größere Übersetzung, finde dich in deinem V-Locus ein oder bemühe dich, dem Mann mit dem Hammer zu begegnen. Während einer 100 Kilometer langen Runde konzentriert eine dieser Vorgaben zu verfolgen, ist viel mehr wert, als einfach 200 Kilometer abzuspulen. Damit wir uns nicht missverstehen: Beides bringt dir Kilometer auf der V-Bank ein, aber nur Ersteres in der Währung der Velominati.

REGEL #79 // SPRINTE ERNSTHAFT MIT

Jedes Ortseingangsschild ist Anlass, ein Rennen zu fahren oder zumindest so zu tun, sofern du nicht bewusst nur eine lockere Runde drehst beziehungsweise zu nichts anderem mehr in der Lage bist.

Bei uns in den Staaten steht selbst an den einsamsten Neben-Neben-Nebenstraßen ein Hinweisschild, wenn man eine Gemeindegrenze überquert. Die Beschilderung ist häufig eher dezent und kommt immer ohne Vorankündigung. Es ist praktisch das Gegenteil der Zwischensprints fürs Grüne Trikot der Tour de France, bei denen einem frühzeitig durch Hinweistafeln angekündigt wird, dass es noch soundsoviele Kilometer beziehungsweise Meter bis zur entscheidenden Linie sind. Bei Gruppenausfahrten werden die Ortseingangsschilder zur imaginären Ziellinie hart umkämpfter Zwischensprints: für die Allgemeinheit unsichtbar und als solche erkannt nur von den Fahrern selbst, die gerade drauf und dran sind, aus einer Gemeinde raus- und in eine andere reinzufahren. Der Radrennsport ist ein taktischer Sport. Längst nicht immer gewinnt der Stärkste. Sprintentscheidungen aus einer kleinen Gruppe heraus sind wie kleine Schachpartien. Wer als Sprinter besser werden will, muss das Sprinten trainieren. Im Sprint das meiste aus seinen Möglichkeiten zu machen, erfordert viel Übung und Erfahrung. Das Training muss dir Spaß machen. Und du musst dir darüber im Klaren sein, dass du als Hobbyfahrer eine hundertprozentige Chance hast, dass du ohne Anfahrer auskommen musst, die dir den Sprint anziehen. Du musst es aus eigener Kraft heraus packen, es kommt auf deine Gewieftheit an. Regel #79 kann dir dabei helfen.

Selbst wenn deine Schenkel komplett frei von den schnell kontrahierenden Muskeln sind, durch die sich geborene Sprinter gemeinhin auszeichnen, kannst du immer noch einen Sprint gewinnen, aber das braucht Übung. Es müssen schon die richtigen Zutaten zusammenkommen - gutes Timing, gekonnte psychologische Kriegsführung, Bluffen und vielleicht eine Portion Glück -, aber es kommt vor. Wenn du eigentlich von Mutter Natur gut ausgestattet bist und ein paar schnell kontrahierende Muskeln besitzt, stellst du hingegen vielleicht nach 160 Kilometern fest, dass sie an Schnelligkeit eingebüßt haben und du noch längst nicht gewonnen hast. Wenn du der endschnellste Fahrer in der Gruppe bist, wissen das nämlich alle, und du musst trotzdem im richtigen Moment brillieren, um gewinnen zu können. Auch das braucht Übung, und Ortsschildsprints sind die perfekte Gelegenheit, um zu lernen. Außerdem unterbricht ein solches Kräftemessen die Monotonie langer Gruppenausfahrten. Das anschließende gegenseitige Aufziehen sorgt noch eine ganze Weile für vergnügliche Kilometer. Außerdem bekommt man Erfahrung darin, sich von einer Kurzzeit-Anstrengung höchster Intensität wieder zu erholen und nicht 60 Kilometer von zu Hause abgehängt zu werden.

Wer die Ohren nur gut spitzt, wird durch nervöse Schaltmanöver rechtzeitig in Alarmbereitschaft versetzt, wenn sich eine Stadtgrenze nähert. Auch dass man in der Gruppe plötzlich nach hinten durchgereicht wird, kann ein Alarmsignal sein. Wer weiß überhaupt, wo genau sich der Ortseingang befindet? Wer erinnert sich bei Kilometer 120 einer schnellen Gruppenausfahrt noch an Ortseingangsschilder? Wer hat noch Saft? Wer ist überhaupt am Sprint interessiert? Wer will nur noch irgendwie mit der Gruppe nach Hause kommen? Wer hantiert lediglich mit seinen Schalthebeln, um die ehrgeizigeren Sprinter kirre zu machen, ohne selbst die Absicht zu haben, überhaupt in den Sprint einzugreifen?

Ortsschildsprints mögen keine echten Rennen sein, aber sie machen Spaß und du nutzt die verfügbare Trainingszeit sehr effektiv.

REGEL #83 //
DU MUSST DIR SELBST ZU HELFEN WISSEN

Außer dir folgt ein Teamfahrzeug, musst du in der Lage sein, alle Reifenpannen und technischen Defekte, die dir unter Umständen widerfahren, eigenhändig zu beheben. Das wirst du natürlich kompetent erledigen, mit Hilfe deines Know-hows und deiner eigenen Ausrüstung, und ohne rumzujammern, dass deine teuren Reifen zu stramm säßen, um sie mit deinen mickrigen Daumen von deinen kostspieligen Felgen zu ziehen. Wie mit jemandem zu verfahren ist, der es versäumt hat, sich gemäß Regel #31 zu wappnen, oder der nicht weiß, wie er besagtes Equipment richtig verwendet, können begleitende oder entgegenkommende Fahrer nach eigenem Ermessen gemäß Regel #84 bestimmen.

Das Fahrrad ist in unserer Zunft das zentrale Instrument, und es ist von größter Bedeutung, dass es richtig gepflegt und gewartet wird. Auf den ersten Blick kann das alles wie eine schrecklich komplizierte, kaum zu durchschauende Sache erscheinen: all die beweglichen Teile, die Bowdenzüge und die Kette und die Ritzel und Kettenblätter, die irgendwie so zusammenwirken, dass es gelingt, die Vorrichtung in Bewegung zu setzen und zu halten. Gut gepflegt und richtig eingestellt, macht ein Fahrrad auch in voller Fahrt fast überhaupt keine Geräusche. Nur das Pfeifen der Reifen ist zu hören, während Mensch und Maschine im harmonischen Flug eins werden.

Eine der großen Freuden in diesem Sport besteht darin, zu lernen, wie man sich fachmännisch um seine geliebte Maschine kümmert: die Kunst, eigenhändig Laufräder zu zentrieren oder die Schaltung und die Bremsen einzustellen. Indem man lernt, sein Rad zu pflegen und instand zu halten, entsteht eine engere Beziehung zu diesem Apparat, aus dessen Gebrauch wir solches Vergnügen ziehen.

Kurzum: Kompetente Pflege und Wartung stärkt das Band zwischen Mensch und Maschine.

Zu berücksichtigen ist auch der wichtige Aspekt der Sicherheit: Ein gut gewartetes Fahrrad ist auch ein sicheres Fahrrad. Lässt man seine Maschine hingegen verwahrlosen, wird sie unzuverlässig und zum Sicherheitsrisiko. Ein mechanischer Defekt, der einen bei hoher Geschwindigkeit ereilt, ist eine überaus heikle Angelegenheit.

Unter den Fittichen eines gewissenhaften Velominatus erfährt ein Fahrrad eine regelmäßige Inspektion und alle seine wichtigen Teile werden vor jeder Fahrt kurz gecheckt. Das senkt erheblich die Zahl der unterwegs auftretenden Pannen, die am Straßenrand zu reparieren sind, obschon es natürlich töricht wäre, zu glauben, deren Auftreten ließe sich komplett ausschließen.

Daher muss der Radsportler stets die Werkzeuge mit sich führen, die er braucht, um jedes Problem zu beheben, das unterwegs auftreten könnte: Ein kleines Multi-Tool, Ersatzschläuche und eine Pumpe sind die Minimalausrüstung, die benötigt wird.

Einfach aufs Beste zu hoffen, ist keine Strategie gegen Pannen. Sei vorbereitet, indem du dir das Zubehör und das Wissen zulegst, das du brauchst, um sicher von deinen Ausfahrten nach Hause zurückzukommen.

REGEL #84 // BEWAHRE ANSTAND

Wenn bei einer Trainingsausfahrt jemand anzeigt, dass er eine Reifenpanne hat, sind gemäß den Benimmregeln für Domestiken alle Fahrer, die sich zu diesem Zeitpunkt in der Gruppe befinden, berechtigt – aber keineswegs verpflichtet –, ebenfalls anzuhalten, ohne als Weicheier abgestempelt zu werden. Alle Fahrer, die angehalten haben, sind daraufhin auch berechtigt – aber keineswegs verpflichtet –, dem mit dem Reifenwechsel bzw. -flicken befassten Kollegen mit Rat und Tat und/oder mit strenger Kritik an seiner Reparaturtechnik beizustehen. Die Dauer eines Regel #84-Stopps ist ganz nach eigenem Ermessen bestimmbar, aber im allgemeinen umgekehrt proportional zu der Zeit, die nach dem Training für den gemeinsamen Espresso bleibt.

Stell fünf Radsportler um einen platten Reifen an den Straßenrand und du wirst mindestens fünf verschiedene Wege zu hören bekommen, wie eine solche Panne am besten zu beheben ist. Wie genau man den Reifenheber ansetzen sollte, um den Mantel am effektivsten von der Felge zu hebeln, oder ob man überhaupt einen Reifenheber benutzen sollte. Wie man am besten den Schlauch runterzieht und das Loch lokalisiert. Ob man eine CO_2-Kartusche oder eine klassische Minipumpe verwendet. In welchem Winkel man die Pumpe halten sollte und ob man das Laufrad vor oder nach dem Aufpumpen wieder einsetzt. Bis zu welchem Reifendruck man den Reifen aufpumpen soll und ob es ratsam ist, Talkum hinzuzufügen. Die Liste ließe sich endlos fortsetzen...

Das Bemerkenswerte daran ist nicht die Unzahl an Möglichkeiten, wie man eine Reifenpanne repariert, sondern vielmehr die totale Unfähigkeit von Radfahrern, ihre Ratschläge für sich zu behalten, bis man sie darum bittet. Stattdessen werden die fünf im Halbkreis um den armen Kerl stehen, der die Flickarbeit erledigt, und ihn gleichzeitig mit ihren gut gemeinten Ratschlägen bombardieren. Angesichts der Tatsache, dass sie dabei in der Regel gleichzeitig reden, besteht die übliche Reaktion darin, dass jeder seine Tipps lauter vorträgt. Dies wiederum führt zu einem nahezu simultanen Anschwellen der Lautstärke, bis die gesamte Gruppe schließlich nur noch aus einer Horde dürrer, in Lycra gehüllter Brüllaffen besteht.

Bei einer langen Trainingsausfahrt im vergangenen Sommer hatte einer unserer Mitstreiter bereits auf den ersten Kilometern eine Reifenpanne. Da wir wussten, dass wir einen langen Tag vor uns hatten, drängte ich die Gruppe weiterzufahren, derweil ich mit ihm warten würde, während er seinen Platten reparierte. Ich wollte nicht, dass die ganze Gruppe wartete, und ich wusste auch, dass es schwierig für ihn sein würde, auf sich allein gestellt wieder den Anschluss herzustellen. Ein zweiter Fahrer, mit dem er sich die Arbeit im Wind würde teilen können, wäre eine willkommene Unterstützung, dachte ich mir.

Er baute fachmännisch sein Hinterrad aus und machte sich daran, den Mantel herunterzuziehen. Innerhalb von Sekundenbruchteilen hatte er im vergeblichen Versuch, das störrische Ding von der Felge zu hieven, einen Reifenheber zerbrochen. Nach einem epischen Kampf gelang es ihm schließlich, den Reifen doch irgendwie von der Felge zu befördern, und er ging darin, den leck geschlagenen Schlauch zu reparieren.

Seine Versuche, den Reifen danach wieder aufzuziehen, waren eine typische Mixtur aus komödiantischem Einfallsreichtum und erbarmungsloser Frustration. Gerade als der Reifen dabei war, an einem Ende auf die Felge zu rutschen, strampelte er sich am anderen Ende auch schon wieder los. Ich hatte das Gefühl, als würde ich zuschauen, wie sich eine M.C. Escher-Zeichnung in Echtzeit entfaltet.

Am Ende verlangte die Aufgabe nach dem Einsatz unser beider Hände und mehr als nur ein paar Flüchen, um den Reifen aufzuziehen und wieder auf die Straße zu kommen. Angesichts der Dauer des Kampfes stand uns, als wir endlich Erfolg hatten, eine ziemliche Aufholjagd bevor.

Sehr nett also von ihm, dass er mich dann am erstbesten Anstieg stehen ließ, damit ich mich fortan allein abrackern durfte, um die Gruppe wieder einzuholen.

REGEL #85 // FAHR AB WIE EIN PROFI

Alle Abfahrten sollten mit Geschwindigkeiten absolviert werden, die in den Augen der weniger Talentierten schlichtweg »aberwitzig« oder »irre« sind. Darüber hinaus sind alle Kurven auf einer Außen-Innen-Außen-Linie zu nehmen, mit dem äußeren Bein durchgestreckt und dem kurveninneren Bein in angemessener Weise angewinkelt (aber nicht so extrem, als würdest du einen Motorrad-Rennfahrer imitieren, denn schließlich bist du keiner), um die Balance zu verbessern und für eine ansprechende Ästhetik zu sorgen. Die Bremsen sind im Allgemeinen nicht zu betätigen, aber wenn es doch unbedingt erforderlich sein sollte, dann erst unmittelbar vor der Kurve. Siehe auch Regel #64.

Dies ist eine große Herausforderung, denn die meisten Profis fahren ab wie der Teufel. Jeder Idiot kann sein Fahrrad oben auf dem Berg talwärts ausrichten und mit Hilfe der Schwerkraft rasant beschleunigen, aber es ist die erste Kurve, die den Könner vom Idioten unterscheidet, der gerade über die Leitplanke gegangen ist. Es ist ein teuflischer Cocktail aus Erfahrung, Wagemut und Notwendigkeit, den Radprofis in rauen Mengen schlürfen und der es ihnen ermöglicht, schneller durch die Kurven zu kommen als die TV-Motorräder, die sie begleiten. Auch wir Normalsterblichen können wie Profis abfahren, aber vielleicht nicht ganz so schnell. Denn Profis müssen im Kampf um den Sieg notgedrungen einkalkulieren, auch mal zu stürzen, und wir alle kommen doch lieber heil unten an.

Es gilt, sich ein paar Fertigkeiten anzueignen, die letztlich dafür sorgen, dass Abfahrten a) mehr Spaß bringen, b) schneller über die

Bühne gehen und c) weniger Besuche in der Badewanne erfordern, bei denen man sich in einer schmerzhaften Sitzung den Rollsplitt aus großflächigen Schürfwunden schrubben muss.

Die erste Fertigkeit besteht darin, sich auf die Kurve vorzubereiten, indem man sein Rad bei der Kurvenanfahrt an den Straßenrand steuert. Selbst wenn die Abfahrt aus einer Vielzahl von Serpentinen besteht, ist es unabdingbar, den äußersten Rand der Straße zu nutzen, so dass man den Scheitelpunkt (auf der Innenseite) der Kurve ansteuern kann und dann wieder nach außen fährt, um die Kurve zu verlassen. In einer 90-Grad-Kurve verdoppelt sich der Radius, wenn man sie auf einer solchen Außen-Innen-Außen-Linie nimmt. Und je größer der Radius einer Kurve ist, desto schneller kann man sie durchfahren.

Zudem sollte es keine Schnittmenge zwischen Bremsen und Kurvenfahren geben. Wende dich an die Physik-Koryphäe bei dir vor Ort, um dir einen spannenden Vortrag zum Thema anzuhören, der garantiert die Begriffe Kreiselwirkung, gyroskopisch, Lenkachse, Kippkräfte und möglicherweise, wenn du besonderes Glück hast, sogar Winkelverzögerung enthält. Die Quintessenz des Ganzen lautet: Wenn ein Rad in einer Kurve geneigt und seine Bremsen kräftig betätigt werden, richtet es sich auf und fährt geradeaus. Das ist nicht gut. Man gerät in eine Art Teufelskreis aus einem Fahrrad, das geradeaus fährt, wenn es eigentlich eine Kurvenlinie beschreiben sollte, und der Notwendigkeit, noch stärker an den Bremshebeln zu ziehen. So was endet nie gut.

Und schließlich solltest du es auf Abfahrten darauf anlegen, den Schwerpunkt zu senken und möglichst in die Nähe der auf dem Asphalt haftenden Reifen zu bringen. Das äußere Bein durchzustrecken, erweist sich dabei als kluge Idee. Ebenso das Anwinkeln der Ellbogen, um den Oberkörper tiefer zu bringen.

Zusammenfassend lässt sich festhalten:

- Steuere zunächst nach außen, bevor du einlenkst und auf den inneren Scheitelpunkt der Kurve zusteuerst.
- Erledige das Bremsen, bevor die Kurve beginnt, und dann lass die Bremshebel gefälligst in Ruhe.

- Bring deinen Schwerpunkt runter.
- Bleib locker und geschmeidig.

REGEL #86 //
HALFWHEELING NERVT

Zügle dich, wenn du zum Halfwheeling neigst (also meinst, bei Ausfahrten in der Gruppe immer ein paar Zentimeter oder besagte halbe Radlänge vor dem Nebenmann fahren zu müssen). So was ist einfach eine Unart – es ist immer der andere Typ, der das Tempo vorgibt. Es sei denn natürlich, du fährst am Anschlag: In solchen Situationen ist Halfwheeling eine sehr gute Einschüchterungstechnik.

Ich muss einräumen, dass ich selbst ein übler Halfwheeler bin. Es unterläuft mir einfach aus Gewohnheit immer wieder, obwohl ich wirklich nicht respektlos gegenüber meinen Mitfahrern sein möchte. In der Tat ist das genaue Gegenteil der Fall: Ich versuche eigentlich nur, besonders höflich zu sein.

Mir wurde nämlich schon als Kind immer eingetrichtert, den Menschen in die Augen zu schauen, wenn ich mit ihnen rede. Aber das ist natürlich praktisch unmöglich, wenn man bei einer Gruppenausfahrt in einer akkuraten Zweierreihe dahinrollt. Deshalb schiebe ich mich in solchen Situationen instinktiv gerade weit genug vor, damit ich meinen Kopf zurückdrehen und das Gesicht meines Nachbarn sehen kann, während wir unseren kleinen Plausch halten.

In Wahrheit ist Halfwheeling vielleicht die extremste Form von passiv-aggressivem Verhalten, das jemand beim Radfahren an den Tag legen kann. Ein Fahrer schiebt sein Vorderrad vor das seines Nachbarn und dieser antwortet, indem er wieder auf gleiche Höhe zieht. In der Folge zieht das Tempo schrittweise immer weiter an, bis beide sich voll verausgaben und in die Pedale latschen wie die Idioten. Was als »lockere Ausfahrt« begann, hat sich in ein einziges Geballer verwandelt und der letzte Funken an vernünftigem Training wurde einem sinnlosen Kräftemessen geopfert. Auf der anderen Seite ist Halfwheeling möglicherweise das schlagkräftigste Instrument, das man auf dem Rad im Sinne psychologischer Kriegsführung zum Einsatz bringen kann.

Im Wissen um die erleichternde Sogwirkung fahren Radsportler normalerweise hintereinander – dankbar für den Windschatten, den der Vordermann bietet. Aber nicht immer.

Bei der Tour de France 1964 trug Jacques Anquetil das Gelbe Trikot vor seinem Landsmann Raymond Poulidor. Poulidor war der bessere Kletterer, Anquetil der bessere Stratege. Als es den Puy de Dôme hinaufging, wusste Anquetil, dass er Poulidor am Berg unterlegen sein würde. Aber anstatt sich darauf zu verlegen, ihn zu beschatten oder selbst zum Angriff überzugehen, wandte Jacques eine meisterhafte Taktik an: Er fuhr einfach neben Raymond.

Immer weiter schoben sich die beiden den erloschenen Vulkan hinauf, Ellbogen an Ellbogen, im Einklang der Pedale. Wie sehr Anquetil an diesem Tag gelitten haben muss. Und welche Mater es für Poulidor gewesen sein muss, mit anzusehen, wie Anquetil mit jedem seiner Pedaltritte beinahe symmetrisch gleichzog.

Erst in der Nähe des Gipfels entkam Poulidor schließlich Anquetils Manndeckung, aber es war zu spät, um das Klassement noch über den Haufen zu werfen und das Rennen zu gewinnen. Anquetil fuhr zum fünften und letzten Mal als Tour-Sieger in Paris ein.

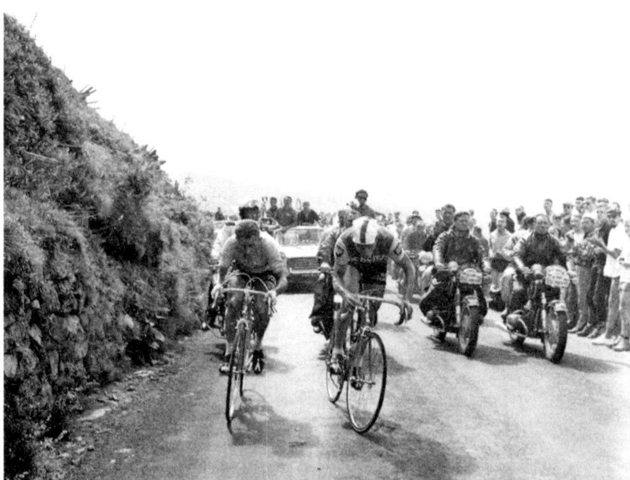

Mit Halfwheeling demoralisiert Anquetil den Dauerkontrahenten Poulidor am Puy de Dôme.

covadonga

GESAMTVERZEICHNIS

NEU

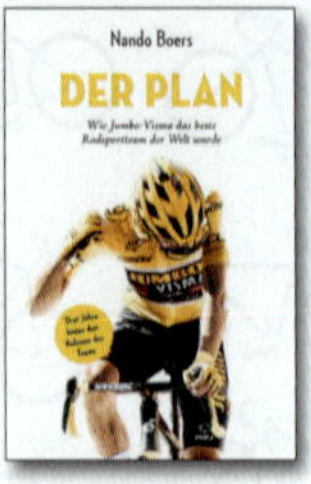

Nando Boers:
DER PLAN

Wie Jumbo-Visma das beste Radsportteam der Welt wurde

Hardcover, 376 Seiten + Fotostrecke
ISBN 978-3-95726-087-1
auch als e-Book

In den drei Jahren bis zum ersten Tour-Sieg von Jonas Vingegaard bekam der Reporter Nando Boers die einmalige Gelegenheit, dem Team Jumbo-Visma hautnah zu folgen. Mäuschen spielend durfte er überall dabei sein und erlebte so aus nächster Nähe, wie moderner Radsport in Training und Wettkampf funktioniert. Das Resultat ist ein packendes, lehrreiches Buch über Planung, Beharrlichkeit und Erfolg im Sport – und weit darüber hinaus.

NEU

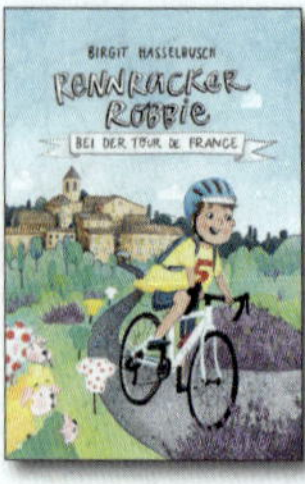

Birgit Hasselbusch:
RENNRACKER ROBBIE BEI DER TOUR DE FRANCE

Hardcover, 208 Seiten
ISBN 978-3-95726-090-1
auch als e-Book

Ein wunderbares Kinderbuch aus der Fede von Eurosport-Kommentatorin Birgit Hasse busch: Wie ein mutiger Junge durch sein Freude am Radsport und seine beherzt Aktion zum Star der Tour de France wirc Das turbulente Abenteuer von »Rennracke Robbie« in der Provence und in Paris ist ein inspirierende Geschichte über Mut, Hilf bereitschaft und die Faszination des Rac fahrens. Und zugleich eine Liebeserklärun an die Franzosen und ihr Land.

NEU

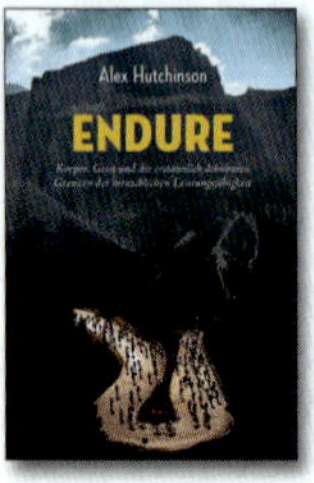

Alex Hutchinson:
ENDURE

Körper, Geist und die erstaunlich dehnbaren Grenzen der menschlichen Leistungsfähigkeit

Hardcover, 368 Seiten
ISBN 978-3-95726-089-5
auch als e-Book

Vom Marathonlauf in zwei Stunden über den Traum, einmal beim Ironman Hawaii teilzunehmen, bis hin zur Besteigung des Mount Everest: Wir sind fasziniert von den extremen Grenzbereichen der menschlichen Ausdauer. In seinem aufwändig recherchierten, packend erzählten Bestseller legt Alex Hutchinson dar, warum unsere individuellen Grenzen ebenso sehr von unserem Kopf wie von unseren Muskeln bestimmt werden können.

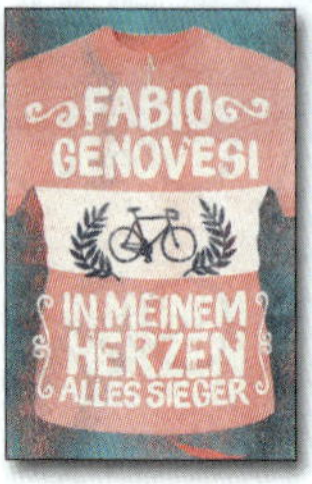

Fabio Genovesi:
IN MEINEM HERZEN ALLES SIEGER

Klappenbroschur, 208 Seiten
ISBN 978-3-95726-075-8
auch als e-Book

Als Kind versprach Fabio Genovesi seiner Onkel: »Eines Tages fahre ich den Giro d'It lia.« Aus der Karriere als Radprofi wurd nichts, er wurde stattdessen Bademeiste Kellner, schließlich gefeierter Schriftstelle Und so wurde der Kindheitstraum doc noch wahr, 2013 schickte ihn der *Corrier della Sera* los, um die große Rundfahrt a Reporter zu begleiten. Das Ergebnis ist ei turbulenter Roadtrip und ein großer litera scher Spaß.

REGEL #87 //

DIE AUSFAHRT STARTET PÜNKTLICH. OHNE AUSNAHME

Die Vorzüge, die es hat, stets und ohne Ausnahme pünktlich aufzubrechen, sind beträchtlich. Zunächst einmal werden andere Fahrer nur genau ein einziges Mal zu spät kommen. Du signalisierst, dass dir diese Ausfahrt, so wie alle Ausfahrten, heilig ist und dass du in dieser Frage nicht mit dir spaßen lässt. Du demonstrierst, nicht mit Worten, sondern mit Taten, deine Entschlossenheit und Hingabe. Und als Zugabe sorgst du dafür, dass mehr Zeit für den Espresso danach bleibt. »Pünktlich« ist – selbstverständlich – jeweils als »V nach« bzw. »V nach halb« zu verstehen.

Du verbringst viel Zeit damit, dich mental und körperlich aufs Radfahren vorzubereiten. Es kommt vor, dass du mit offenen Augen von deinem Rennrad träumst und einfach stumpf durch deine bessere Hälfte hindurchstarrst, obschon sich deren Mund bewegt, weil sie anscheinend etwas zu dir sagt. Die Internet-Bandbreite deines Arbeitgebers wird zu einem Viertel durch die Übermittlung von Umsatz- und Qualitätssicherungs-Berichten und dergleichen belegt und zu Dreivierteln durch Radsport-Websites. Deine Kinder müssten nicht auf diese zweitklassige staatliche Uni gehen, wenn du dir nicht dieses maßgeschneiderte, von Hand gebaute Carbon-Rennrad geleistet hättest, das vorerst noch bei einem Kumpel untergestellt ist, bis die Sache nicht mehr ganz so heiß ist und du es wagen kannst, es nach Hause zu bringen und als »ach, das alte Teil« auszugeben. Der Hinweis möge genügen, dass dich die Einhaltung all dieser Regeln von #1 bis #86 hierhergeführt hat, zu Regel #87, zur Ausfahrt höchstselbst. Warum also solltest du, in Merckx' Namen, Zeit verschwenden, indem du mit Verspätung losfährst?

Pedro Delgado, der Schutzpatron von Regel #87, hätte 1989 sicherlich eine ganz andere Tour de France gehabt, wenn er nicht zwei Minuten und 40 Sekunden zu spät zum Prolog erschienen wäre. Im *Maillot Jaune* des Titelverteidigers fuhr Delgado in jenem Jahr einen starken Prolog in Luxemburg, nur sieben Wochen nach seinem Sieg bei der Vuelta. In der Tat räumte man Perico, wie er genannt wurde, im Vorfeld eine mindestens genauso große, wenn nicht sogar eine größere Chance auf den Sieg ein wie seinen beiden größten Konkurrenten, Laurent Fignon und Greg LeMond. Aber er kam erst mit Verspätung von der Startrampe, und das kam ihn sehr teuer zu stehen.

Delgado gab sich nicht geschlagen, er kämpfte bravourös und zeigte bei dieser Tour vermutlich die Leistung seines Lebens, was ihm schließlich in Paris noch die dritte Stufe des Podiums einbrachte. Sein Rückstand auf die Erstplatzierten LeMond und Fignon betrug schlussendlich zwar mehr als die 2:40 Minuten, die er im Prolog verlor, aber wir werden nie wissen, was ohne das Auftakt-Desaster vielleicht hätte passieren können (zumal der Gedanke naheliegt, dass Perico doch eine Weile gebraucht hat, um darüber hinwegzukommen, beim Prolog der Tour '89 sein persönliches Delgadoo erlebt zu haben).

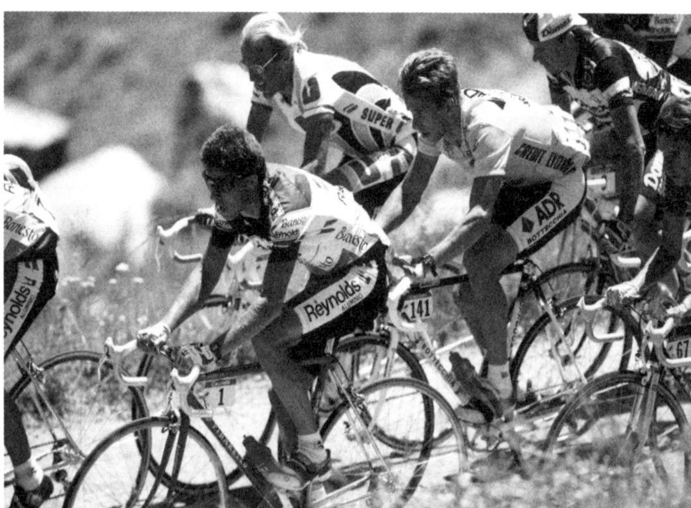

Delgado zählt zu den ganz Großen dieses Sports, doch vielen ist er leider in erster Linie dadurch in Erinnerung geblieben, dass er einmal zu spät beim Start von *La Grande Boucle* erschien.

REGEL #88 //
KEINE RUCKARTIGEN TEMPOVERSCHÄRFUNGEN

Wenn du dich vorschiebst, um die Führungsarbeit im Wind zu übernehmen - siehe Regel #67 -, verschärfe nicht plötzlich das Tempo, es sei denn, du versuchst, zu attackieren und ein Loch zu reißen. Der Schlüssel zum Aufrechterhalten einer hohen Durchschnittsgeschwindigkeit besteht darin, mit deinen Begleitern zusammenzuarbeiten und zu verhindern, dass Lücken entstehen und die geschlossene Formation auseinanderreißt. Es ist erlaubt, das Tempo schrittweise zu erhöhen, und wenn dies dazu führt, dass irgendwer abreißen lassen muss, nun, dann ist klar, dass er vom Hinterrad weggeplatzt ist und der Gruppe sowieso keine echte Hilfe mehr gewesen wäre.

Ich glaube, wir alle kennen jemanden, der zu diesen ruckartigen Temposchärfungen neigt. Unter uns nennen wir solche Typen meist einfach Serge oder Sergio - in Anspielung auf »Don't Surge«, den kompakten Imperativ, in dem sich Regel #88 im Englischen verpacken lässt. Eigentlich gibt es in jedem Feld von Radsportlern, das sich formiert, ein paar dieser Jungs. Aber mecker nicht gleich rum, sondern nimm sie lieber bei nächster Gelegenheit in Ruhe beiseite und erkläre ihnen die subtilen Feinheiten und die einfachen Mechanismen des Fahrens in der Gruppe: wie Ablösungen laufen sollten und wie alle gemeinsam ein angenehm hohes Tempo halten. Wenn der Groschen bei ihnen gefallen ist und auch sie sich fortan harmonisch in die reibungslose Zusammenarbeit ihrer Mitstreiter einfügen, ist das ein wunderschöner Anblick, und es ist ein noch tolleres Gefühl, ein Teil davon zu sein.

Im Folgenden eine Kurzanleitung, wie's geht: Ihr fahrt zu zweit nebeneinander an der Spitze der Gruppe, du links, ein anderer Fahrer rechts neben dir am Straßenrand. Du hörst dir an, wie dieser Trottel ellenlang über Herzfrequenzen oder absolvierte Höhenmeter referiert. Du hältst das nicht mehr aus. Du musst da weg. An diesem Punkt solltest du ankündigen, dass du kreiseln willst, was bedeutet, dass du das Tempo leicht anhebst, um an deinem Nebenmann vorbeizuziehen und dann nach rechts zu ziehen und dich direkt vor ihn zu setzen. Besagter Fahrer sollte derweil genau das gleiche Tempo beibehalten wie vor Beginn des Manövers. Die nachfolgenden Fahrer auf der linken Seite der Zweierreihe rücken nun alle um eine Position vor. Und der Fahrer, der nun ganz hinten ohne Nebenmann ist, wechselt an die letzte Position der anderen Reihe.

Klingt kompliziert? Denk daran, dass Übung den Meister macht, ein bisschen gesunder Menschenverstand nicht schadet und die Angelegenheit offenbar wesentlich einfacher umzusetzen ist, als zu erklären. Letztlich sind Radsportler dann halt doch beschissene Autoren.

REGEL #92 //
GESPRINTET WIRD IM UNTERLENKERGRIFF

Die einzige Ausnahme sind Fahrer, deren Name mit Giuseppe anfängt und mit Saronni aufhört. Wenn du dir das Regenbogentrikot des Weltmeisters sichern kannst, indem du beim Sprint den Lenker von oben an den Bremsgriffen hältst, hast du dir lebenslängliche Absolution verdient.

Ja, Saronnis Bremshebel saßen damals fast am Unterlenker, und, ja, es war ein Bergauf-Sprint. Viele haben versucht, so eine Nummer durchzuziehen, aber nur wenige hatten damit Erfolg.

»Beppe« Saronni war einer unter vielen schwarzhaarigen, dunkeläugigen, gut aussehenden italienischen Radrennfahrern, nur dass er Straßenweltmeister wurde. Sein Sieg 1982 im englischen Goodwood war unangefochten und vornehmlich wegen der geschlagenen Fahrer kontrovers, die er hinter sich ließ. Während die Amerikaner sich aufrieben, indem sie zu früh antraten und sich dann auch noch gegenseitig einholten, setzte Saronni mit den Händen an den Bremsgriffen zu einem langen Bergauf-Sprint an, der keine Fragen offen ließ, wer es verdiente, das Regenbogentrikot überzustreifen.

Jeder Radsportler muss einen Sprint haben, davon ist niemand ausgenommen. Wenn du dich zusammen mit einem Kollegen einem Ortseingangsschild näherst, solltest du besser darauf vorbereitet sein, von jetzt auf gleich Vollgas zu geben, sobald du ein verräterisches Schaltgeräusch vernimmst. Dein Sprint mag wacklig und kraftlos sein, aber man weiß ja nie, vielleicht ist der deines Kollegen ja noch wackliger und kraftloser. Aber es wäre völlig inakzeptabel, sich einfach in sein Schicksal zu fügen, sich aufzusetzen und zu sagen: »Ach, zieh ruhig durch, ich hab eh keinen Sprint.« Du machst dich besser daran, dir einen vernünftigen Sprint anzueignen, und zwar einen, der ordnungsgemäß mit den Händen im Unterlenkergriff beginnt und endet. In dieser Haltung sind deine Arme und Hände bereit, der massiven Kraft entgegenzuwirken, die jedes deiner Beine auf das Hinterrad appliziert. Im Oberlenkergriff oder mit den Händen an den Bremsgriffen zu sprinten, funktioniert einfach nicht, es sei denn, dein Ziel ist der Rinnstein.

Wenn deine Hände den Unterlenker greifen, kommt dein Hintern im Sattel hoch, damit du jeden Funken an Kraft und Gewicht, der in deinen Beinen steckt, auf die Pedale bringen kannst. Greife den Unterlenker tief, die Ellbogen angewinkelt, bring deinen Oberkörper etwas vor und nach unten und wirf den Lenker hin und her. Ein hervorragender Sprinter hat mir mal gesagt, das Geheimnis eines guten Sprints liege darin, dass man versuchen solle, den Lenker entzweizubrechen.

Diese Regel ist heute bedeutsamer denn je. Denn mit diesen Shimano-STIs, die wie Skistockgriffe oben über den Lenker herausragen, würde man selbst unantastbare Ikonen wie, sagen wir mal, Jens Voigt hinterher in der Umkleide mit einem nassen Handtuch verprügeln, sollte er jemals einen solchen Amateur-Stunt wagen.

Der Vorschlag, Regel #92 in den Kanon aufzunehmen, kam übrigens von einem Mann, der genau weiß, wie es ist, von Beppe Saronni im Sprint versägt zu werden: von dem schottischen Ex-Profi Robert Millar. Millar, zu seiner Zeit selbst ein erstklassiger Radrennfahrer, hätte Saronni an jedem steilen Dolomiten- oder Pyrenäenpass locker abgehängt, aber niemals im Sprint und schon gar nicht mit den Händen an den Bremsgriffen.

Niemand bringt es zum Radprofi, ohne einige wichtige Sprints für sich zu entscheiden, und du kannst einen drauf lassen, dass Robert Millar, bei jedem Bergauf-Sprint, den er je bestritt, mit seinen Händen fest den Unterlenker umklammert hielt.

TEIL III:

Das Rad

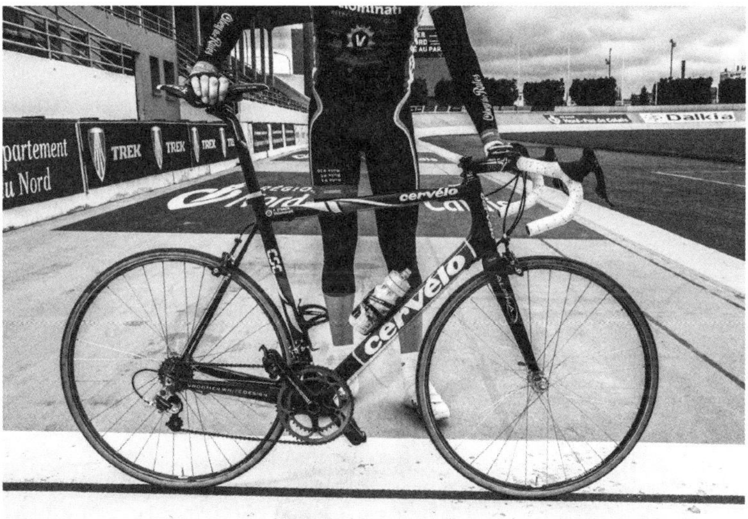

»Ein gutes Rad und seine Teile gehören für mich zu den schönen Dingen. Ich meine damit nicht nur ihr Äußerliches, sondern auch die Art und Weise, wie der Rahmen und die Komponenten die Träume derer widerspiegeln, die sie gebaut haben.«

Gianni Bugno,
italienische Radsportlegende

Das Fahrrad ist das zentrale Instrument unserer Zunft. Diese wunderschöne Maschine dient uns loyal als Vehikel, um *La Vie Velominatus* zu erfahren, sie verschafft uns Leiden und Vergnügen gleichermaßen und verdient, weil sie uns dieses Geschenk macht, allerhöchsten Respekt. Das Rad verkörpert in seinen Grundelementen die Schönheit des Einfachen, und doch kann ein jeder es so zusammenstellen und anpassen, dass es genau seinen persönlichen Spezifikationen, Bedürfnissen oder Marotten entspricht.

Im Laufe der Zeit, während wir immer tiefer in *La Vie Velominatus* eintauchen, bemerken wir, wie wir uns immer mehr für bestimmte Komponenten und deren Eigenschaften begeistern können, ja, geradezu eine Obsession dafür entwickeln. Es beginnt vielleicht mit einem neuen Lenkerband oder dem Austausch des Sattels. Um welche Komponente es geht, ist gar nicht so wichtig; was zählt, ist, dass wir sie mit unseren eigenen Händen montiert haben und dass die Entscheidung für genau dieses bestimmte Teil aus uns selbst heraus kam. Nachdem man auf diese Weise eine Veränderung an seiner Maschine vorgenommen hat, betrachtet man sie womöglich in neuem Licht und entdeckt etwas an ihr, was einem zuvor verborgen geblieben war. Es eröffnet sich eine neue Welt, die man unmöglich verstehen oder auch nur erahnen konnte, ehe man diesen ersten Schritt gegangen ist.

Fahrräder sind, zuerst und vor allem, dazu da, gefahren zu werden. Ob auf sonnigen Boulevards oder in sintflutartigem Regen; das Einzige, was schlimmer ist als ein schmutziges, schlecht gepflegtes Fahrrad, ist ein makelloses Rad, das nicht benutzt wird. Aber sobald es regelmäßig auf die Straße kommt, ist das Fahrrad akribisch zu warten und zu umsorgen. Wenn es dreckig wird, muss es sofort geputzt werden. Wenn etwas kaputt geht, muss es repariert werden. Wenn das Lenkerband oder der Sattel abgenutzt sind, werden sie ersetzt.

Ein Fahrrad zu warten, ist eine Kunst und auch ein Mittel der Transzendenz. Das Rad ist eine einfache Maschine, deren bewegliche Teile und Komponenten untersucht und in ihrer Funktionsweise durchschaut werden können. Die meisten Teile lassen sich mit einem einfachen Inbus- oder Schraubenschlüssel abbauen oder montieren; zur Reinigung sind lediglich ein Lappen, etwas Seifenwasser und ein Tropfen Öl für die Kette erforderlich. Das Einstellen von Bremsen und Umwerfern ist nichts anderes als ein sanftes Drehen einer Einstellschraube, um die richtige Spannung zu finden. Um das perfekt zu erledigen, braucht es Zeit und Übung. Ein guter Fahrradmechaniker ist ein Kunsthandwerker, kein Facharbeiter oder Ingenieur.

In ähnlicher Weise lässt sich auch ein klassisches Laufrad mit einfachen Werkzeugen bauen: Die Speichen werden nach einem simplen Muster in die Nabe eingesetzt und mit der Felge verbunden. Die Konstruktion nimmt Gestalt an, wenn die Speichen gespannt werden, und ehe man sich versieht ist aus einer einzelnen Nabe, einer nackten Felge und einem Haufen Speichen ein fertiges Laufrad geworden. Doch um ein Laufrad zu bauen, das auf Dauer rund bleibt und nicht bald anfängt zu eiern, braucht es Geduld und Geschick. Ein perfekt gebautes Rad verliert niemals seine Form, und diejenigen, die dieser Perfektion am nächsten kommen, sind diejenigen, die die haltbarsten Laufräder bauen. Dies ist eine Kunst, die teuer bezahlt und von nur wenigen Menschen beherrscht wird.

Es gibt kaum größere Freuden im Leben, als an seinem Rad herumzuschrauben. Dabei entsteht ein engeres Band zwischen dem Fahrer und seiner Maschine, und beide lernen einander noch mal auf einer ganz anderen Ebene kennen als jener, in der es darum geht, Hochgebirgspässe zu bezwingen oder über sakrosanktes Kopfsteinpflaster zu brettern. Indem wir unsere Maschine pflegen und instand halten, lernen wir, sie neu zu schätzen, und wir prägen uns genau das Geräusch jeder Komponente ein, wenn sie perfekt justiert ist und wenn sie neu eingestellt oder ersetzt werden muss. Es besteht eine umgekehrt proportionale Beziehung zwischen der Häufigkeit, mit der ein Fahrradteil unsere Aufmerksamkeit erfordert, und der emotionalen Verbindung, die wir zu diesem Teil verspüren. An einem Ende des Spektrums stehen die Schläuche. Wir prüfen den Reifendruck vor jeder Fahrt, pumpen gegebenenfalls nach und tauschen die Schläuche im Allgemeinen auch regelmäßig aus. Und während wir zwar durchaus die Vor- und Nachteile von Butyl- gegenüber Latexschläuchen abwägen und darüber fachkundig referieren können, geht unsere Verbundenheit zu den Schläuchen nie wirklich über das rein Nützliche hinaus. Für einen Fahrer, der Schlauchreifen verwendet, reicht die emotionale Verbindung zu seinen Reifen womöglich etwas weiter, vor allem wenn die Felgen von einer Schönheit wie dem FMB Paris-Roubaix geziert werden. Zum einen aufgrund der überlegenen Fahreigenschaften von Schlauchreifen, zum anderen weil mehr Aufwand erforderlich ist, einen solchen Reifen zu wechseln. Aber unter dem Strich ist diese Verbindung noch nicht so eng wie die Beziehung zu den Komponenten in der Mitte und am anderen Ende des Spektrums.

Wenn wir weiterschauen, kommen wir zu langlebigeren Teilen wie Ketten, Kassetten, Zügen und Lenkerband. Deren Auswahl und Qualität gibt Auskunft über die Hingabe und Zuwendung, die ein Velominatus seiner Maschine zuteilwerden lässt. Allein das Lenkerband kann Bände darüber sprechen, wie ernst es jemandem damit ist, auf dem Weg der Erleuchtung als Jünger des Radsports voranzukommen. Wenn man noch weiterschaut, rücken permanentere Ausstattungsmerkmale des Rades in den Blickpunkt, insbesondere auch die Kontaktpunkte zwischen Fahrer und Maschine. In der Auswahl von Sattel, Pedalen, Schuhen und Lenker verschwimmen die Grenzen zwischen Stil, Passform und Funktion. Und schließlich stehen noch die allerwichtigsten Entscheidungen an, nämlich jene bezüglich Schaltgruppe, Laufrädern und Rahmenset. Dies sind die Komponenten, die etwas über den Fahrer aussagen: darüber, welche Hingabe, er oder sie für den Sport, das Handwerk und die Kunst des Radfahrens aufbringt. Denn die *Gruppo*, die Laufräder und der Rahmen bestimmen nicht nur maßgeblich, wie ein Fahrer sein eigenes Rad identifizieren kann, sondern auch, wie er sich mit seinem Rad identifiziert.

In erster Linie ist das Fahrrad etwas, was man liebt.

REGEL #8 //

SATTEL, LENKER UND REIFEN SIND SORGFÄLTIG AUFEINANDER ABZUSTIMMEN

Bewährte Optionen sind:

- **stimme Sattel und Lenkerband farblich aufeinander ab und wähle dazu schwarze Reifen,**
- **wähle Lenkerband in der Farbe des oberen Endes des Steuerrohrs und einen Sattel in der Farbe des oberen Endes des Sitzrohrs und Reifen in der Farbe, die der Rahmen dort hat, wo er den Reifen am nächsten kommt,**
- **stimme Sattel und Lenker farblich auf die Decals des Rahmens ab,**
- **entscheide dich für schwarz, schwarz, schwarz.**

Was lässt dich glauben, dass es akzeptabel wäre, wenn du dein rotes Rad mit gelbem Lenkerband, einem blauen Sattel und farblich unpassenden Reifen fährst? Dein Rad ist doch keine mobile Technicolor-Werbetafel? Du bist schließlich ein Botschafter des Radsports und in dieser Eigenschaft ist es deine wichtigste Verantwortung, zu jeder Zeit fantastisch auszusehen. Dein Rad ist eine Verlängerung deiner selbst und deiner Persönlichkeit und sollte daher stets in tadellosem Zustand präsentiert werden. Genauso wie du deine Zähne putzt und deine Haare kämmst (falls du welche hast), sollte auch die Pflege deines Fahrrades zu deinen ganz selbstverständlichen Aufgaben gehören.

Schwarz, schwarz, schwarz. Genau wie in der Mode ist dies auch im Radsport eine einfache, naheliegende Lösung für jede garderobentechnische Frage, mit der wir konfrontiert werden könnten. Oberteil, Hose, Schuhe und Socken sehen alle gut aus, wenn sie die gleiche

Farbe haben. Und schwarz ist die einfachste Farbe, mit der man arbeiten kann. Das gleiche Prinzip gilt für dein Fahrrad: Wenn du dir nicht ganz sicher bist, ob die Kombination aus weißem Lenkerband und rotem Sattel funktioniert, wird sie nicht funktionieren. Auf der anderen Seite wird dein Fahrrad unabhängig von der Rahmenfarbe toll aussehen, solange Lenkerband, Sattel und Reifen allesamt ganz klassisch in schwarz gehalten sind.

Auch mit weiß lässt sich relativ einfach arbeiten, obschon es nicht ganz jene unkomplizierte Einfachheit besitzt, die seinen Gegenpart am anderen Ende des Farbspektrums auszeichnet. Weißes Lenkerband sauber zu halten, kann nämlich durchaus mühsam sein, ist aber eine Pflichtübung, wenn du dich dafür entscheidest. Denk erneut an die Prinzipien, die du beim Griff in den Kleiderschrank befolgst: Du würdest kein weißes Oberhemd überstreifen, das mit braunen Unterarmflecken verziert ist, also gibt es auch keine Entschuldigung, um mit schmutzig grauem Lenkerband zu fahren, das früher einmal weiß war. Dies ist einer der häufigsten Fehler unter Hobbyfahrern und der am leichtesten vermeidbare. Wenn es dir an der Disziplin fehlt, dein Lenkerband weiß zu halten, dann ist es höchste Zeit, zu schwarz zu wechseln.

Was die anderen Farben betrifft: Obwohl sie im Allgemeinen verpönt sind, können sie unter bestimmten Umständen doch gut funktionieren. Schau dir als ein Paradebeispiel für eine einwandfreie Farbabstimmung nur mal das Bianchi von Marco Pantani an, mit dem er 1998 das Double aus Giro und Tour gewann. Während Celeste und Gelb für die meisten von uns einen fluoreszierenden Albtraum darstellen würden, war die Art und Weise, wie *Il Pirata* seine Maschine präsentierte, ein Meisterwerk. Dies ist aber nur ein Extrembeispiel, und man sollte besser nicht versuchen, dasselbe zu Hause nachzumachen, es sei denn, du besitzt selbst eine dieser wunderschönen Maschinen. Und wenn das der Fall sein sollte, solltest du vorzugsweise auch in der Lage sein, mit der Kette auf dem großen Blatt und den Händen am Unterlenker einen namhaften Pass hochzufahren, um dem Großmeister von Regel #8 angemessen die Ehre zu erweisen.

REGEL #26 // MACH DEIN RAD FOTOGEN

Wenn du dein Fahrrad fotografierst, hübsch es vorher sorgfältig für die Kamera auf. Einige Parameter stehen fest und sind nicht diskutierbar: Ventile auf sechs Uhr. Kurbeln nie exakt waagerecht oder senkrecht. Andere Details liegen in deinem Ermessen, obschon es übliche und anerkannte Praxis ist, die Kette aufs große Blatt zu legen und die Trinkflaschenhalter nicht mit Bidons zu bestücken.

Fahrräder sind, wie wir festgestellt haben, Objekte der Schönheit. Wir lieben es nicht nur, sie zu fahren, sondern ebenso, sie zu berühren, sie zu riechen, sie zu hören und natürlich sie zu betrachten.

Es gibt kein eleganteres Gerät für sportliche Aktivitäten als das Fahrrad. Kennzeichnend sind seine einfachen, klaren Linien, die es bereits seit den 1870er Jahren besitzt, als mit dem Sicherheitsniederrad der Prototyp des modernen Fahrrads erfunden wurde. Dessen rautenförmiger Diamantrahmen verkörpert geradezu mustergültig das Ideal der Einfachheit, insbesondere wenn er aus dem ursprünglichen Material der Wahl geschmiedet wird, runden Stahlrohren, die entweder mittels Gehrung und Schweißen miteinander verbunden werden oder mittels Muffen, der schönsten Form, um Rohre zusammenzuführen. Solche Muffen lassen sich zu aufwändigen, mit geschlungenen und fließenden Linien verzierten Gebilden formen, in welche die Rohre eingepasst und sodann unter Einwirkung von Hitze und der feinfühligen, geschickten Hände des Rahmenbauers hartgelötet werden.

Moderne Fahrräder haben sich in vielfältigere Formen ausdifferenziert und Carbon-Rahmen lassen sich in jede denkbare, unkonventionelle Form bringen. Manche sind genauso schön wie ihre

Vorgänger aus Metall, während andere aussehen, als hätten sie, als die Hässlichkeit verteilt wurde, am lautesten »Hier!« geschrien. Aber ganz gleich, aus welchem Material ein Fahrrad gemacht ist oder welche Formen die Rohre besitzen oder welche Farbe es hat, können wir uns alle sicherlich darauf verständigen, dass Schönheit tatsächlich im Auge des Betrachters liegt. Wie ein hässliches Entlein wird jedes Rad irgendwann das Glück und die Liebe finden.

Wenn es darum geht, deine Liebsten zu fotografieren, seien es deine Kinder, deine Großeltern oder sogar deine Haustiere, achtest du üblicherweise darauf, dass alle in die Kamera gucken und ihr schönstes Lächeln zeigen. Womöglich erzählst du schnell noch einen Witz, um die Stimmung zu lockern, und forderst sie auf, alle zusammen »Cheese« zu sagen. Auf jeden Fall möchtest du, dass die Bildkomposition stimmig ist. Dasselbe sollte für dein Rad gelten. Schmeiß es nicht einfach an eine Mauer und drücke achtlos auf den Auslöser. Suche einen Hintergrund, der nicht überfrachtet ist, so dass nichts vom Hauptdarsteller ablenkt. Fotografiere das Rad von der Antriebsseite aus. Schalte aufs große Blatt und auf ein kleines Ritzel. Bringe die Ventile in die Sechs-Uhr-Position. Die hintere Kurbel sollte sich in einer Linie mit der Kettenstrebe oder dem Sitzrohr befinden – oder exakt mittig zwischen beiden verlaufen. Einen Witz zu erzählen, wird vermutlich keinen Effekt haben, aber es wird jenen, die Zeuge werden, wie ein erwachsener Mensch mit seinem Fahrrad redet, ein Schmunzeln entlocken.

Also, die Kamera in Anschlag gebracht. »Und jetzt alle: Campyyyyy.«

REGEL #29 //

KEINE RÜCKWÄRTIG BAUMELNDEN GEPÄCKFÄCHER UNTERM HINTERN

Satteltaschen haben an einem Rennrad nichts verloren und sind höchstens, unter extremen Umständen, an einem Mountainbike mal akzeptabel.

So wie viele der großen Debatten im Laufe der Geschichte – Huhn oder Ei, Toilettenpapier auf der Vorder- oder Rückseite abrollen, Tour vs. Giro – hat Regel #29 dafür gesorgt, dass sich hitzige Fanatiker in zwei unversöhnlichen Lagern gegenüberstehen. Aber lass dich nicht in die Irre führen: Satteltaschen wurden vom Propheten natürlich nur aus einem Grund auf die Erde gebracht. Um deinen Glauben auf die Probe zu stellen.

Vielleicht wurde keine andere Regel so vehement verletzt und diskutiert wie diese. Schließlich ist es für einen Rennradfahrer verlockend, sein Ross mit einer Satteltasche zu verunstalten, wenn er mitbekommt, wie das Gewicht in seinen Trikottaschen zunimmt und sie auszubeulen drohen. Aber widerstehe standhaft der Versuchung. Widerstehe ihr aus Gründen der Ästhetik und aus Respekt vor deinem Rad. Denn ganz gleich, für wie schlank, »integriert« oder praktisch du so ein rückwärtig baumelndes Gepäckfach hältst, es wird dennoch die eleganten Linien deiner Maschine zerstören und dir selbst Gewissensbisse bescheren.

Im Kern ist es eine simple Frage, die der ganzen Debatte zugrunde liegt: Wofür schleppst du diesen ganzen Krempel eigentlich mit? Im Straßenradsport geht es um Einfachheit, nicht darum, zur Not ein komplettes Team versorgen zu können. Wer auf einem gut gewarteten Rad sitzt, benötigt unterwegs kaum Ausrüstung: ein oder zwei

Ersatzschläuche, eine Minipumpe, Reifenheber und ein kleines Multi-Tool, das sollte genügen. Bei einer langen Ausfahrt seien dir auch ein paar Häppchen Verpflegung gestattet, aber auch das wird deine Trikottaschen kaum zum Platzen bringen. Wenn du das hinreichende Minimum an Werkzeug einpackst und trotzdem noch das Gefühl hast, deine Trikottaschen wären überladen, solltest du vielleicht einfach in Betracht ziehen, dir ein Trikot in einer anderen Größe zuzulegen. Deine Radklamotten sollten gut passen, und Klamotten, die gut passen, hängen nicht runter, selbst wenn die Taschen voll mit Werkzeugen und Verpflegung sind.

Welche Entschuldigung du auch immer vorbringen magst – sei dir bewusst, dass man sie schon tausend Mal gehört und ebenso oft als nichtig entlarvt hat. Nur ein paar Beispiele:

»Mit Flickzeug, Multi-Tool, Verpflegung, Handy und Minipumpe sind meine Trikottaschen schon überfüllt.« Nein, das ist genau das, was du in deinen Trikottaschen haben solltest, und der Grund, warum du drei davon hast.

»Bei dieser Tour bin ich streckenweise recht weit von zu Hause entfernt, und wenn ich eine Panne habe, wäre ich aufgeschmissen, also muss ich mehr Werkzeug mitnehmen.« Halte dein Rad gut in Schuss. Wenn du mitten während einer achtstündigen Tour des Leidens ein Einpresswerkzeug für den Steuersatz brauchst, lass dein Rad lieber von jemandem warten, der weiß, was er tut, denn du tust es offensichtlich nicht.

»Ich bin halt kein Profi und deshalb werde ich auch nicht von einem Teamfahrzeug begleitet.« Versuchst du etwa, in deiner Satteltasche einen zweiten Laufradsatz und einen *Directeur sportif* zu verstauen?

»Ich lebe an einem Ort, an dem es sehr heiß bzw. kalt ist, und deshalb muss ich nun mal mehr Wasser/Verpflegung/Kleidung mitschleppen.« Jeder lebt an einem Ort, über dessen klimatische Verhältnisse man weinerlich lamentieren könnte. Lass am besten alles stehen und liegen und meditiere noch mal ausgiebig zu Regel #5. Rücke nicht vor bis auf Los, ziehe keine 400 DM ein.

REGEL #30 //

KEINE RAHMENMONTIERTEN PUMPEN

Du solltest entweder eine CO_2- oder eine Minipumpe in deiner Trikottasche mitführen (siehe Regel #31). Die einzige Ausnahme von dieser Regel ist die Befestigung einer Pumpe des Herstellers Silca im Hinterbau des Rahmens, wobei der Schnellspanner des Hinterrads als Halterung genutzt wird, so wie es Mitglieder der Profiteams 7-Eleven und Ariostea dereinst mustergültig vorgemacht haben. Folglich ist eine Rahmenpumpe, die kopfüber entlang der linken Sitzstrebe (auf der Seite des Schnellspannhebels) befestigt ist, etwas, das sowohl »old school« ist, als auch im europäischen Profipeloton praktiziert wurde, und allein aus diesem Grund akzeptabel. Es sollte an dieser Stelle aber noch mal nachdrücklich darauf hingewiesen werden, dass es sich bei der Pumpe unter keinen Umständen um ein Fabrikat von Zefal oder dergleichen handeln darf und sie auf jeden Fall von Silca sein muss. Die Silca-Pumpe muss zudem mit einem Campagnolo-Mundstück ausgestattet sein. Es ist erlaubt, eine Minipumpe mit Gaffertape an den Rahmen zu kleben, wenn keine CO_2-Kartuschen verfügbar sind und deine Trikottaschen schon komplett voll mit Ersatzausrüstung und Energy-Gels sind. Nichtsdestotrotz sollte der betreffende Fahrer in diesem Fall darauf vorbereitet sein, dass man ihn anhält, befragt und auffordert, seine Taschen zu leeren, damit er zweifelsfrei beweise, dass für eine Pumpe tatsächlich kein Platz mehr gewesen wäre.

Dank des technischen Fortschritts in jüngster Zeit haben sich die Rohre, auf denen wir sitzen und in die Pedale treten, zu gewölbten, gebogenen und ovalisierten Formen weiterentwickelt, die nur noch wenig mit den klassischen Konturen des Fahrrads zu tun haben. Und während das althergebrachte Verfahren, unterwegs einen Reifen aufzupumpen, darin bestand, sich einer langen, dünnen Handpumpe zu bedienen, sind wir heute mit winzigen Geräten zum Lufttransport gesegnet, die klein genug sind, um bequem in unsere Trikottasche zu passen, und trotzdem einen Reifen auf sieben Bar aufpumpen können. Und zwar in derselben Zeit, in der man eine herkömmliche Rahmenpumpe gerade mal aus ihrer Halterung befreit hat. Außerdem müssen wir heutzutage auch gar nicht mehr selbst pumpen, wenn wir nicht wollen, sondern können auch einfach eine mit CO_2 gefüllte Kartusche anschrauben und der platte Reifen ist in Sekundenschnelle wieder prall. Wow!

Manchmal können diese neumodischen Instant-Inflatoren uns jedoch im Stich lassen, und wenn man das Aufschrauben der Kartusche versemmelt, ist das schöne Gas für immer an die Atmosphäre verloren und seine einzige bleibende Hinterlassenschaft ist ein kleiner Beitrag zum wachsenden Ozonloch. Was bedeutet, dass du immer noch gut beraten bist, bei deinen Ausfahrten eine Pumpe dabeizuhaben. Und während wir nicht leugnen werden, dass eine große, altehrwürdige Silca deinen Reifen etwas schneller brauchbaren Druck beschert als etwas, das eher einer Babykarotte mit einem Schlauch dran ähnelt, stellen wir auch fest, dass man so einen Pumpen-Klassiker schlichtweg nirgends an einem topmodernen Rahmen unterbringen kann.

Sogar diese kleinen Pumpen, die einer verchromten Gurke ähneln, lassen sich »rahmenmontiert« mit sich führen, aber das würde das ästhetische Empfinden noch mehr beleidigen. Die Halterung, mit der du eine solche Pumpe direkt neben dem Trinkflaschenhalter befestigen kannst, kannst du entweder gleich auf den Müll schmeißen oder irgendwo in der heimischen Werkstatt als Halterung für einen Schraubendreher oder eine CO_2-Kartusche wiederverwenden. An deinem Rad ist jedenfalls kein Platz dafür.

Natürlich könntest du auch dafür sorgen, dass immer ein überzeugter Vertreter der alten Schule mitfährt, so dass du dir, wenn das gefürchtete Geräusch entweichender Luft erklingt, einfach seine große Rahmenpumpe ausleihen kannst. Vergiss nicht, ihm während deiner Dankesrede mitzuteilen, wie großartig so ein Gerät doch ist und dass du dir, hättest du ein 25 Jahre altes Rad, sicherlich auch eine dieser coolen Pumpen zulegen würdest.

REGEL #34 //

MTB-SCHUHE UND -PEDALE HABEN IHREN PLATZ

Am Mountainbike.

Anfang der 1990er Jahre kamen SPD-Pedale (Shimano Pedaling Dynamics) für Straßenräder auf den Markt, ein System mit Cleats, die aus rein praktischen Gründen in die Sohle von Radschuhen eingelassen waren, mit denen man auf diese Weise ganz normal gehen konnte. Die Japaner besitzen offenbar eine überraschend niedrige Hemmschwelle, dass sie es wagen, ein solches Design überhaupt in Betracht zu ziehen. Normalität und Praktikabilität werden echt überschätzt.

Die meisten Mountainbike-Schuhe sind Rennradschuhe mit einer klobigeren Sohle. Mountainbike-Pedale wurden entwickelt, um unter matschigen, dreckigen Bedingungen zu funktionieren. Mit Absicht sind sie ein wenig lockerer und haben etwas Spiel, was von den Herstellern gern als »Bewegungsfreiheit« vermarktet wird. Sie bilden eine nur unvollkommene Schnittstelle zwischen Mensch und Maschine. Denn ähnlich wie bei einer schlechten elektrischen Verbindung geht Signalstärke verloren. Und eine unvollkommene Einheit aus Mensch und Maschine ist vor allem eines: inakzeptabel.

Es ist bei Gott keine Schande, ein Mountainbike oder ein Cyclocross-Rad auch mal eine matschige Rampe hinaufzuschieben: Dafür sind Mountainbike-Schuhe gemacht – um dein Rad schieben zu können. Wenn du dein Rad schieben musst, sollte es aber besser kein Rennrad sein.

Ein Rennradfahrer wird niemals einen Anstieg hinaufschieben. Ganz gleich, wie steil die Steigung und wie überfrachtet dein Rad auch sein mögen, du musst aus eigener Kraft hochfahren. Selbst wenn deinem Mund dabei Babygeräusche und klägliche Flüche entweichen, die nur von den Fetzen Lenkerband zwischen deinen Zähnen gedämpft werden, ist das immer noch besser, als zu Fuß zu gehen. Die Unannehmlichkeit, aufgrund eines überlasteten Knies zwei Wochen lang nicht mehr aufs Rad zu kommen, ist nichts im Vergleich mit dem lebenslangen Makel, den *Walk of Shame* gegangen zu sein.

Wenn du es tatsächlich einmal nicht hochschaffst, weil du ein totales Weichei bist und die V noch nicht ganz verinnerlicht hast, unternimm das Folgende: Mach es genau wie Tommy Simpson, außer den Teil mit dem Sterben. Kipp zusammen mit deinem Rad um und flehe alle, die in Hörweite sind, an: »Setzt mich wieder auf mein Rad, setzt mich wieder auf mein Rad!« Mit etwas Glück werden sie das tun und dir einen ordentlichen Schubs geben, damit du deine Fahrt Richtung Gipfel fortsetzen kannst.

REGEL #40 //

REIFEN SIND SO AUFZUZIEHEN, DASS SICH DAS HERSTELLERLOGO MITTIG ÜBER DEM VENTIL BEFINDET

Die Mechaniker im Profiradsport machen es so, weil das Ventil dann einfacher zu finden ist. Du machst es so, weil die Mechaniker im Profiradsport es machen. Dies wird dir wertvolle Sekunden sparen, wenn du nach einer Reifenpanne mit deinem dicken Hintern am Straßenrand sitzt und mit der CO_2-Pumpe rumhantierst. Außerdem sieht es bei Fototerminen besser aus. Denk daran: Das gilt natürlich nur für Draht- bzw. Faltreifen, weil du bei Schlauchreifen gar nicht erst die Wahl hast.

Wenn du hip genug bist, um mit genähten Reifen zu fahren, blätter einfach weiter. Doch bevor du weiterblätterst, habe ich noch eine Frage: Klebst du deine Schlauchreifen wirklich selbst? Ja? Okay, jetzt kannst du weiterblättern. Alle anderen, ob sie nun Clincher oder Tubeless fahren, sollten bitte gut aufpassen. Allein aus ästhetischen Gründen ist Regel #40 eine sehr gute und sehr berechtigte Regel. In einer ungeordneten Welt ist Ordnung etwas Wünschenswertes.

Dies ist nicht irgendeine schrullige Zwangsneurose, die auf obskuren Pfaden vom Mount Velomis herabgerieselt ist. Die Idee, dass das Reifenlabel immer über dem Ventil sitzen sollte, existiert seit vielen Jahren – wir haben uns die Sache nicht ausgedacht. Laufräder sehen besser aus, wenn man das Logo des Reifenherstellers in eine Linie mit dem Ventilschaft bringt. Wir haben uns dafür entschieden, es direkt mittig über dem Ventilloch zu platzieren. Sobald der Schlauch wieder aufgepumpt ist, ist das Endprodukt ein überaus akkurat aussehendes Laufrad. Setz zwei solcher Laufräder in den Rahmen deiner

Maschine ein, und sie ist auf dem allerbesten Wege, fantastisch auszusehen.

Es gibt aber auch einen rationalen Grund für Regel #40, wenn du zu viel Angst haben solltest, es allein der Optik wegen zu tun. Wenn du eine Reifenpanne hast, ist es nach der Demontage von Schlauch und Reifen sehr hilfreich zu wissen, wie genau diese vorher übereinander gelegen haben, um entweder das Loch im Schlauch aufzuspüren oder den Fremdkörper, der das Loch verursacht hat und womöglich noch im Mantel steckt. Und das ist ganz einfach, wenn du darauf achtgibst, dass das Logo des Reifenherstellers immer direkt über dem Ventilschaft sitzt. Außerdem findest du so dank des Reifenlabels auch schneller das Ventil, wenn der Reifen aufgepumpt werden muss, und du weißt sofort, wo auf der Reifenflanke du nach Vorgaben zum zulässigen Reifendruck suchen musst, falls du diese benötigst.

Wenn man irgendwo einen Haufen Rennräder sieht, die nebeneinander an eine Wand gelehnt sind, und die Reihen mustert, so ragt jedes Rad, das mustergültig in Einklang mit Regel #40 steht, stolz aus der Masse heraus und verkündet dem Betrachter: »Mein Besitzer ist drinnen mit seinen Kumpels, um sich zu besaufen. Sein Leben ist vielleicht eine Verkettung mieser Karriereentscheidungen und gescheiterter Beziehungen. Er hat es noch nie gebacken gekriegt, seine Einkommenssteuererklärung rechtzeitig abzugeben, und er ruft nie bei seiner Mutter an. Aber, was soll's, denn das Wichtigste ist ja: Er liebt mich und er lebt *La Vie Velominatus*.«

REGEL #41 //

DIE SCHNELLSPANNHEBEL SIND SORGFÄLTIG AUSZURICHTEN

Der Schnellspannhebel am Vorderrad sollte so angezogen werden, dass er, direkt hinter der Gabel anschließend, aufwärts weist, während der hintere Schnellspannhebel so auszurichten ist, dass er den Winkel zwischen Sitz- und Kettenstrebe exakt halbiert. Sollte die Konstruktion des Rahmens oder der Ausfallenden die zu bevorzugende Position nicht erlauben, ist es jedoch auch gestattet, den Schnellspannhebel des Hinterrads nach oben weisend und direkt hinter der Sitzstrebe anliegend anzuziehen. An Zeitfahrrädern, aber ausschließlich an diesen, können die Schnellspanner auch in waagerechter, direkt nach hinten weisender Ausrichtung angezogen werden, um den maximalen Aero-Effekt zu erzielen.

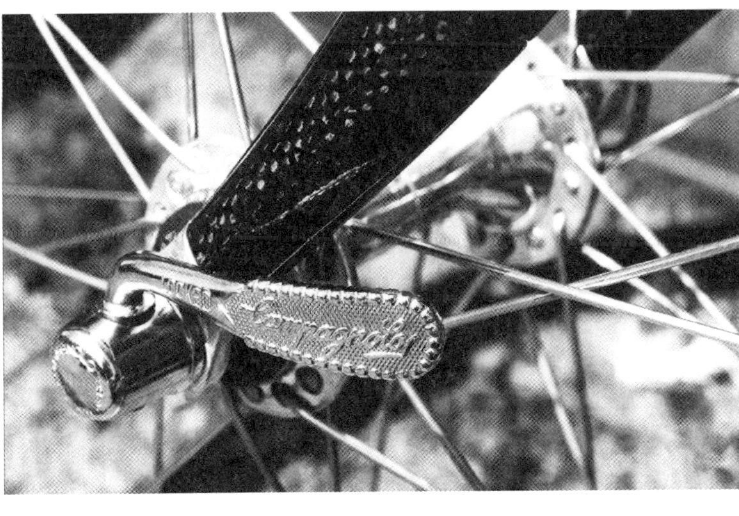

Ein perfekt ausgerichteter Campagnolo-Schnellspanner ist das womöglich ikonischste Zubehörteil, das ein Rennrad zieren kann.

La Vie Velominatus kommt in den Details zum Ausdruck. Genauso wie die Reifen so montiert werden sollten, dass das Herstellerlogo jeweils akkurat über dem Ventil platziert ist, ist auch die Ausrichtung der Schnellspannhebel ein deutliches Zeichen, ob der Besitzer der Maschine sich damit auskennt, wie man die Dinge richtig macht.

Wie zuvor so gilt auch bei dieser Regel: Wenn's sein muss und du unbedingt einen Grund brauchst, der über »Klappe halten, einfach machen« hinausgeht, so können wir dir auch diesen liefern. Die oben erläuterte Ausrichtung nämlich minimiert das Risiko, dass irgendetwas versehentlich den Hebel löst und sich ein Vorder- oder Hinterrad in einem womöglich fatalen und gewiss sehr überraschenden Moment aus Gabel oder Hinterbau verabschiedet. Darüber hinaus können deine schwächlichen Griffel bei dieser Positionierung der Hebel den Rahmen oder die Gabel als Hebelpunkt nutzen, um den Schnellspanner einfacher zu öffnen oder zu schließen.

REGEL #48 //
DER SATTEL SOLLTE WAAGERECHT UND NACH HINTEN VERSETZT SEIN

Wenn man einen Sattel betrachtet, sollte seine Sitzfläche waagerecht aussehen, wobei die exakte Grundeinstellung mit Hilfe einer Wasserwaage zu erfolgen hat. Anhand der Feinheiten des jeweiligen Satteldesigns und der individuellen Ansprüche an den Sitzkomfort kann der Sattel dann leicht nach vorne oder hinten geneigt werden, um eine Position zu erreichen, die Stabilität, Kraft und Komfort vereint. Wenn dabei allerdings eine Sattelneigung von mehr als zwei Grad herauskommt, solltest du dir vermutlich lieber einen dieser Sättel mit Federn und fetter Polsterung besorgen, weil du offensichtlich ein Warmduscher vor dem Herrn bist.

Der Mittelpunkt zwischen der Sattelspitze und dem hinteren Ende des Sattels sollte deutlich hinter der gedachten Verlängerung des Sitzrohrs liegen und darf sich auf keinen Fall vor dieser Linie befinden. (Siehe auch Regel #44.)

Unser Heiland Merckx war ständig damit beschäftigt, an seiner Sattelhöhe herumzuhantieren, und holte beim geringsten Anlass gleich ein Maßband und einen Inbusschlüssel heraus. Man kann also davon ausgehen, dass es in seinem Vokabular vermutlich keinen Ausdruck für »Sitzt, passt, wackelt und hat Luft« gab, weder auf Französisch noch auf Flämisch. Aber gleichzeitig hat er niemals an seiner Sattelneigung herumprobiert – obschon es sich dabei doch um eine wahrlich feinfühlige Einstellung handelt, weit mehr noch als bei der Sattelhöhe.

Eine geringfügige Änderung der Sattelneigung wirkt sich direkt darauf aus, wie sich das Gewicht des Fahrers auf Sattel und Lenker verteilt. Wenn du die Sattelnase auch nur etwas absenkst, lastet plötzlich gleich viel mehr Gewicht auf dem Lenker. Das Handling des Fahrrads verändert sich schlagartig: Es verhält sich anders in der Kurve und nimmt die Kehren weniger leicht und glatt. Und die Arme des Fahrers müssen zu viel Gewicht des Oberkörpers tragen. Mit dem Resultat, dass nichts mehr stimmt. Wenn du hingegen die Sattelnase nach oben neigst, kannst du den Vorbau des Rades ein wenig entlasten. All diese kleinen Anpassungen hängen vom Körperbau und den Proportionen des jeweiligen Fahrers ab, aber der richtige Ausgangspunkt ist ein komplett waagerechter Sattel. Eine Wasserwaage hilft dabei, eine bestimmte, einmal gefundene Einstellung exakt wiederherzustellen und kleinste Änderungen genau zu erfassen.

Die Mythologie des Radsports hat uns eine Menge an klugen, aber doch fragwürdigen Weisheiten überliefert, und vermutlich ist keine diese Weisheiten wissenschaftlich weniger fundiert als die verschiedenen Aussagen darüber, wie weit vorne oder hinten der Sattel sich befinden sollte. Im Laufe der Jahrtausende waren bei der Suche nach der richtigen Sitzposition unter anderem Senklote, Kniescheiben, Kurbelwinkel und Pedalachsen involviert.

Steve Bauer, der 1984 als erster Kanadier eine Olympia-Medaille im Straßenradsport gewann, ließ sich für Paris–Roubaix 1993 von seinem Radausrüster Merckx einen Rahmen mit radikaler Geometrie bauen. Steve schwebte eine extrem weit nach hinten verlagerte Sitzposition vor, die den Quadrizeps, also die Muskulatur an der Vorderseite der Oberschenkel, effizienter ansprechen und so mehr Kraft auf die Pedale bringen sollte. Diese Position wollte er an besagtem Tag testen.

Sagen wir einfach, dass Steve in diesem Jahr bei Paris–Roubaix nicht in den Top Ten landete und das Rad, das er verwendete, nie wieder im Peloton gesichtet wurde.

Es gibt keine definitive Formel, um die optimale Position des Sattels in Längsrichtung zu bestimmen. Das Verhältnis von Oberschenkelknochen zu Schienbeinknochen könnte vielleicht ein Ausgangspunkt für eine formale Berechnung sein, aber damit hat es sich auch bereits – einen Endpunkt gibt es nicht. Bikefitting-Systeme wie Retül beruhen auf einer Datenbank mit den Maßen von Radsportlerkörpern und zugehörigen Rahmengeometrien statt auf einem exakten Positionsrechner. Solche Programme schauen sich lediglich an, womit die Mehrheit der Radsportler mit ähnlichen Proportionen gut klargekommen ist, um zu einer Empfehlung für eine optimale Position zu gelangen.

Zusammenfassend: Die Mitte des Sattels sollte in Längsrichtung betrachtet hinter der Mitte der Sattelstütze liegen und der komplette Sattel sollte waagerecht ausgerichtet sein. Das ist die Grundeinstellung. Alle davon ausgehenden Anpassungen sollten mit dem Ziel erfolgen, sowohl den Komfort als auch die Kraftübertragung zu maximieren. Es handelt sich dabei im Wesentlichen um ein Finetuning des Set-ups, um sich dem Ideal des V-Locus anzunähern.

REGEL #54 // KEIN AEROLENKER AM RENNRAD

Aerolenker oder andere Lenkeraufsätze dürfen unter keinen Umständen am klassischen Rennrad zum Einsatz kommen. Die einzige Ausnahme ist, wenn du mal an einem Bergzeitfahren teilnimmst.

Alles begann mit Greg LeMond. Nein, nicht die Spezialisierung auf ein ausgewähltes Rennen, schließlich galt er als ausgewiesener Ganz-Saison-Rennfahrer. Auch nicht, dass er als einer der ersten Amerikaner antrat, um sich in diesem großen, noch komplett europäisch dominierten Haifischbecken zu behaupten, als das sich der Profizirkus in den 1980er Jahren präsentierte. Nein, die Sache, bei der Greg ein wahrer Pionier war, das war die Aero-Revolution.

Als er bei der Tour de France 1989 für sein historisches Zeitfahren aus dem Starthäuschen rollte, gaben ihm nur wenige eine Chance, seinen Rückstand von 50 Sekunden auf seinen großen Rivalen, den Franzosen Laurent Fignon, wettmachen zu können. Noch weniger Leute rechneten damit, dass er mit einem Lenker am Start erscheinen würde, wie man ihn bis dato noch nicht im europäischen Peloton gesehen hatte. Aber als diese 24,5 Kilometer kurze Schlussetappe gelaufen war, nahmen viele erheblich mehr Notiz davon. Was folgte, glich dem Wettrüsten zwischen den USA und der Sowjetunion. In einer Geschwindigkeit, die es mit dem Expresstempo aufnehmen konnte, mit dem LeMond an diesem schicksalhaften, legendären Tag über die Champs-Élysées schoss, wurden immer neue Radrennbeschleunigungswaffen auf den Markt geworfen.

Was Greg LeMond an seinen vergleichsweise traditionellen Bullhorn-Lenker montiert hatte, sah noch am ehesten aus wie ein Teil, das man vielleicht von einem Rollator abgeschraubt hatte, dermaßen primitiv wirkte das Gerät. Die Idee dahinter war simpel: Man bringt den Athleten in eine Hockposition, ähnlich wie sie ein Abfahrtsläufer im alpinen Skisport einnimmt, um so die Stirnfläche zu minimieren und folglich den Windwiderstand zu verringern. Ob der Lenkeraufsatz tatsächlich der entscheidende Faktor in diesem Rennen war oder doch eher Gregs erstaunliche Fähigkeit, an der absoluten Grenze seines Leistungsvermögens zu fahren, oder vielleicht Fignons Pferdeschwanz und seine beiden Scheibenräder, wird sich wohl nie endgültig klären lassen. Was wir aber genau wissen, ist, dass LeMond einen Trend in Gang gesetzt hat, der sich im Zeitfahren bis zum heutigen Tag fortsetzt. Und so ist er auch Geburtshelfer einer Scheußlichkeit, die im Laufe der Jahre ihren Weg an zahllose Fahrräder gefunden hat, die niemals mit solchen Rohrleitungs-Objekten hätten geschmückt werden dürfen.

Eine Zeit lang durften Aerolenker auch bei Eintagesrennen und den normalen Massenstart-Etappen der großen Landesrundfahrten benutzt werden. Aber das schuf ein neues Problem: Wird die Griffposition eines Fahrers in die Aero-Position verengt, sind seine Hände weit von den Bremsen entfernt und seine Kontrolle über das Rad beim Bremsen und Lenken leidet. Und so etwas ist in einer Situation, in der 200 Leute praktisch Hintern an Nase an Schulter fahren, naturgemäß weitaus heikler als in einem Einzelzeitfahren, wo man ganz allein ist, wenn man mit vollem Tempo auf eine Kurve zuhält und seine Linie frei wählen kann. Obschon die Aerolenker, die (wie z.B. die Spinaci-Lenkerhörnchen von Cinelli) in Straßenrennen verwendet wurden, kompakter waren als die im Zeitfahren benutzten Modelle, wuchsen die Skepsis und die Verunsicherung innerhalb des Pelotons in einem Maße, das nicht ignoriert werden konnte. Hauptsächlich aus Gründen der Sicherheit wurden Aerolenker also in Rennen mit Massenstart wieder verboten.

Triathleten, bekanntlich immer auf der Suche nach einem Weg, auf dem Rad etwas weniger peinlich abzukacken, als sie es sowieso immer tun werden, griffen hocherfreut und in Massen zu den neuen Lenkern und führten sie zu ungeahnter Absurdität. Das mochte ja noch halbwegs akzeptabel sein auf der Lang- und Mitteldistanz, wo Windschattenfahren verboten ist und es einige Vorteile brachte, aber bei kürzeren Wettkämpfen, wo das Fahren in der Gruppe erlaubt ist, wurde ihre ehedem fragwürdige Radbeherrschung (die meisten sind nun mal in erster Linie Läufer und Schwimmer) nochmals geschmälert. Als dann die ersten Trias anfingen, sich bei Gruppenausfahrten einzuklinken und sich auch dort in ihre lächerlichen Aero-Positionen zu kauern, tadelten die anwesenden Rennradfahrer entweder gewitzt diese Blödheit oder sprachen für ihren Trainingstreff ein striktes Verbot von Aerolenkern und Triathlon-Aufsätzen aus.

So entstand also die Situation, dass immer häufiger einsame Triathleten und Möchtegern-Zeitfahrer, die in ihrer gekauerten Aeroposition durch den Straßenverkehr gurkten, sich an Rennrad-Gruppen ranlutschten oder versuchten, Kopf runter, Hintern hoch an ihnen vorbeizuballern. Das sah der eine oder andere Radpendler auf seinem Weg zur Arbeit, dachte, er könnte seine Drei-Kilometer-Gondelei ins Büro vielleicht auch ein bisschen schneller hinter sich bringen, und begann, hässliche Rohrleitungs-Konstruktionen an knarzende Mountainbikes oder Tourenräder zu schrauben. Abgesehen davon, dass ihnen diese Investition angesichts ihrer mit Gepäcktaschen beladenen Räder und ihrer ausladenden Bäuche eh keinen Vorteil verschaffte, sahen sie dadurch auch noch dümmer aus als früher: Ihre neongelben Ordnerjacken flatterten im Wind, ihre Rucksäcke bildeten einen Höcker, der jedes Kamel richtig heiß gemacht hätte, und ihre Knubbelreifen surrten auf dem Asphalt wie eine Kettensäge auf einem Blechfußboden.

Es gibt keinen triftigen Grund, einen Aerolenker an einem Rennrad zu montieren, es sei denn, du willst damit ein Zeitfahren bestreiten. Abgesehen von der Tatsache, dass du eh zu langsam bist, als dass es wirklich eine Rolle spielen würde, sollten die schönen, klaren und simplen Linien eines Fahrrades niemals in irgendeiner Weise mit diesen abscheulichen Apparaten besudelt werden. Greif lieber richtig in den Unterlenker und mach deinen Rücken flach wie einst Roger De Vlaeminck. Dann hast du nicht nur einen viel größeren Aerovorteil, sondern riskierst auch nicht, auszusehen wie ein Skifahrer, der seine Stöcke verloren hat.

REGEL #57 //
AUFKLEBER STINKEN

Niemanden interessiert es einen feuchten Kehricht, wen oder was du unterstützt, gegen was du bist, von welchen Marken du gern Ausrüstung kaufst oder in welchem Jahr du bei L'Etape du Tour dabei warst. Denk an Regel #5 und fahr einfach Rad. Decals hingegen sind nicht nur erlaubt, sondern wirken sogar extrem profimäßig.

Aufkleber sind für Werkzeugkästen, nicht für Fahrräder. Respektiere deine Maschine: Halte sie sauber, gut in Schuss und aufkleberfrei. Decals können jedoch ein echter Hingucker und eine würdige Ergänzung für deine Maschine sein. Mit einem strategisch auf dem Oberrohr platzierten V-Decal kannst du die Welt wissen lassen, was Sache ist: »Wir sind nicht gekommen, um rumzutrödeln, dieses Rad und ich, wir sind da, um zu fahren. Let's boogie.«

REGEL #60 // WEG MIT DER STAUBKAPPE UND DER FELGENMUTTER AM VENTIL

Du solltest unter keinen Umständen die Felgenmutter und die Staubkappe verwenden, die bei einem neuen Schlauch oder Schlauchreifen dabei sind. Sie werden nur mitgeliefert, weil es nun mal Vorschrift ist. In Wahrheit aber sind sie nutzlos, was die Funktion von Schläuchen und Reifen betrifft.

Du wärst überrascht, wie viele Leute in Fahrradläden marschieren und fragen, ob sie vielleicht ein paar Ventilkappen bekommen könnten, weil sie ihre verloren haben. Damit demonstrieren sie nur eine irrationale Angst, dass die Luft im Reifen schnurstracks in die Atmosphäre entweichen würde, wenn dieser kleine schwarze oder gelbe Plastiknuckel nicht fest aufs Ventil geschraubt ist. Aber anstatt anzufangen, die Ahnungslosen über die Nutzlosigkeit der Dinger aufzuklären, oder ihnen irgendeine obskure Regel zu predigen, haben die meisten Fahrradgeschäfte für solche Anlässe in der Regel stets einfach einen Vorrat an Ventilkappen parat. Sie haben eingesehen, dass diesen Leuten eh nicht zu helfen ist, also werden sie mit einem halben Dutzend Ventilkappen abgespeist, ewig dankbar dafür und ganz erstaunt, dass sie nicht einmal etwas dafür bezahlen mussten.

Du hingegen weißt es besser. Oder falls nicht, solltest du es zumindest. Wie auch immer, viel mehr ist dazu nicht zu sagen. Das Sclaverand- oder Presta-Ventil ist ein wunderbares Stück Technik, das konzipiert wurde, um die Luft mittels eines schraubbaren Ventilkopfs im Reifen zu halten. Aber hey, da kommt doch Dreck rein, höre ich dich sagen. Nein, das passiert nicht, es sei denn, der Dreck kann die Rändelmutter oben auf dem Ventil aufdrehen. Vielleicht kommt das bei radioaktivem Dreck in Russland vor, aber das ist selten, und da einem der Kontakt mit radioaktivem Dreck bestimmt gleichzeitig auch zu durchschlagskräftigeren Geschützen verhilft, können wir das Risiko wohl eingehen.

Was die Felgenmutter betrifft: Nun, dieses Teil kann unter Umständen mal nützlich sein, wenn du irrtümlich einen Schlauch mit zu kurzem Ventil gekauft hast und die Mutter brauchst, um das Ventil an Ort und Stelle zu halten, während du versuchst, irgendwie den Pumpenkopf draufzubekommen. Ansonsten kannst du auch die Felgenmutter wegwerfen oder für den nächsten ahnungslosen Hipster aufheben, der dir über den Weg läuft.

In Seattle gibt es einen Fahrradladen namens Speedy Reedy. Dort hängt über der Werkbank eine große Glocke mit einem gigantischen Eimer darunter. Jedes Mal, wenn ein Schlauch von seiner Felgenmutter befreit wird, landet sie in dem Eimer und die Glocke wird geläutet. Du kannst ja mal darüber nachdenken, das Ganze in klein bei dir an der Werkbank nachzubauen.

REGEL #61 // EIN SATTEL SOLLTE SEIN WIE DEINE BEIDEN GESCHÜTZE: HART UND GESCHMEIDIG

Dein Sattel darf unter keinen Umständen mehr als drei Millimeter Polsterung haben. Bei Etappenrennen können unter Umständen besondere Zugeständnisse gemacht werden, wenn körperliche Schmerzen vorliegen, die durch subkutane Zysten und dergleichen verursacht werden (»Sattelwunden«). Unter diesen Voraussetzungen ist eine Polsterung von bis zu fünf Millimetern zulässig. Es sollte beachtet werden, dass diese Ausnahme nur vorübergehend gilt, bis das Leiden abgeklungen ist oder herausgeschnitten wurde. Eine Kämpfernatur würde ihren Sattel übrigens auch unter solchen Umständen nicht wechseln, sondern einfach ein Loch hineinschneiden, um den empfindlichen Bereich zu entlasten. Anzumerken ist, dass bei Einhaltung der Regeln #48 und/oder #5 jedwede »Polsterung« sowieso überflüssig ist.

Nehmen wir an, es ist ein langer heißer Tag im Sattel. Die Hälfte habt ihr rum, deine Beine und deine Lunge brennen längst von der Hitze und von den großzügigen Portionen V, die du ihnen klinisch verabreicht hast. An allen Anstiegen baumelst du ganz am Ende der Gruppe, und in deinem übereiligen Versuch, den Mann mit dem Hammer abzuwehren, ist dir längst die Verpflegung ausgegangen. Aber nichts davon wird von deinem V-Meter richtig registriert, denn alle Unannehmlichkeiten werden von diesem schneidenden, der Reibung geschuldeten Schmerz überlagert, der dich von einem Ort aus anbrüllt, über den du lieber nicht nachdenken möchtest. Du hast für diesen Radmarathon monatelang mit der Leidenschaft eines tollwütigen Hundes trainiert, und jetzt schickt sich eine unheilige Allianz aus vielen Stunden im Sattel und einer nicht sorgsam genug gewaschenen Radhose an, dir den Arsch aufzureißen. Buchstäblich.

Als Radsportler neigen wir dazu, uns im Sitzbereich wund zu scheuern und uns schmerzhafte Haarwurzelentzündungen einzufangen. Eine solche Sattelwunde zu entwickeln, ist alles andere als angenehm, stellt aber auch einen Übergangsritus dar: Wir tragen sie gewissermaßen als Ehrenabzeichen, das unmittelbar von unserer Hingabe an die Fron im Sattel kündet. Natürlich gehen wir nicht rum und zeigen es vor, aber schon die bloße Erwähnung dieses Leidens wird anderen Velominati ein verständnisvolles Nicken entlocken.

Es kursieren wahre Horrorgeschichten über diese hässliche Seite unseres Sports, die dafür sorgen kann, dass deine Hoden (wenn du denn welche hast) auf die Größe von Rosinen schrumpfen. Laurent Fignon hatte eine schmerzhafte Zyste, für die er ein Loch in seinen Sattel hackte, um die Reibung zu verringern, die durch die Kolben seiner schweren Geschütze verursacht wurde. Sean Kelly, so heißt es, habe einmal während der Vuelta a España seinen *Soigneur* gebeten, ein Furunkel herauszuschneiden. Kelly, vielleicht der größte Stoiker, der jemals ein Bein über ein Oberrohr geworfen hat, soll während des Eingriffs gekreischt haben wie ein Teenie-Girl in einem üblen Slasher-Streifen, so dass die Operation schließlich abgebrochen wurde. Es war so schmerzhaft, dass er die Rundfahrt zwei Tage vor dem Ende aufgab. Als Führender im Gesamtklassement.

Keine mentale Stärke der Welt, und sei sie auch noch so groß, ist dieser abscheulichsten aller Radsport-Blessuren gewachsen. Vielleicht erinnerst du dich noch, wie Oscar Freire vor einigen Jahren bei der Tour ein enormes Stück aus seinem Hocker herausschnitzte, um Platz für den Golfball zu schaffen, der sich damals in seinem Perineum eingenistet hatte. Vor deinem geistigen Auge erscheinen Bilder von Tom Boonen, der – ebenfalls bei der Vuelta – zusätzliche Wattierung in seine Radhose stopfte, um auf diese Weise eine provisorische Windel zu basteln und so den Druck auf sein drittes, mit Eiter gefülltes Ei zu lindern. Und du versuchst, diese Gedanken ganz schnell zu verdrängen, denn du willst gewiss nicht deinen brandneuen Arione zerstören. Und du willst auch nicht noch mehr Gespött auf dich ziehen als ehedem schon, wenn ihr nach der Ausfahrt gemeinsam in einem Café oder Biergarten einkehrt. Also ziehst du einen dieser Sättel mit einer Aussparung in Betracht und nimmst dir vielleicht eine kurze Auszeit vom Radfahren.

Bist du verrückt geworden? Eine Auszeit vom Radfahren? Zugegeben, manchmal ist Ruhe die beste Medizin für einen Radsportler, der eine Überdosis V abbekommen hat. Eine Pause ermöglicht es dir, dein Konto bei der V-Bank aufzufüllen, und deine Geschütze erhalten die Chance zur Regeneration, damit sie es danach wieder in alter Frische krachen lassen können. Aber soll man sich von einem kleinen Pickel im Schritt den Spaß verderben lassen? Bestimmt nicht. Denk an Robbie McEwen und seine detaillierte Erläuterung, wie man diese vermaledeiten Dinger ausdrückt und das Feuer ihrer Anti-V-Körper mit einem netten Whisky löscht (mag sein, dass es in McEwens O-Ton eher darum ging, die betroffene Stelle mit Desinfektionsalkohol einzureiben, aber Whisky klingt natürlich besser). Okay, eine solche Behandlung wird dich zähneknirschend und die Götter verfluchend in die Knie zwingen, aber wenn Robbie es getan hat, weißt du, dass es funktionieren wird. Atme ein paar Mal tief durch, lass es über dich ergehen und trink dann den Rest des Whiskys. Schmerzen? Welche Schmerzen? Lass uns tanzen gehen.

Wenn du wieder nüchtern bist und klar denken kannst, nimm dir eine Sekunde Zeit, um über die andere »Lösung» nachzudenken, die du in Betracht gezogen hast. Wenn du mit dem Gedanken spielst, einen dieser Sättel mit Aussparungen an deinem Rad zu montieren, dann besorg dir bei Gelegenheit am besten auch bunte Lenkerfransen und einen Weidenkorb, denn dieses Equipment wird dir beim Fahren genauso sehr weiterhelfen wie einer dieser Peepshow-Sättel. Wenn überhaupt, werden die zusätzlichen Kanten, die durch die Auslassungen entstehen, zu mehr Reibung und erhöhtem Druck beitragen, wodurch die Chance steigt, dass ein eingewachsenes Haar zum schmerzhaften Eiterball heranreift.

Es gibt da draußen keinen Wundersattel. Jeder sieht untenrum anders aus, und was für einige gut funktioniert, muss nicht zwangsläufig auch für andere funktionieren. Der einzige gangbare Weg ist systematisches Ausprobieren. Du wirst schnell merken, ob ein Sattel der richtige für dich ist – deutlich bevor irgendwelche Bakterien eine Chance haben würden, in deinem Untergeschoss ihr Unwesen zu treiben. Du solltest vor allem auf die passende Breite und Form achten; die Polsterung ist deutlich weniger wichtig. Hochwertige Radhosen sind entscheidend, aber noch wichtiger ist es, sie immer schön sauber zu halten. Pack sie also nach jeder Ausfahrt in die Wäsche. Nimm dir außerdem einen Ratschlag aus dem Handbuch für Pornostars zu Herzen, schließlich kommt niemand untenrum auf eine vergleichbare Kilometerleistung wie diese Damen und Herren: Haare tragen nur zur Reibung bei, also trimm gefälligst deinen Busch.

Der beste Rat für einen dauerhaft schmerzfreien Intimbereich ist es, viele Stunden im Sattel zu verbringen und sich da unten gewissermaßen einen Panzer zuzulegen. Es gibt nichts Besseres, als sich auf einen mittels Radfahren gestählten Damm verlassen zu können, der wunde Stellen und Zysten allein durch seinen Ruf wie Donnerhall fernhält.

REGEL #65 //

PFLEGE UND RESPEKTIERE DEINE MASCHINE

Dein Rad hat sich an das Prinzip der Stille zu halten und deshalb ist es stets sorgfältig zu warten. Es muss in Ehren gehalten werden, und wenn es gegen eine Wand gelehnt wird, dann hat dies behutsam so zu geschehen, dass nur der Lenker, der Sattel oder die Reifen mit der Mauer oder dem Pfosten in Berührung kommen. Dies gilt sogar für Teilnehmer der Zeitfahr-WM, wenn sie im Ziel absteigen und unmittelbar danach kollabieren. Erlaubt sind kein Quietschen, kein Knarzen oder Knarren und keinerlei Kettengeräusche. Wenn du fährst, dürfen allein das beruhigende Summen deiner Reifen auf dem Asphalt und der Rhythmus deiner Atmung zu vernehmen sein. Lediglich bei der Fahrt über einen *Pavé*-Sektor ist das Geräusch der schlagenden Kette akzeptabel. Das Prinzip der Stille lässt sich dahingehend erweitern, dass jemand, der dermaßen leidet, dass seine Atmung anfängt, die anderen Fahrer in der Gruppe zu nerven, sich schleunigst aufrichten sollte, um sich abhängen zu lassen.

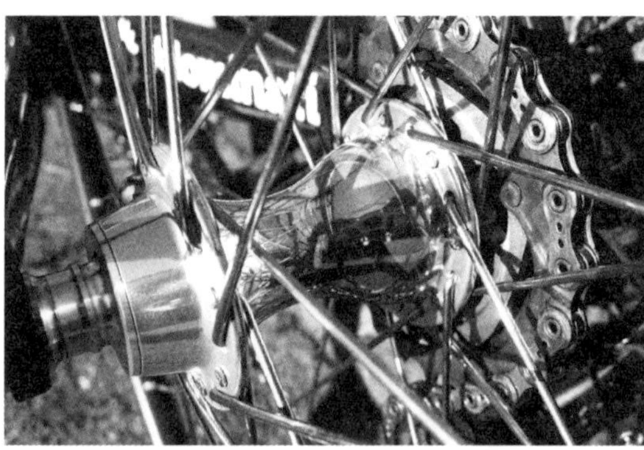

Wer könnte es wagen, diese Royce-Nabe und Campa-Kassette lange dreckig zu lassen?

Im Zustand deines Rades offenbart sich viel mehr als nur die Aufmerksamkeit und der Respekt, die du ihm zuteilwerden lässt. In ihm spiegelt sich deine Hingabe an *La Vie Velominatus* wider, in ihm spiegelt sich wider, wie du das Handwerk des Radfahrens angehst und wie du dein Leben abseits des Radfahrens lebst. Das heiligste aller Werkzeuge verlangt von seinem Besitzer unendliche Hingabe. Manche sagen, dass ein Fahrrad nur ein Mittel zum Zweck sei, ein Werkzeug, das man allmählich abnutzt und dann irgendwann ersetzt. Das sind die gleichen Leute, bei denen der Antriebsstrang ihres Rennrads nach einem Kettenfahrzeug der Bundeswehr klingt, die im Schlamm von Flanderns Feldern stranden und deren Lenkerband wie ein zerfetztes Hundespielzeug aussieht.

Es mag sein, dass der eine oder andere von ihnen stark fährt, aber er würde noch viel stärker fahren, wenn er sein Rad ordentlich instand halten würde. So wie ein Küchenchef seine Messer schärft, ein Maler seine Pinsel von ausgefransten Borsten befreit und ein Maurer den Estrich von überschüssigem Mörtel säubert, muss ein Radsportler seine Fahrräder sorgsam pflegen.

Der Prophet selbst kümmerte sich höchst akribisch um seinen eigenen Fuhrpark. Es heißt, dass sein Stall mehr als 35 Räder umfasste, von denen sich stets mindestens 15 in einwandfreiem Zustand befanden, so dass man sie jederzeit sofort auf die Straße hätte bewegen können. Auch zahllose andere Fahrer haben ihre Hingabe an ihre Maschinen unter Beweis gestellt. Während der Tour 1991 nahm Greg LeMond eines seiner frühen Carbon-Räder mit aufs Hotelzimmer, um darauf achtzugeben. Seine Mechaniker glaubten schon, die Maschine wäre gestohlen worden. Es gibt andere Geschichten von Radsportlern, die Reifen in ihren Weinkellern reifen ließen, ausschließlich extra natives italienisches Olivenöl als Kettenschmiermittel verwendeten und andere Fahrer im Peloton aufforderten, ihre lauten, ungepflegten Maschinen zum Schweigen zu bringen.

Jedes Quietschen, Knarzen und Klicken ist nicht nur ein Zeichen, dass dein Rad mehr Pflege benötigt, sondern auch ein Hinweis auf Ineffizienz und vergeudete Energie. Die Mikro-Watt, die es zusätzlich braucht, um diese knarrende Kurbeleinheit zu bewegen, summieren sich halt im Laufe eines langen Tages mit zehntausend Pedalumdrehungen. Ganz zu schweigen von der mentalen Belastung, die es für dich und deine Freunde bedeutet, wenn ihr derartig gruselige Geräusche erdulden müsst. Es gibt unzählige Einflussgrößen, deren

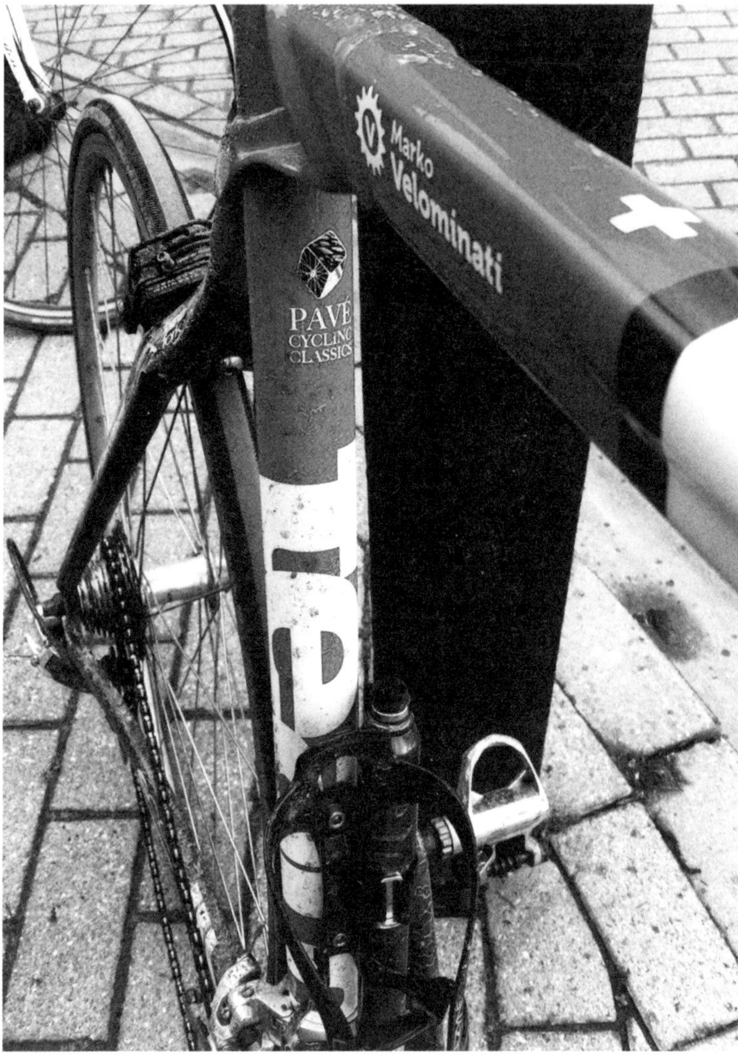

Hab keine Angst, dass dein Rad dreckig werde könnte. Putz es einfach hinterher.

Zusammenwirken eine potenziell großartige Ausfahrt sorgfältig ruinieren kann. Viele dieser Kräfte können von den Fahrern kontrolliert oder zumindest beeinflusst werden, manche nicht. Die Wartung deines Rades ist eine Einflussgröße, über die du praktisch totale Kontrolle hast.

Für den Velominatus, der gerade erst am Anfang seines Weges steht, kann jede Wartungsaufgabe, die über das Beheben einer Reifenpanne oder das Schmieren der Kette hinausgeht, so beängstigend sein wie die Herausforderung, den Anstieg nach L'Alpe d'Huez mit einer Übersetzung von 53x11 zu nehmen. Aber genau wie du all dein *Grinta* zusammennimmst, um an einem Regel #9-Tag aufs Rad zu kommen, musst du jede Gelegenheit nutzen, um zu lernen, dich richtig um deine Maschine zu kümmern. Im Laufe der Zeit wirst du eine geradezu intime Kenntnis von jedem einzelnen Ritzel, Lager oder Schaltzug bekommen. Den möglichen Ursachen von Geräuschen nachzuspüren und Probleme zu diagnostizieren, wird dir in Fleisch und Blut übergehen. Damit die Anwärterin zu einer wahren Velominata werden kann, muss sie nicht nur lernen, ihr Rad zu pflegen und instand zu halten, sondern auch echten Spaß an dieser Aufgabe finden.

Wenn dich das alles noch nicht überzeugt, schau dir nur mal ein beliebiges Teil einer Campagnolo-*Gruppo* an und frag dich dann, ob es im Sinne von Tullio Campagnolo gewesen wäre, dass man so etwas verdrecken lässt. Wie jedes Stück funktionaler Kunst funktioniert es am besten und erfährt es am meisten Wertschätzung, wenn es von fähigen, respektvollen und liebevollen Händen instand gehalten wird.

REGEL #66 // KEINE RÜCKSPIEGEL

Rückspiegel mögen an Rädern wie dem (übrigens sehr treffend benannten) Surly Big Dummy oder einem Surly Long Haul Trucker erlaubt sein. An Zweirad-Sänften für die Reise. Nicht aber an deinem Vollblutrenner für die Straße. Nicht an deinem Mountainbike. Nicht an deinem Helm. Wenn jemand, der mit den Regeln vertraut ist, dir eine solche Abscheulichkeit verkauft hat, gib den Spiegel zurück und fordere eine Erstattung des Kaufpreises zuzüglich Zinsen und Schmerzensgeld.

Was genau versuchst du, in deinem Rücken zu erspähen? Und was genau planst du zu tun, wenn du es entdeckt hast?

Ein Rückspiegel ist ein Relikt des Automobils. An ein Auto gehört so ein Teil dran. Aber ein Fahrrad ist eine völlig andere Sache. Beim Radfahren kannst du dich ziemlich gut umsehen, indem du einfach den Kopf drehst.

Ein Radsportler muss lernen, seine Umgebung in sich aufzunehmen, indem er seine Sinne einsetzt: peripheres Sehen, Gehör und Geruchssinn. Wie ein Jedi mit Hilfe der Macht werden wir eins mit der Umgebung, in der wir uns bewegen – mit der Straße, den Verkehrsschildern, den Fußgängern und Tieren am Straßenrand –, und lernen zu antizipieren, was um uns herum geschehen wird.

In der Tat müssen wir eins mit unserer Maschine werden und instinktiv um Hindernisse herumkurven, als ob die Maschine ein Teil unserer selbst wäre.

Am wichtigsten aber ist: Rückspiegel am Rad sind einfach unglaublich hässlich.

REGEL #69 // RADSCHUHE UND RÄDER SIND DAFÜR DA, UM ZU FAHREN

Das Gehen in Radschuhen ist streng zu begrenzen. Wenn man während einer 200 Kilometer langen Ausfahrt (bei 38 km/h, siehe Regel #68) mal pinkeln muss oder die Trinkflaschen auffüllen möchte, sollte man sein Rad behutsam an der nächsten mit dem Fahrrad erreichbaren Stelle anlehnen und nur die restliche verbleibende Strecke zu Fuß gehen. Für einen Radsportler ist es unter jedweden Umständen streng verboten, an einem steilen Anstieg abzusteigen und sein Rad hinaufzuschieben. Eine offensichtliche Ausnahme besteht lediglich dann, wenn der betreffende Anstieg von anderen Fahrern blockiert wird, die umgefallen sind, weil ihr euch gerade am Koppenberg befindet. Falls in dieser Frage Klärungsbedarf bestehen sollte: Siehe Regel #5.

Radschuhe sind in keiner Weise zum Gehen geeignet. Sie funktionieren nur beim Drehen der Pedale. Überhaupt verabscheut ein Radsportler das Gehen in all seinen Erscheinungsformen. Und um sicherzustellen, dass wir in dieser Fortbewegungsart auch ganz schlecht sind, haben wir immer Metall und Hartplastik an den Sohlen unserer Schuhe befestigt, unsere Anti-Geh-Kufen. Gehen ist ehedem schon furchtbar langsam, aber Gehen in Radschuhen gefährdet unsere Gesundheit. Wenn es mehr Drive-in-Spirituosenläden geben würde (eine der stolzesten Erfindungen, die Amerika hervorgebracht hat), müssten wir nicht einmal mehr einkaufen gehen.

Time-Pedale, bekannt für ihre Metall-Cleats, mit denen die Fortbewegung in Bars und Cafés zu einem selbstmörderischen Unterfangen wurde, hatten lange Zeit eine ikonische Bedeutung in unserem

Sport. Manch ein charmanter Rouleur spazierte mit ihnen in eine örtliche Bar, fest entschlossen, das hübsche Mädel in der Ecke damit zu beeindrucken, was für ein Mannsbild von Athlet er doch war, nur um schwungvoll auszurutschen und ein paar Vorhänge herunterzuholen, nachdem er auf dem frisch gewienerten Fußboden aufgeschlagen war. Der Hersteller sorgte für Abhilfe, indem er den »Café Cleat« erfand, bei dem die Pedalplatte in Gummi eingefasst war, so dass du es nicht mehr Time in die Schuhe schieben konntest, dass das Mädchen partout nichts von dir wollte. Es ist ein stolzer Moment im Leben jedes Rennradfahrers, wenn er sich zum ersten Mal auf dem lackierten Parkett eines Lokals auf die Klappe legt. »Nein, alles Ordnung, ich bin nicht hacke, ich bin nur Radsportler.«

Ja, du bist Radsportler. Du bist anders, weil du dazu geboren bist, um zu fahren, und nicht, um zu Fuß zu gehen. Du bist unvollständig ohne dein Rad. In einer Bar, wo sich alle an ihre Bierflaschen klammern, fällst du unvermittelt dort um, wo es niemand anderem passieren würde. Aber was wäre denn die Alternative? Gegen Regel #34 verstoßen? Du glaubst, so wärst du vielleicht in der Lage, in ein Lokal zu gehen, ohne vorsichtig Schritt für Schritt trippeln zu müssen? Nun, das würde tatsächlich bedeuten, dass du der »Normalität« einen Schritt näherkommst. Und schon ständest du ganz am Rand des Krals, den unser Stamm bewohnt, fast schon im dunklen Dschungel, allein und verlassen, getrennt von den Deinen.

REGEL #73 //

SCHALT- UND BREMSZÜGE SIND AUF DIE OPTIMALE LÄNGE ZU KÜRZEN

Die Züge an einem Rennrad sollten einen perfekten Bogen um das Steuerrohr bilden und, wenn möglich, sich unter dem Unterrohr kreuzen. Der Schaltzug vom rechten Hebel sollte zum linken Anschlag am Rahmen führen und umgekehrt.

Als Einstieg in unsere Betrachtungen zu Regel #73 möchten wir die Geschichte eines Freundes erzählen. Ein großartiger Kerl, ein mehr als solider Fahrer, ein Mann mit gut bezahltem Job, der es einfach liebt, seine Räder zu fahren. Aber wenn man ihn sich anschaute, würde man denken, er wäre entweder blind, mittellos oder aber eine Art Avantgarde-Skulptur, die man um ein Rennrad herum angeordnet hatte. Klebeband, Klettverschlüsse, durchsichtige Schutzaufkleber und etwas, das verdächtig nach Rohrreparaturpflastern aussah, waren über den kompletten Rahmen verteilt, um zu verhindern, dass seine Zughüllen über den Lack scheuerten. Seine Bemühungen, seine Fahrräder vor Kratzern zu bewahren und so aussehen zu lassen, als wären sie neu, ließen sie stattdessen aussehen wie einen ausgekotzten Scheißhaufen, der zufällig die Form eines Diamantrahmens hatte. Okay, vielleicht ist das ein bisschen harsch formuliert, aber seine Räder sahen doch ziemlich unaufgeräumt aus. Die Sache ist die, dass es für ihn ein Leichtes gewesen wäre, sich selbst all diesen Ärger und uns die Unansehnlichkeit seiner Maschinen zu ersparen und gleichzeitig den landesweiten Klebebandverbrauch um mehr als vier Prozent zu senken, wenn er sich nur die Zeit genommen hätte, die Züge vernünftig zu verlegen.

Kurzum: Schalt- und Bremszüge führen ihre jeweiligen Aufgaben effizienter aus, wenn sie so direkt wie möglich verlaufen, also ohne zu viele Umwege, denn jede enge Biegung und jeder Zentimeter Zuglänge erzeugen mehr Reibung. Sowohl von den Schalt- als auch von den Bremszügen wird erwartet, dass sie sofort ansprechen, und das bedeutet, dass der Weg vom Hebel bis zum anderen Ende so kurz wie möglich sein sollte.

Der beste Weg, um die Schaltzüge in einem hübschen Bogen zu den vorderen Anschlägen am Rahmen zu führen, ist die Überkreuz-Methode. Der rechte Schaltzug führt zum linken Anschlag und umgekehrt. Die Innenzüge kreuzen sich unter dem Unterrohr und verlaufen dann auf ihren vorgegebenen Wegen zu ihrem Bestimmungsort in der Region des Umwerfers respektive Schaltwerks. Manche fragen sich, ob die Züge dort, wo sie sich kreuzen, denn nicht aneinanderreiben. Nun, die Gegenfrage sei gestattet, ob du schon mal einen Innenzug genommen und versucht hast, ihn durchzufeilen. Falls ja, wirst du festgestellt haben, dass es sich dabei um überaus widerstandsfähige kleine Bastarde handelt, die dafür gemacht sind, konstante Reibung auszuhalten. Du musst dir also keine Sorgen um deine Züge machen, zumindest nicht bis du sie das nächste Mal austauschst (du erneuerst die Züge an deinem Rennrad doch mindestens einmal im Jahr, oder?). Sollte es dich stören, dass die Züge vibrieren und eine klirrende Melodie anstimmen, wenn du über das Kopfsteinpflaster hüpfst, befestige einfach ein paar von diesen kleinen Gummitüllen an den Zügen, um sie vom Unterrohr fernzuhalten und das Rasseln zum Schweigen zu bringen.

REGEL #74 //

VERWENDE AUSSCHLIESSLICH DEIN V-METER ODER EINEN KLEINEN RADCOMPUTER

Vergiss die ganzen Daten und fahr nach Gefühl. Nichts ist vergleichbar mit dem puren Vergnügen, einfach so schnell zu fahren, wie dein Kopf es zulässt. Wenn du kein Profi bist und auch keine Ambitionen hast, noch einer zu werden, brauchst du kein Powermeter und keinen Herzfrequenzmonitor. Und was ein GPS-Navi betrifft: Wie oft verirrst du dich während einer Ausfahrt? Die Teile sind sperrig, hässlich und überflüssig. Ein Fahrradcomputer sollte, falls man überhaupt einen braucht, einfach und klein sein und am Vorbau montiert werden. Und vorzugsweise sollte er drahtlos funktionieren.

Leider hat sich der unsägliche Ach-lass-und-einfach-ein-kleines-i-vor-jedes-Wort-packen-um-etwas-als-heißen-Scheiß-verkaufen-zu-können-Trend, der alle Lebensbereiche durchdringt, inzwischen auch in den Radsport eingeschlichen. Wir können heute tatsächlich eine Halterung kaufen, um das »unverzichtbare« iPhone am Lenker zu befestigen – als ob irgendetwas heiliger sein könnte als deine Rennrad-Ausfahrten selbst und schon gar nicht deine Sucht, ständig aufs Smartphone zu starren. Dies ist der Punkt, an dem die Velominati eine klare Grenze ziehen. Jeder, der eine Ausfahrt unterbricht und andere dazu zwingt, ebenfalls anzuhalten, weil er unbedingt auf eine SMS antworten muss, sollte auf der Stelle in den Schwitzkasten genommen und kollektiv mit Minipumpen verdroschen werden.

Alles begann in den 1980er Jahren, als die ersten Radcomputer auftauchten. Sie waren noch nicht allzu abstoßend oder aufdringlich. Störend war höchstens die Länge des Kabels, das man feinsäuberlich um die Bremszughülle wickeln musste, damit das Ganze halbwegs aufgeräumt aussah (oder das einfach im Wind herumflatterte, wenn man eine ausnehmend schlampige Person war). Diese Geräte verrieten dir, wie schnell du gerade fuhrst, wie weit du gefahren warst und wie lange du dafür benötigt hattest. Simple Informationen und im Grunde alles, was du wirklich brauchst.

Dann aber entschied jemand, dass mehr Infos mehr Wow bedeuteten und wir tatsächlich wissen mussten, wie schnell unsere Beine sich drehten: Die Trittfrequenzmessung war geboren. Völlig nutzlos, aber noch heute als etwas betrachtet, was einem womöglich helfen könnte, ein besserer Fahrer zu werden. Das tut sie nicht, sie trägt nur zur Verwirrung bei. Wichtig ist, dass du deine Beine so schnell bewegst, wie es für deine individuelle Physiologie sinnvoll ist, und das wird dir deine Kadenzanzeige niemals verraten. Ganz zu schweigen von den zusätzlichen Metern Kabel, die erforderlich waren, um die Kettenstrebe zu erreichen, was die Radcomputer und ihr Drum und Dran noch hässlicher und fehleranfälliger machte als zuvor.

Und wenn du glaubst, dass die drahtlose Übertragungstechnik dich mittlerweile von diesem Problem befreien würde, denk lieber noch einmal darüber nach. So ein drahtloser Sensor ist grotesk in seinen Ausmaßen und er benötigt Akkus, die irgendwann alle sind, eine Tatsache, die du aber vermutlich erst entdecken wirst, wenn du aufhörst, permanent an der Position des Sensors herumzufummeln, um den Empfang wiederherzustellen – und in der Zwischenzeit wahrscheinlich deine Freunde ewig hast warten lassen. Aber zumindest konntest du all das ja ohne eine Unmenge von Kabeln tun.

Wenn du unbedingt wissen musst, wie schnell deine Beine sich drehen, solltest du natürlich auch Daten dazu erhalten, wie schnell dein Herz schlägt. Betrachte beide Werte in Relation zueinander, und du kannst berechnen, wie viel Aufwand du für welche Geschwindigkeit treiben musst. Dann nimm die Quadratwurzel dieses Wertes und nutze die Möglichkeiten der Differentialrechnung, um Kraft und Ausdauer näherungsweise zu bestimmen, nimm drei im Sinn, runde auf die nächste Zahl auf oder ab, die dir irgendetwas sagt, und dann rate mal was? Als Radsportler bringst du es immer noch nicht. Jetzt melde dich bei Strava an und mach es öffentlich.

Der Prophet fuhr nicht mit einem Radcomputer am Lenker, was zugegebenermaßen in erster Linie daran lag, weil sie noch nicht erfunden waren, aber alles, was er wissen musste, war, wie viel mehr Schmerz er würde ertragen können, wenn er die Konkurrenz in Grund und Boden fuhr. Er konnte es fühlen. Wenn es wehtut und du kommst trotzdem nicht voran, musst du halt noch ein bisschen mehr leiden. Es gibt nur einen Messwert, den du kennen musst, und ein Radcomputer oder Powermeter oder Herzfrequenzmonitor wird ihn dir nicht verraten. Die einzige Kennzahl, auf die es ankommt, ist jene, die dir sagt, ob du noch ein klein bisschen mehr geben kannst. Und sofern du nicht ohnmächtig wirst, lautet die Antwort, wie nicht anders zu erwarten, stets ja.

Ein V-Meter ist in jedem von uns eingebaut. Wie schnell fährst du? V. Wie weit bist du schon gefahren? V. Wie viel Leistung bringst du auf die Pedale? V.

Also reiß diesen verdammten Laptop von deinem Lenker und sag es noch einmal. V.

REGEL #75 // STARTNUMMERN NUR IM RENNEN

Entferne deine Startnummern auf jeden Fall von deinem Rad, bevor du zu deiner nächsten Trainingsausfahrt aufbrichst. Denn ganz gleich, wie cool du glaubst, dass so was aussieht, es sieht nicht cool aus. Es sei denn, du bist in einem Rennen. In diesem Fall sieht es cool aus.

Ich habe dich heute gesehen, aber du hast mich nicht gesehen. Ich ging die Hauptstraße entlang und du standest an der Ampel direkt gegenüber auf der anderen Seite der Kreuzung. Dein Outfit auf dem Rad war makellos, fast komplett in schwarz, dazu weiße Schuhe und ein weißer Helm, deine imposanten Beine glitzerten in der Sonne, auch dein Rad war sauber und gepflegt. Die Manier, in der du aus den Pedalen ausklicktest und dich gleichzeitig auf dem Oberrohr niederließest, war ein Meisterstück in Sachen sorgsamer Nonchalance. Ich war nicht der Einzige, der das bemerkte. Die Augen der elegant gekleideten Damen, die ebenfalls darauf warteten, die Straße überqueren zu dürfen, wurden sicherlich ebenfalls von dir, diesem Wunderwerk der Ästhetik mit dem umwerfenden Pedaltritt, angezogen.

Warum also hielten sie sich dann kichernd ihre perfekt manikürten Hände vor den Mund und tuschelten einander höhnische Bemerkungen zu?

Weil deine Nummer von diesem Rennen vor drei Wochen immer noch an deinem Helm klebte, du Genie. Kein Wunder, dass du Single bist. Wie könnte dich irgendjemand in so einem Aufzug ernst nehmen? Und sei es auch jemand, der mit Radsport nicht das Geringste am Hut hat. Man muss nur ein bisschen was von fantastischem Aussehen verstehen, um zu kapieren, wie albern so eine Nummer am

Helm ist. Du bist der Grund, warum Autofahrer uns hassen. Es gibt nichts zu gewinnen, wenn man mit einer »437« quer über die Rübe geklebt in der Stadt herumkurvt, außer eine Menge Verachtung.

Könntest du die betreffende Person sein? Befrei deinen Helm beim nächsten Mal am besten sofort nach Überrollen der Ziellinie von der Startnummer, bevor es zu spät ist. Das Gleiche gilt für diese scharfe Nummernplakette an der Sattelstütze - reiß sie schleunigst ab. Und wo du schon mal dabei bist, kannst du auch gleich diesen Zeitmess-Transponder an der Gabel loswerden. Er hat im Rennen nicht geholfen und jetzt hilft er erst recht nicht.

TEIL IV:
Der Ästhet

Man kann das Leben auf drei Arten und Weisen angehen.

Die erste ist die richtige Art und Weise. Diese Methode ist eher schulisch und umfasst Erläuterungen, Anleitungen, Lernen und Disziplin. Meistens bedeutet dies eine Menge Theorie, die einem von Leuten eingetrichtert wird, die nicht besonders gut darin sind, ihren eigenen Anweisungen zu folgen.

Die zweite ist die falsche Art und Weise. Sie erfordert fast überhaupt kein Pauken und macht viel mehr Spaß, wobei die Besonderheiten der Materie zumeist empirisch entdeckt werden. In der Praxis bezeichnen wir diesen Prozess im Allgemeinen als »Erfahrung sammeln«.

Die dritte ist die Art und Weise, wie wir die Dinge tatsächlich tun. Dies bedeutet eine Kombination der ersten beiden Ansätze und bestimmt unseren individuellen Stil und unsere Persönlichkeit. Es geht nicht um hell und dunkel, schwarz und weiß, sondern um die Freiräume dazwischen. Man bewegt sich auf dem Grat zwischen den Extremen, dort, wo alles wirklich Interessante im Leben passiert.

Wenn wir uns darauf einlassen, unser Leben dem Radsport zu widmen, müssen wir darauf gefasst sein, dass diese Wahl unermessliche und teils sehr komplexe Folgen haben wird. Da ist das Leiden, das wir durchlaufen, während wir uns bemühen, bessere Fahrer zu werden. Da ist diese Art von Stockholm-Syndrom, das dafür sorgt, dass etwas, was wir so sehr lieben, unsere Maschine, uns umgekehrt solche umfassenden Schmerzen bereitet. Wir werden mit der Gnadenlosigkeit und mit den Launen konfrontiert, die den Mann mit dem

Hammer auszeichnen, und mit den verführerischen Verlockungen seiner Verlobten, die wir nur als *La Volupté* kennen. Der Mann mit dem Hammer ist in der Tat ein harter Zuchtmeister; das wirst du spätestens merken, wenn er auftaucht oder seine Ankunft unmittelbar bevorsteht. Du triffst ihn an einem strapaziösen Tag im Sattel, nach vier oder mehr Stunden Fahrt, wenn deine Kräfte erschöpft sind, nachdem du zuvor von *La Volupté* angezogen und verführt worden bist, deren sanfte Berührungen dich streicheln, solange dein Pedaltritt noch erhaben, geschmeidig und kraftvoll ist. Sie lockt dich in ein falsches Gefühl von Behaglichkeit und wiegt dich im Glauben, dass deine Form den ganzen Tag lang andauern wird. Und dann taucht aus dem Nichts der Mann mit dem Hammer auf – immer und immer wieder drischt er auf dich ein wie auf einen unglückseligen Nagel. Zu diesem Zeitpunkt ist es normalerweise zu spät, um sich zu wehren, also versuchst du, die Heftigkeit seiner Schläge zu lindern, indem du so viel feste und flüssige Nahrung runterschlingst, wie du nur kannst. Aber er weiß, dass du ihm ausgeliefert bist. Sobald er deinen Körper hat, wird er sich auch deine Seele schnappen.

Gelehrige Jünger des Radsports strahlen Selbstbewusstsein und große Vertrautheit mit ihrem Handwerk aus. Ihre Kleidung ist sorgfältig aufeinander abgestimmt, ihre Maschinen sind makellos gepflegt. Ihre ganze Erscheinung kündet von einer Perfektion, die in den Details zum Ausdruck kommt: Der Helm sitzt genau richtig, die Bündchen ihrer Radhosen schließen an den Oberschenkeln stets auf exakt derselben Höhe ab, und die Bügel ihrer Radbrillen verlaufen ganz bewusst über den Gurten des Helms.

Sollte ihre Kleidung oder ihre Maschine mal dreckig sein, dann am Ende eines langen, harten, verregneten Tages im Sattel – eines Tages, den sie der harten Arbeit für unsere gemeinsame Berufung gewidmet haben. Wenn wir uns den Widrigkeiten stellen, so tun wir dies in sorgsam ausgewählter und aufeinander abgestimmter Ausrüstung; doch sobald der Hammer gefallen ist und die Fahrt begonnen hat, steht jegliche Sorge um unser Aussehen hintan, denn Regel #5 hat Vorrang vor allem anderen.

Dies ist eine hohe Kunst voller Paradoxe und Rätsel. Ästhetik in einem Sport, der so hart ist wie der Radsport, ist ein Widerspruch in sich. Fraglos sollte alles, was mit solchem Leiden verbunden ist, als die richtige Art und Weise betrachtet werden - nichts anderes scheint praktikabel, wenn man auf rücksichtsloser Jagd nach dem letzten kostbaren Tropfen V ist, den man aus seinem Organismus herauspressen kann, um die Leistung zu maximieren.

Paradoxerweise zählen Radrennfahrer sowohl zu den härtesten Typen in der Welt des Sports als auch zu den eitelsten. Ein Radsportler weiß besser als jeder andere Athlet, dass die Moral ein wankelmütiges Biest ist, das auf Messers Schneide lebt: Sie kann uns zu unglaublichen Höhenflügen befähigen, sie kann uns jedoch auch aus nichtig scheinenden Gründen zerquetschen wie ein Insekt. Dafür reicht es mitunter, dass der Blick auf einen winzigen Fleck auf einem frisch gewaschenen Trikot oder auf eine leichte Verschmutzung des Lenkerbands fällt. Damit wir gut fahren können, benötigen wir eine gute Moral. Um eine gute Moral zu besitzen, müssen wir immer fantastisch aussehen.

Man könnte argumentieren, dass die beste Art und Weise, um sich als Radsportler zu verbessern, darin besteht, sich ausführlich mit Regel #5 zu beschäftigen. Manche sind sogar der Auffassung, dass die Frage der Ästhetik nur die reine Lehre dieser Regel verdünnt. Oberflächlich betrachtet mag es verlockend sein, dem zuzustimmen, aber es ignoriert doch die allerwichtigste Tatsache des Radsports: Fantastisch aussehen ist das beste Aphrodisiakum, dem wir habhaft werden können.

Wenn ich aus dem Fenster schaue, sehe ich, wie es gerade schüttet, und die Wettervorhersage hat angedeutet, dass es heute Nachmittag sogar schneien könnte. Mir stehen heute mehr als sechs Stunden auf dem Rad bevor, aber ich lasse mich von diesen Aussichten nicht abhalten. Als die Sonne sich über den Horizont erhebt und ihr diffuses Licht durch die Wolken auf die Straße fällt, besteige ich meine Maschine in meiner flämischen Ausgehuniform bestehend aus Knielingen, Überschuhen, Langarmtrikot, Weste und einer Radmütze unter dem Helm. Als der Regen meine Kleidung durchdringt und bittere Kälte mich erfasst, senke ich den Blick auf meine Beine, wie sie auf- und niederstampfen. Regelmäßig fallen Regentropfen vom Schirm meiner Mütze herab, fast scheint als, als klopften sie ihren eigenen Takt. Meine Gedanken füllen sich mit Bildern der großen flämischen Rennen und ihrer Protagonisten: Van Looy, De Vlaeminck, Merckx, Museeuw, Boonen. Jegliches Unbehagen wird weggespült, während ich mir vorstelle, dass ich leide, so wie sie gelitten haben. Kälte wird durch Entschlossenheit ersetzt, und ich ziehe die Sache durch. Wie hieß es schon in *Lawrence von Arabien*? »Der Trick, William Potter, ist, sich nichts daraus zu machen, dass es wehtut.« Auch wenn der Schmerz in meinen Beinen und meiner Lunge mir heftig zusetzt, kann mir das niemand ansehen. Für den neutralen Beobachter wirke ich noch immer tadellos und völlig beherrscht. Meine äußere Erscheinung verleugnet den Schmerz, der tief in mir lodert. Dies ist der Modus Operandi des Ästheten.

REGEL #7 //

DIE BRÄUNUNGSKANTEN SIND ZU KULTIVIEREN UND MESSERSCHARF ZU HALTEN

Unter keinen Umständen solltest du deine Trikotärmel oder Hosenbeine hochkrempeln, um zu versuchen, deine Bräunungskanten irgendwie abzuschwächen. Auch ärmellose Trikots sind auf keinen Fall gestattet.

»Sie sind doch bestimmt Lkw-Fahrer.«

Ich lag entspannt am Pool des Luxor Hotel am Las Vegas Strip. Ich bin mir nicht sicher, was ich vorher gedacht hatte, für was sie mich wohl halten würde, aber »Lkw-Fahrer« stand fraglos nicht ganz oben auf der Liste der in Betracht gezogenen Möglichkeiten.

Tatsache war, dass ich war, was ich immer gewesen bin – ein Radsportler –, und dass meine Bräunungskanten und meine rasierten Beine dies mehr als deutlich machten. Ja, ich übe mein Handwerk auf Rädern aus, aber nur auf zwei, nicht auf achtzehn. Ja, ich mag für »normale« Menschen befremdlich wirken. Und nein, es kümmert mich nicht, wenn mal jemand von meiner Erscheinung dermaßen perplex ist, dass er sich einfach umdreht und weggeht. In diesem speziellen Fall mischten sich in ihrem Gesichtsausdruck Verwirrung, Belustigung und Ablehnung, und ich hatte auch gar nichts anderes erwartet.

Vernünftige Radsportkleidung ist eng anliegend und so beschaffen, dass sie die ganze Zeit ihren perfekten Sitz beibehält und nicht irgendwann verrutscht. Unsere Trägerhosen haben gummierte Beinabschlüsse und die Ärmel unserer Trikots verfügen über elastische Bündchen. Während der unzähligen Stunden, die wir auf unseren Maschinen verbringen, wird die Sonne auf uns herabbrennen und unsere Beine und Arme mit ausgeprägten Bräunungskanten versehen, die im Allgemeinen aus mir schleierhaften Gründen als geschmacklos angesehen werden.

Es gibt zwei Möglichkeiten, sich diesem Aspekt von *La Vie Velominatus* zu nähern.* Zum einen könntest du dir den Kopf darüber zerbrechen, dass unsere enge Kleidung Bräunungskanten erzeugt, und dir ein paar Abhilfen überlegen, um sie weniger deutlich zutage treten zu lassen, was aber von vornherein zum Scheitern verurteilt ist und nur dazu führen wird, das »Problem« noch zu verschärfen. Danach darfst du dann Zuflucht in verzweifelteren Maßnahmen suchen, indem du abseits des Rades zu Kleidung greifst, die deine Bräunungskanten verbergen soll, wobei diese Versuche in etwa so überzeugend sind wie das pechschwarz gefärbte Haar deiner Oma oder das schlecht sitzende Toupet deines Onkels.

Oder aber du nimmst deine Bräunungskanten einfach als Merkmal deiner Art an. Als Stammeszeichen des ernsthaften Radsportlers, der darauf achtet, dass er seine Radkleidung stets ordnungsgemäß trägt und diese bei jeder Fahrt genau gleich sitzt. Mit Stolz tragen wir die verschiedenen Zeichen unserer Hingabe an die Fron im Sattel – rasierte Beine, Sturznarben und dergleichen. Unter diesen Erkennungszeichen fallen unsere gestochen scharfen Bräunungskanten lediglich besonders ins Auge.

* Es gibt eine dritte Option, und zwar bestünde diese darin, statt eines vernünftigen Radsport-Outfits lieber weite Klamotten zu tragen. Da wir aber keine Wilden sind, werden wir nicht näher auf diese Idee eingehen.

REGEL #14 // RADHOSEN SOLLTEN SCHWARZ SEIN

Zu Teamtrikots sollten schwarze Radhosen getragen werden, mit Ausnahme womöglich der seitlichen Bahnen, die farblich auf das restliche Team-Outfit abgestimmt sein können.

Profis tragen, was ihr Team von ihnen verlangt, ganz gleich, ob ihnen das Design gefällt oder nicht. Wir Normalsterblichen haben den Luxus, uns frei entscheiden zu können – was sich in der Realität vielmehr als Qual der Wahl herausstellt. Also sollten wir Regel #14 als Orientierung heranziehen.

Kurz und gut: Radhosen sollten schwarz sein. Sie können durchaus über eine farblich abgesetzte Bahn an der Seite verfügen, die mit der übrigen Teamkleidung übereinstimmt, aber mehr auch nicht. Niemals dürfen sie komplett weiß sein. Schmutzig nasses weißes Lycra ist nämlich prinzipiell durchsichtig – mehr muss man in dieser Angelegenheit gar nicht sagen.

Fantastisch auf dem Rad auszusehen, das ist es, worum es geht. Wenn du kletterst, wenn du leidest, wenn du eine Abfahrt nimmst, wenn du in hohem Tempo durch irgendein kleines Ortszentrum hindurchfliegst. Andere als schwarze Hosen zu tragen, bedeutet nur eine visuelle Ablenkung, die niemand braucht. Warum denn so konservativ, möchtest du fragen. Kann man sich denn nicht mit diesen fantastischen grünen Trägerhosen in Schale werfen, die Thor trug, als er für das französische Team Crédit Agricole fuhr? Mit einem Wort: nein, denn sonst würde es ausarten. Lycrastoffe lassen sich in unendlich vielen Farben und Designs veredeln. Der Geist ist längst aus der Flasche entkommen und wir sollten zusehen, dass wir seinen in scharfes Rosa gewandeten Arsch schleunigst wieder reinstopfen.

In den glorreichen Tagen des Radrennsports waren alle Radhosen aus schwarzer Wolle. Coppi, Bartali und Gimondi wären nie auf die Idee gekommen, sich in naturfarbenen (d.h. weißen) Wollshorts zu zeigen. Jeder hatte eine ganze Schublade voller schwarzer Radhosen aus Wolle, in die ein Polster aus echtem Gamsleder eingenäht war. Irgendwann wurden ein paar Buchstaben aufgestickt, ein wenig Werbung, aber das war alles: Es geriet nie aus dem Ruder. Es war nie so, dass jeder einfach machte, was er wollte, und folglich wurde niemand geblendet.

Schwarz verbirgt Dreck und Schmieröl. Es sieht gut aus und es lenkt das Auge nicht ab von den beeindruckend definierten, rasierten Beinen. Schnapp dir ein sauberes Exemplar und du bist sofort aufbruchbereit. Schwarze Radhosen sind so etwas wie das kleine schwarze Cocktailkleid: Sie passen zu allem. Als Wolle in den 1980er Jahren von Lycra abgelöst wurde, war das eine aufregende Entwicklung. Einige der frühen Lycra-Hosen waren glänzend und glatt. Alle (außer vielleicht Sean Kelly) sahen in dem glatten, glänzend schimmernden frühen Lycra eine Verbesserung. Zwar bestand die Polsterung immer noch aus Gamsleder, aber optisch war alles bestens. Natürlich ist immer irgendjemand da, der die Sache am Kochen halten muss, und diesmal war es Nalini, der Bekleidungsausrüster von Miguel Induráins Banesto-Team. Sie stellten ein Team-Outfit vor, das eher dunkelblau als schwarz war. Während die Puristen dies für ein ebenso empörendes Vergehen hielten, als hätte der Papst die Sonntagsmesse in einer knappen goldenen Badehose gehalten, sah das Ganze tatsächlich ziemlich scharf aus. Eine weitere Entwicklung war die Erfindung des Sublimationsdrucks zur farblichen Veredelung von Lycra: Die Trikots und die Seitenbahnen der Radhosen wurden zu rollenden Reklametafeln für so viel Werbung, wie die jeweiligen Sponsoren bereit waren zu bezahlen. Carrera Jeans heckte sogar raffinierterweise Lycra-Shorts aus, die aussahen wie eine verwaschene Denim-Jeans. Kurzum, die Ruhe im Haus war empfindlich gestört.

Zum Glück wurde der Faux Denim nach dem Ende des Carrera-Teams im Peloton nie wieder gesichtet, aber alle möglichen anderen kunterbunten Designs und Farben traten an seine Stelle. Und dennoch ist dies kein Grund für den nicht gesponserten Fahrer, also für den Rest von uns, diese aufdringlichen und schrillen rollenden Reklametafeln nachzuahmen. Einmal schwarz, immer schwarz.

REGEL #15 //

AUCH ZU WERTUNGSTRIKOTS SIND SCHWARZE HOSEN ZU TRAGEN

Wenn man ein Meister- oder Führungstrikot trägt, wählt man dazu eine schwarze Radhose oder zumindest die normale Hose des jeweiligen Teams. Erliege nicht der Versuchung, dein komplettes Outfit über die Maßen an das Trikot anpassen zu wollen – oder erliege der Versuchung und akzeptiere dann aber, dass du aussiehst wie ein Depp.

Eine oberflächliche Betrachtung von Regel #15 könnte den Schluss nahelegen, dass wir die Profis über ihre Kleiderordnung belehren wollten. Und, ja, das tun wir tatsächlich.

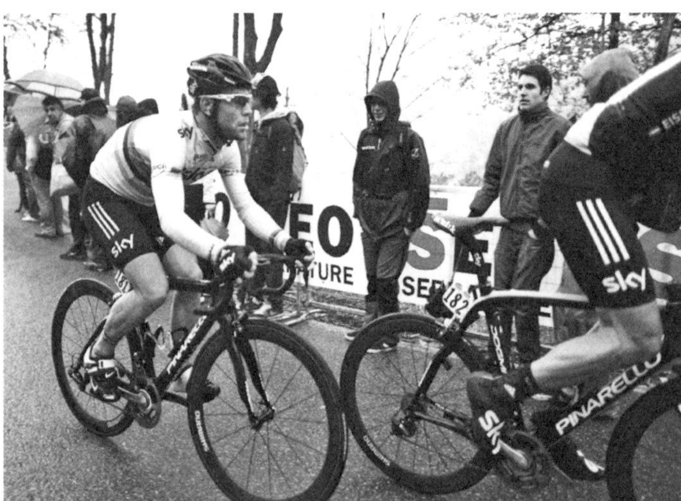

So ist's recht.

So etwas wie eine Leaderhose oder Leadersocken existieren nicht im Wortschatz des Radsports; es gibt nur das Leadertrikot. Die einzige Möglichkeit, solch ein prestigeträchtiges Trikot zu ergänzen, besteht darin, schwarze Radhosen zu tragen – oder Mario Cipollini zu heißen.

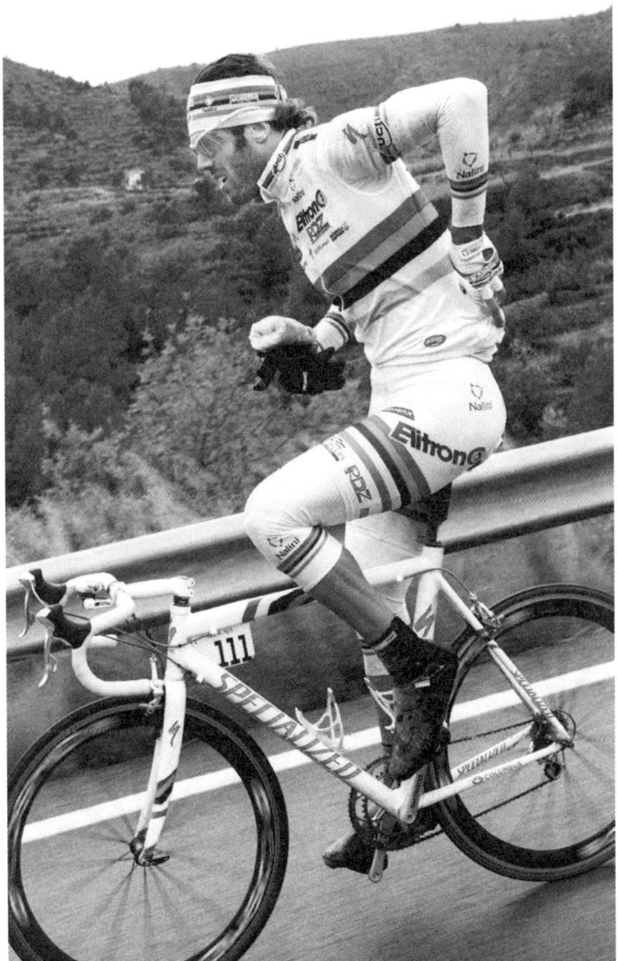

**Normalerweise wäre dieser Aufzug ein Unding.
Nur nicht für Cipo.**

Wenn sie die Ehre haben, ein Führungs- oder Wertungstrikot tragen zu dürfen, neigen Profis dazu, ihre Shorts (und noch mehr) farblich anzupassen, um so die Wirkung des besagten Trikots zu maximieren. Einige behaupten, dass die Italiener exemplarisch für diese Unsitte sind, und mit Mario Cipollini, bekannt als größter Macho im Peloton und fotogenster italienischer Radsportler aller Zeiten, stellen sie ein wahrlich überzeugendes Beispiel. Im Jahr 2002 gewann Super Mario die Straßenweltmeisterschaft und im Jahr darauf war jedes Teil seiner Ausrüstung, vom Helm bis zu den Schuhen, weiß mit Regenbogenstreifen. Normalerweise wäre das ein Problem. Für Mario indes wäre es ein Problem, wenn es für die anderen keins wäre.

Zuvor in der Saison hatte Cipo endlich Mailand–Sanremo gewonnen, und so bedeutete es vermutlich die Krönung seiner Karriere, dass er seinem *Palmarès* nun auch noch den WM-Titel hinzufügen konnte. Die Automobilrennstrecke im belgischen Zolder, auf der die WM stattfand, war mit ihrem flachen Streckenprofil und der breiten Zielgeraden wie gemacht für eine Entscheidung im Massensprint. Die italienische Nationalmannschaft fuhr komplett für Cipo, was an sich schon ein ungewöhnliches Ereignis war, denn die Fahrer der *Squadra Azzura* waren dafür bekannt, dass sie schon öfter mehr gegeneinander als füreinander gearbeitet hatten. Aber in Zolder setzten sie alles auf die Karte Cipo, und es zahlte sich aus.

Als er endlich Weltmeister geworden war, wussten wir, dass er dies zelebrieren würde, wie nur er es konnte: von Kopf bis Fuß komplett in weiß, jeweils verziert mit den Regenbogenstreifen. Groß, gut aussehend, superschnell auf dem Rad und italienisch durch und durch, mit diesen Qualitäten ausgestattet, war Cipo willens und in der Lage, Auftritte hinzulegen, zu denen niemand sonst im Peloton fähig gewesen wäre. Er hat reihenweise Geldbußen in Schweizer Franken berappen müssen, weil er vorsätzlich die Bekleidungsregeln der UCI missachtet hat, die besagen, dass die Fahrer eines Teams nur tragen dürfen, was ihrer offiziellen Teamkleidung entspricht.

Der Prolog einer *Grand Tour* war für Cipo stets eine Gelegenheit, um in Ganzkörper-Anzüge in unverschämten Designs zu schlüpfen. An heißen Tagen hat er die Ärmel seines Trikots abgeschnitten. Er sagte nette Sachen über sein Cannondale-Rad direkt in die Motorradkamera. Was für ein Profi.

Wie also wirkt sich Regel #15 auf uns Nicht-Profis aus? Die Chancen, dass wir mal ein Leadertrikot tragen dürfen, sind natürlich gering. Daher ist deine beste Gelegenheit, dich auf Regel #15 zu berufen, wenn du sorgsam nonchalant in einem Straßencafé in Mailand sitzt und in der *La Gazzetta dello Sport* blätterst. Beim Anblick des Führenden in der Giro-Punktewertung, der von Kopf bis Fuß ins Lilarot der *Maglia Ciclamino* gehüllt ist, murmelst du im Zeter-und-Mordio-Tonfall etwas wie »Madonna, Regel #15 per favore«, wirfst dann achtlos die rosa Zeitung in die Luft, damit der Kellner sie wieder aufheben kann, während du vom Tisch aufstehst und betont lässig die Promenade entlangschlenderst.

REGEL #16 //
RESPEKTIERE DAS TRIKOT

Meister- oder Führungstrikots dürfen nur getragen werden, wenn man besagte Meisterschaft gewonnen hat oder das Rennen tatsächlich anführt.

Ganz gleich, wie gut du glaubst, in so einem Leadertrikot auszusehen: Du siehst auf jeden Fall nicht sonderlich gut aus.

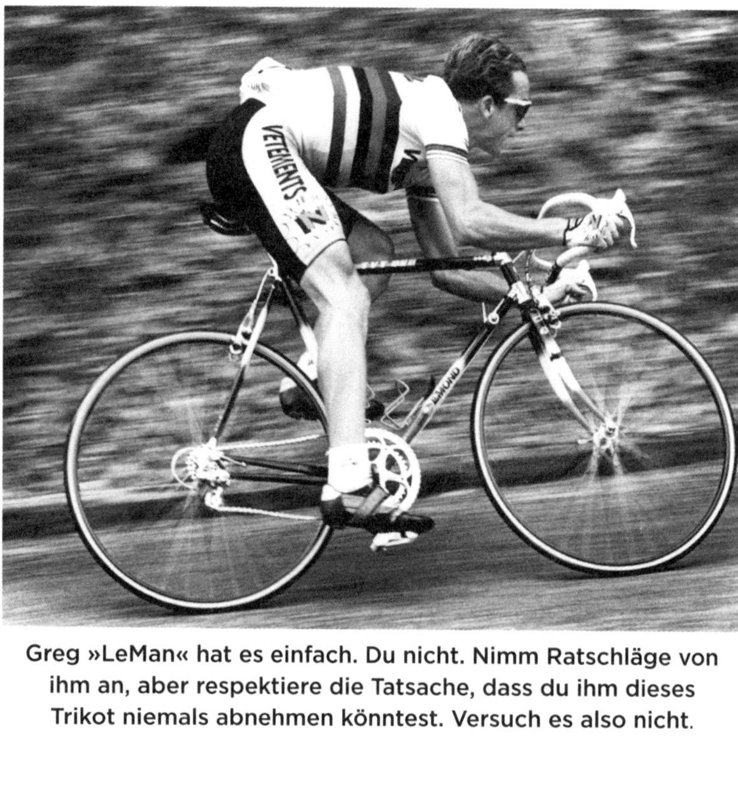

Greg »LeMan« hat es einfach. Du nicht. Nimm Ratschläge von ihm an, aber respektiere die Tatsache, dass du ihm dieses Trikot niemals abnehmen könntest. Versuch es also nicht.

Die begehrtesten Trikots im Radsport überragen jeden der Athleten, die sie getragen haben. Sie repräsentieren die edelsten Eigenschaften im Sport: Hingabe, Können, Durchhaltevermögen, Stärke. Werte, für die wir häufiger eintreten, als dass wir sie tatsächlich erreichen. Eigenschaften, die Italiener treffend als »*Grinta*« bezeichnen und die Franzosen als »*Panache*«. Das *Maillot Jaune* der Tour de France spiegelt diese Ideale auf dem höchsten Niveau wider, nicht allein in unserem Sport, sondern auch darüber hinaus. Das Regenbogentrikot symbolisiert die *Grinta* und das *Panache* des Fahrers, der sein Land siegreich im Kräftemessen der besten Fahrer aller Radsportnationen der Welt repräsentiert hat. Die *Maglia Rosa* wird dem Fahrer überreicht, der sich im Laufe von drei Wochen auf den brutalsten und schönsten Straßen, die der Radsport kennt, als der stärkste erwiesen hat. Der Tupfen-Pulli ist für den Fahrer reserviert, der in den höchsten Bergen dieses Sports am besten klettert.

Möchte man im Kampf um eines dieser Trikots mitmischen, muss man Teil einer kleinen Elite von Athleten sein, einer Clique, die nur wahre Ausnahmetalente aufnimmt. Bei einer *Grand Tour* besteht dieser Kreis aus höchstens zehn und realistischerweise nur aus drei Fahrern. Bei der WM kommen, da es sich um ein Eintagesrennen handelt, womöglich mehr Fahrer in Frage als bei einer *Grand Tour*, was den Konkurrenzkampf nur verschärft. Da diese harte Konkurrenz zudem mit einer Streckenlänge von mehr als 250 Kilometern einhergeht, ist es kein Wunder, dass der Gewinner sein Regenbogentrikot ein ganzes Jahr lang tragen darf und seine Rennkleidung für den Rest seiner Karriere an den Bündchen mit den Weltmeisterstreifen schmücken darf. Um eines dieser Trikots gewinnen zu können, benötigt man eine mysteriöse Kombination aus perfekter Form, einem geeigneten Kurs, einem Team, das einen bedingungslos unterstützt, und oft auch ein bisschen Glück. Außerdem benötigt man große Portionen *Grinta* und *Panache*.

Bei Regel #16 geht es also im Kern um Ehrerbietung. Nimm dir einen Moment Zeit, um dir die Bilder der Fahrer in Erinnerung zu rufen, die im Laufe der Jahre in Meister- und Leadertrikots unterwegs waren. Nun denk an die Namen derjenigen Fahrer, die sich diese Trikots absolut verdient hatten. Die Chancen stehen vermutlich gut, dass du, als Leser dieser herrlichen Lektüre, dabei nicht an dich selbst oder an deinen Namen gedacht hast. (Falls doch, sei bitte so nett und signiere dein Exemplar dieses Buches und schick es an: The Keepers c/o Velominati World Headquarters). Zugegeben, du bringst ordentlich Druck auf die Pedale und beziehst dich bei jeder Gelegenheit auf die V. Vielleicht denkst du sogar manchmal, dass du sprinten kannst wie Cipo, Zeitfahren wie Fabu oder klettern wie *Il Pirata*. Erinnere dich trotzdem daran: Du kannst es nicht. Und selbst wenn du es könntest, heißt das noch lange nicht, dass du es auch im Kräftemessen mit der Weltspitze auf den größten Bühnen des Radsports könntest. Solange du also noch darauf wartest, die Besten der Welt bei der WM zu besiegen, in Gelb die Champs Élysées zu erreichen oder zur unbändigen Freude der Tifosi in Rosa in Mailand einzufahren, hast du absolut kein Recht, eines der Trikots zu tragen, die nahelegen, dass du es geschafft hättest.

In den letzten Jahren wurden einige der Namen, die die heiligsten Kleidungsstücke im Radsport getragen haben, von Skandalen befleckt. Dies hat dazu geführt, dass manche dieser Trikots lange nach dem Ende des Rennens von einem zweifelhaften Champion zum nächsten weitergegeben wurden. Bierselige Debatten über die Verdienste von Fahrer X, Vorfall Y und Testergebnis Z wurden geführt, gewonnen und verloren und blieben doch größtenteils ungelöst. Im Mittelpunkt dieser Diskussionen stehen alle möglichen Vorbehalte und Fehltritte. Um eins klarzustellen: Ein Velominatus kann die Motive eines Fahrers anzweifeln, aber er stellt niemals die Integrität des Trikots in Frage. Die Heiligkeit dieser Trikots und das, was sie repräsentieren, ist so rein wie ein von Hand geschweißter italienischer Rahmen. Der einzige Unterschied ist, dass natürlich auch du gern einen von Hand geschweißten Rahmen fahren darfst.

REGEL #17 // TEAMKLEIDUNG IST FÜR MITGLIEDER DES TEAMS

Im Outfit eines Profiteams herumzufahren, ist ebenfalls eine fragwürdige Praxis, wenn du nicht dafür bezahlt wirst. Wenn du unbedingt meinst, auf dem Rennrad die Farben von Profiteams tragen zu müssen, sollten zumindest alle Kleidungsstücke perfekt zueinander passen. Soll heißen: lieber kein Mapei-Trikot in Kombination mit der Kelme-Hose und den Telekom-Socken.

Zugegebenermaßen ist dies eher eine Richtlinie als eine Regel. Immerhin heißt es oben lediglich »fragwürdig« und nicht »verboten«, und wer von uns hat sich nicht zu irgendeinem Zeitpunkt schon mal ein paar Teamklamotten zugelegt? Genau darin liegt das Problem. Wenn sich ein Rennradfahrer Bekleidung eines Profiteams kauft, geschieht dies üblicherweise in Form eines Trikots und vielleicht einem Paar Socken oder häufig auch einer Radmütze. Ein echtes Bestreben, dass alles von Kopf bis Fuß zueinander passt, auch die Trägerhose und die Arm- und Beinlinge, selbst Handschuhe und Überschuhe, ist hingegen selten zu beobachten. Greif also im Zweifelsfall lieber zu einem anderen, in sich stimmigen Outfit, wenn du mit dem Rennrad aufbrichst - sei es deine V-Montur, deine Vereinskleidung oder irgendein anderes Nicht-Profi-Design.

Eine besondere Ausnahme kann für »Traditions«-Trikots geltend gemacht werden. Gelegentlich ein »La Vie Claire«- oder »Team Z«-Trikot überzustreifen, zeugt von deinem Wissen um die historischen Teams aus den guten alten Zeiten von Hakenpedalen, Sturzringen und schlanken Rundrohren. Wenn du ein solches klassisches Trikot anziehst, sind jedoch diese vier Dinge zu beachten: 1) Falls du keine passende Shorts des betreffenden Teams hast, sollte die Hose schwarz sein. 2) Du solltest darauf vorbereitet sein, Fachdiskussionen über das Team und dessen Fahrer und Erfolge führen zu können. Wenn du nicht weißt, dass Big Mig zwischen '90 und '96 für Banesto gefahren ist und alle seiner fünf Tour-Siege sowie zweimal das Double aus Giro und Tour in diesem Dress geholt hat, solltest du es lieber zu Hause lassen. 3) Ein solches Trikot sollte bevorzugt aus dem Kleiderschrank geholt werden, wenn man sich auf einen klassischen Stahlrenner oder eine andere zeitgenössische Rennmaschine schwingt. 4) Ein Molteni-Trikot überzustreifen, sollte man besser nur wagen, wenn es aus Wolle ist und wenn an diesem Tag *Festum Prophetae* gefeiert wird, der Geburtstag von Eddy Merckx.

REGEL #18 //

WÄHLE DEM ANLASS ANGEMESSENE KLEIDUNG

Keine Baggy-Mode in Form weiter Shorts oder Trikots, wenn du mit dem Rennrad unterwegs bist. Kein Lycra auf dem Mountainbike (es sei denn du startest bei einem XC-Rennen). Skinsuits eignen sich nur für Cyclocross und Zeitfahren.

Sie zählen zu den ganz großen Verfehlungen der modernen Gesellschaft: Allradfahrzeuge oder SUVs, die auf völlig unangemessene Weise eingesetzt werden. Helikoptermamis, die ihre Kinder zur Schule fahren, dann weiter zum Supermarkt eiern, ehe sie sich mit den Mädels zum Mittagessen treffen, dann einen kurzen Flirt mit dem Bademeister vom örtlichen Schwimmbad wagen, bevor sie ihre kleinen Lieblinge wieder von der Montessori-Schule abholen. Das klingt nach einem harten Tag für eine manikürte Frau Anfang vierzig, aber der absolute Mangel an schlammigen Mooren, steilen Rumpelpassagen und Sanddünen macht das große, plumpe Fahrzeug, in dem sie all diese Wege bestreitet, im besten Fall unpraktisch und im schlimmsten Fall sinnlos.

Genau wie SUVs wurden Mountainbikes mit nur einem Einsatzweck im Hinterkopf erfunden: um abseits der Straßen zu fahren. Die frühen Beispiele waren vielleicht nur aufgemöbelte alte Beach-Cruiser oder Flohmarkträder, aber die Pioniere, die sie zusammenbastelten, ließen sich vom Motocross inspirieren und nutzten dicke Reifen mit griffigen Stollen, breite, gerade Lenker, große bequeme Sättel und ineffiziente, schwere Trommelbremsen. Diese ersten MTBs haben vielleicht nicht sehr gut funktioniert, aber ihr Verwendungszweck war unbestritten. Und wenn ihre bärtigen Besitzer mal auf der Straße fahren wollten, benutzten sie halt ihre Rennräder. Entweder oder – einen Mittelweg gab es nicht.

Als sich das Mountainbike weiterentwickelte, fand eine Menge Rennrad-Technologie (wenn man es denn so nennen konnte, denn in der Welt der dünnen Reifen erlebten wir seinerzeit nicht gerade Innovationssprünge) den Weg in den Morast. Wir wollten leichtere Rahmen und Laufräder, damit wir steilere Hügel einfacher erklimmen konnten, ohne dass es zulasten des Vortriebs ging. MTB-Rennen wurde zunächst downhill gefahren, bevor Cross-Country zur dominierenden Wettkampfform wurde. Viele Straßenradsportler schafften den Spagat und wechselten erfolgreich aufs Mountainbike, wobei sie eine überragende Fitness mitbrachten, während ihre Radbeherrschung und Fahrtechnik oft zu wünschen übrig ließ. Sie brachten auch ihre unpraktische Kleidung mit. Lycra-Shorts und leichtgewichtige, eng anliegende Trikots waren perfekt für die Straße, aber wenn man in einem solchen Aufzug in den Morast stürzte, kam man heraus wie eine Pflaume in einer Socke, die man in den Mixer gesteckt hatte.

Angesichts der heute gängigen Allround-Mountainbikes irgendwo zwischen Tourer und Enduro, die darauf abgestimmt sind, jedes Terrain zu meistern, wäre es einfach falsch, wenn ein dürrer Typ mit rasierten Beinen und Pulsuhr sich in einem Lycra-Gewand auf 29-Zoll-Räder setzt. Gib ihm eine weite Shorts und ein locker sitzendes, langärmliges Oberteil, und schon hast du einen Mountainbiker. Handschuhe mit langen Fingern und ein runder, spitz zulaufender Helm gehören heute zur Ästhetik des *Dirt Riders* schlichtweg dazu: Da passt einfach alles zusammen. Und wenn es dich dann unweigerlich mal erwischt und du auf der Hüfte den Trail runterrutschst oder kopfüber ins Unterholz tauchst, kannst du deinen in Lycra gekleideten Vorgängern danken, dass sie dir den ehrenhaften Dienst erweisen haben, sich freiwillig als frühe Crashtest-Dummies gemeldet zu haben. Das war aber auch das mindeste, was sie tun konnten.

REGEL #19 //
STELL DICH VOR

Wenn es sich ergibt und du es für angebracht hältst, dich abseits einer offenen Radveranstaltung einer Gruppe von Rennradfahrern anzuschließen, bei denen es sich nicht um Freunde oder Bekannte von dir handelt, ist es üblich und höflich, wenn du die anderen darauf aufmerksam machst. Soll heißen: Stell dich vor und frag, ob es okay ist, wenn du dich einklinkst. Wenn du von einer Gruppe eingeholt wirst, warte auf eine entsprechende Einladung, stell dich vor oder lass sie ziehen. Fahrer, die sich einfach still und heimlich anschließen, gelten als ungehobelte Idioten und absolut un-V. Andererseits ist ein Fahrer, der sich einer Gruppe wortreich anschließt und seine Klappe gar nicht mehr halten kann, auch nicht besser und sollte nach Möglichkeit bei erstbester Gelegenheit abgehängt werden.

Stell dir für einen Moment folgende Situation vor: Es ist der Geburtstag deines Vaters und du hast mit deiner Familie ein kleines Festessen in einem netten Restaurant arrangiert. Nichts Übertriebenes, nichts Extravagantes, einfach nur gutes Essen zu vernünftigen Preisen in einer netten Atmosphäre. Du warst schon mal da, die Bediensteten kennen dich und im Laufe des Abends triffst du auch ein paar Freunde und Kollegen, die zufällig auch an diesem Tag die Annehmlichkeiten des Hauses genießen. Die Geräuschkulisse im Saal ist nicht zu laut, man kann sich schön unterhalten, ohne in gedämpftem Tonfall sprechen zu müssen. Kurzum, es geht gesittet zu.

Und ebenso verhältst auch du dich. Während der Vorspeise bemerkst du, dass ein Gast ohne Begleitung die Räumlichkeiten betritt. Du nimmst nicht weiter Notiz davon und genießt weiterhin dein Essen. Der Wein fließt, alle sind entspannt und erfreuen sich eines netten Abends. Du entschuldigst dich und stehst auf, um kurz zur Toilette zu gehen. Bei deiner Rückkehr bist du überrascht oder vielmehr sogar geschockt, zu sehen, dass der einsame Typ, der dir eben aufgefallen war, sich einen Stuhl an euren Tisch herangerückt hat. Jetzt sitzt er direkt neben deinem Platz, schlingt sein Essen herunter und bedient sich einfach so bei eurer Flasche Merlot. Deine ganze Familie sitzt in fassungsloser Stille da, keiner weiß, wo er hinschauen oder was er sagen soll. Du fragst deinen Vater, ob er den Eindringling kennt, aber er verneint. Die anderen erzählen dir, der Typ habe sich einfach hingesetzt und angefangen zu essen und zu trinken, ohne ein Wort zu sagen. Du bittest ihn höflich, euren Tisch zu verlassen, und schon ist er verschwunden, genauso wortlos, wie er gekommen war.

Es ist eher unwahrscheinlich, dass so etwas jemals passieren würde, oder? Und du wärst sicherlich nicht der Typ, der sich ungefragt inmitten einer wildfremden Tischgesellschaft niederlassen und sich wie zu Hause fühlen würde. Warum also ist es so, dass einige Radfahrer denken, dass es völlig in Ordnung wäre, ungefragt vom reich gedeckten Radsport-Menü zu stibitzen, indem man sich mit Selbstbedienungsmentalität einfach so der gemeinsamen Ausfahrt einer wildfremden Gruppe anschließt oder ans Hinterrad eines anderen Fahrers klemmt?

Wir sind keine Wilden, und wenn du mal allein mit dem Rennrad unterwegs bist, als Solist im frontalen Gegenwind leidest und dann auf eine fremde Gruppe triffst, die gegen dieselben Böen ankämpft, sollten beide Parteien bereit sein, einander zu helfen. Die Gruppe wird einen zusätzlichen Helfer gut gebrauchen können und der bis dahin auf sich allein gestellte Fahrer kann sich von seinem einsamen Leiden erholen. Entweder lädt die Gruppe ihn kurzerhand ein, sich ihnen anzuschließen, oder er sagt hallo und fragt freundlich, ob er sich einklinken darf. Das ist es, was uns von Soziopathen und Hooligans unterscheidet.

REGEL #21 //

SCHLECHTWETTERKLEIDUNG IST FÜR SCHLECHTES WETTER

Dreiviertelhose, Weste, Armlinge, Überschuhe und eine Mütze unter dem Helm können dich wie eine echte Kämpfernatur aussehen lassen. Sofern denn das Wetter ihre Verwendung rechtfertigt.

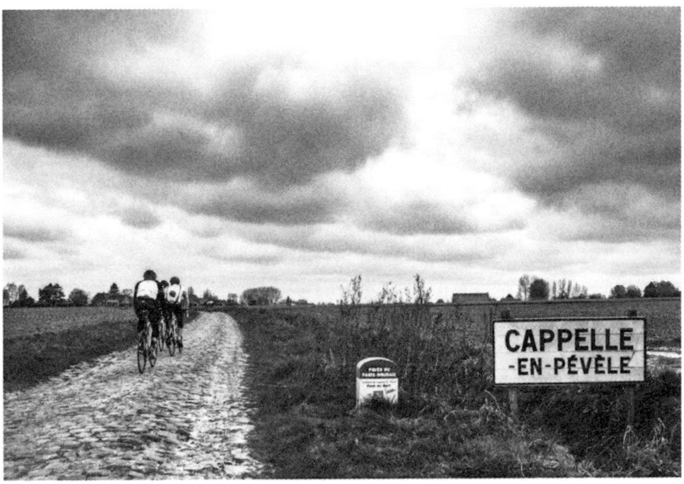

Dunkle Wolken ragen drohend über dem *Pavé* von Paris-Roubaix auf.

> »Die Sache mit der Kälte ist, dass man nie sagen kann, wie kalt es ist, indem man aus dem Küchenfenster schaut. Du musst dich umziehen, raus aufs Rad und wenn du zurückkommst, dann weißt du, wie kalt es ist.«
>
> Sean Kelly

Rennradfahren ist im Wesentlichen eine Übung in Minimalismus. Wir suchen immer nach Wegen, um unsere Räder vielleicht ein paar

Gramm leichter zu machen und uns selbst von unnötiger Rüstung zu befreien. Wir achten sorgsam darauf, nur die Kalorien zu ersetzen, die wir tatsächlich verbrannt haben, damit wir demnächst etwas schneller den Berg raufkommen. Wir nehmen nur das mit, was wir brauchen, um unterwegs die gängigen Pannen beheben zu können, und fragen uns dennoch oft, ob selbst das wirklich notwendig ist. Es ist also naheliegend, dass wir nicht in unserer flämischen Ausgehuniform beim Start einer Schönwetterausfahrt erscheinen.

Die Auswahl der geeigneten Radsportbekleidung kann ganz schön knifflig sein, besonders in der Übergangszeit oder an Tagen mit heftigen Temperaturschwankungen. Aus diesen Gründen wurde Schlechtwetterausrüstung entwickelt, die einen vielseitiger macht. Arm- und Knielinge lassen sich jederzeit leicht ausziehen und in der Trikottasche verstauen, wenn die Straßen abtrocknen und die Temperaturen steigen. Eine hochwertige Regenjacke lässt sich sowohl bei strömendem Regen als auch bei beißendem Wind einsetzen. Aber vielleicht ist das nützlichste Stück im Mistwetter-Outfit des Velominatus eine perfekt sitzende Radweste.

Eine solche Weste ist von unüberschätzbarem Wert. Ihre Hauptfunktion besteht darin, den Rumpf des Radfahrers warm zu halten, indem man eine dünne Membran übers Trikot zieht, die die Wärme speichert und den Wind abhält. Im praktischen Einsatz jedoch leistet sie noch weit mehr als das und dient auch als wasserabweisende Isolationsschicht. Wenn man versehentlich irgendein Teil aus seiner Schlechtwetter-Tasche vergessen hat, sollte man inständig hoffen, dass es nicht die Weste ist. Als zusätzlicher Rat sollte an dieser Stelle ergänzt werden, dass man – in Erwartung, dass einem von der Bewegung schon bald wärmer wird – auf den ersten Kilometern ruhig leicht frieren sollte. Ja, es kann verlockend sein, in voller Profi-Montur loszufahren, samt der warmen Knie- und Armlinge, aber wenn du das tust, solltest du ernsthaft tiefgrauen Himmel, nasse Straßen und vielleicht etwas Schlamm, Wind und Schnee erwarten.

REGEL #22 // RADMÜTZEN SIND FÜRS RADFAHREN

Radmützen können gern unter dem Helm getragen werden, aber trage so ein Exemplar niemals, wenn du nicht fährst, völlig gleich, wie hip du auch glaubst, damit auszusehen. Denn tatsächlich lässt es einen wie einen Deppen aussehen und sollte mit Schimpf, Schande und öffentlichem Auspeitschen gemaßregelt werden. Die einzige Zeit, in der es akzeptabel ist, eine Radmütze zu tragen, ist, während man direkt Radsportaktiväten nachkommt und seine komplette Radsportmontur trägt. Dies umfasst auch Aktivitäten, die unmittelbar vor und nach der Ausfahrt stattfinden, wie z.B. die letzte Feinabstimmung des Rades und das Nachpumpen der Reifen. Ebenfalls enthalten sind Café-Besuche für den schnellen Espresso vor der Fahrt und der anschließende Abstecher in die Kneipe für das gemeinsame Regenerationsbier (vorausgesetzt, die Kneipe besitzt einen Biergarten oder eine sonnige Terrasse – verzichte lieber darauf, in deiner Radsport-Aufmachung in eine Kneipe reinzumarschieren, oder du riskierst, von der in Leder gehüllten Damenriege des örtlichen Motorradclubs zeremoniell vermöbelt zu werden).

Unter diesen Umständen ist es mehr oder minder angesagt oder sogar unerlässlich, frech seine Mütze auf dem Schädel zu tragen. Für alle guten Dinge gilt jedoch, dass man sie mit dem richtigen Maß tun sollte, und deshalb ist es entscheidend, dass wir Vernunft und guten Geschmack walten lassen: Solange der erste Schluck des betreffenden koffein- oder hopfenhaltigen Getränks genossen wird und noch Schweißperlen, Schnee oder Regen auf der Stirn sichtbar sind, ist es legitim, die Mütze aufzubehalten. Wenn jedoch alles, was in den zum Kopf gehörigen Furchen noch an die Fahrt erinnert, getrocknetes

Salz ist, wäre es höchste Zeit, zu duschen und in geeignete Après-Tour-Kleidung zu schlüpfen. Ein hübsches T.I. Raleigh-Strickoberteil Jahrgang '73 kommt einem da in den Sinn.

Vielleicht ist kein anderes Accessoire in der Ausrüstung des Radsportlers für Nichteingeweihte besser als solches erkennbar als die Radmütze. Eine solche Kappe verkörpert den Velominatus ebenso sehr wie es rasierte Beine, Lycra und messerscharfe Bräunungskanten tun. Klassische Baumwollmützen mit kurzem Schirm sind elegant, und obschon sie ursprünglich zumeist allein auf dem Schädel getragen wurden, passen sie auch problemlos unter den Helm. Die Radmütze war lange Zeit die bevorzugte Kopfbedeckung, um seinen Team-Sponsor bei der Siegerehrung auf dem Podium zu repräsentieren, während man mit ihr gleichzeitig auch eine gute Figur abgibt, was das Publikum und vielleicht ein oder zwei Podium-Mädchen interessieren könnte. Obwohl es nicht ratsam ist, beim Radfahren eine Mütze ohne Helm darüber zu tragen, ist dies seit Ewigkeiten ein gewohnter Anblick bei winterlichen Trainingsausfahrten.

Sobald der angehende Velominatus versucht, das Tragen einer Radmütze in Situationen zu rechtfertigen, in denen er nicht mit Aktivitäten im Zusammenhang mit dem Radfahren beschäftigt ist, wagt er sich auf glatteres Terrain. Es gibt eine Menge Ausreden und Vorwände, warum solche Mützen auch abseits des Rades aufgesetzt werden. Sie sind eine einfache Möglichkeit, sich mit Stolz als Radsportler zu erkennen zu geben. Sie können kostengünstig hergestellt werden, so dass sie leicht zu sammeln sind. Trikots hingegen würden schnell ein ganz schönes Loch ins Portmonee reißen, wenn man es mit der Sammelleidenschaft übertreibt. Wer jederzeit auf einen reichen Fundus an aktuellen und historischen Team-Mützen zurückgreifen kann, demonstriert damit sein großes Wissen um den Radsport und den nicht minder großen Respekt, den er vor ihm hat. Es versteht sich von selbst, dass es bei radsportfremden Aktivitäten verboten ist, ein Radtrikot oder – Merckx bewahre – eine gepolsterte Trägerhose zu tragen, aber dennoch mag der eine oder andere sich wundern, was denn so schlimm daran ist, bei solchen Anlässen eine Radmütze auf dem Kopf zu haben. Angesichts so vieler offenbar plausibler Gründe, eine Radmütze aufzusetzen, während man gerade

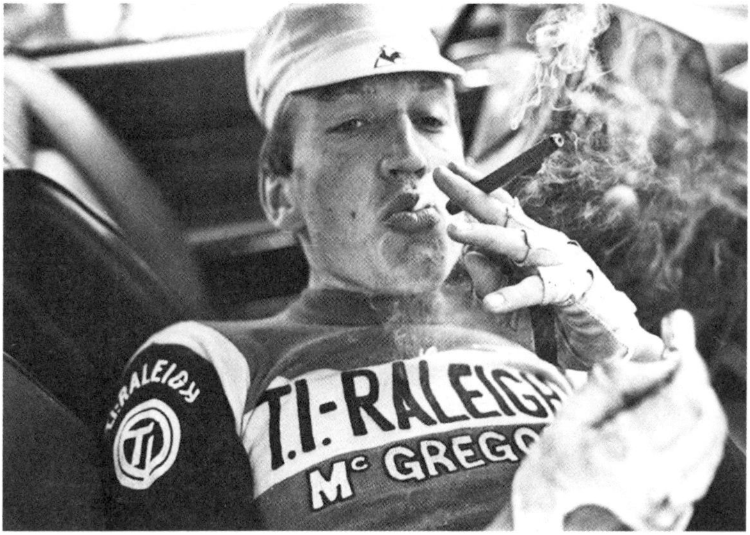

Während die Zigarre mittlerweile vielleicht verpönt ist, ist das Tragen einer Radmütze in diesem Fall unerlässlich.

nicht mit Radfahren befasst ist, erscheint es beinahe absurd, dass es dazu eine Regel gibt.

Zu den Schwierigkeiten bezüglich der Einhaltung von Regel #22 tragen zwei weitere Aspekte bei. Beunruhigenderweise scheinen ausgerechnet Profis vermehrt dazu überzugehen, die Radmütze gegen Baseballcaps auszutauschen. Die bei der Einschreibkontrolle und der Siegerehrung auf dem Podium einst unerlässliche Teammütze wird zunehmend durch etwas ersetzt, was nichts weiter ist als eine langschnäblige Abscheulichkeit im NASCAR-Stil.

Zudem sind gerade Hipster und andere spätberufene Radsport-Greenhorns immer schnell dabei, sich die Radmütze als Accessoire anzueignen, um im Rahmen ihres Coming-outs alle Welt über ihr neues Leben als Rennradbesitzer in Kenntnis zu setzen. Solche Leute stülpen sich gern mal eine Molteni-Kappe aufs Haupt, ohne eine Ahnung davon zu haben, wer der Prophet ist, oder auch nur latent daran interessiert zu sein, Regel #9 genüge zu tun. Allein aus diesen beiden Gründen ist es wichtig, dass die Radmütze von den

Velominati zurückerobert wird und wieder ihre rechtmäßige Bedeutung in der Ästhetik und Tradition des Radsports erhält.

Auch hier gilt, dass der Reiz des Ungehorsams gegenüber Regel #22 ein Test deiner Überzeugung ist, wirklich das Leben eines Radsportjüngers führen zu wollen. Wenn du dich jedoch entscheidest, diese Regel mutwillig zu brechen, soll dich das Schicksal mit Empörung strafen. Bade im Licht all jener, die ohne Scham und Reue ihre 7-Eleven-, Peugeot- oder Telekom-Mützen in Cafés und Kneipen auf der ganzen Welt getragen haben.

Wie jeder Ketzer, der dem Konformismus keck ins Gesicht spuckt, solltest du dein Bestes tun, die Herzen und Köpfe all der Schafe zu gewinnen, die nie etwas in Frage stellen und blindlings folgen. Wenn die Radmütze auf dem Schädel nun mal dein Kreuz ist, das du tragen musst, ist es auch an dir, dieses Recht für all jene zurückzuerlangen, die vor uns gegangen sind und nach uns kommen werden.

REGEL #23 //

NASE AM VORBAU ERST BEI FLUCHTGESCHWINDIGKEIT

Die geduckte Aero-Position mit der Nase am Vorbau solltest du erst benutzen, wenn du die große Mühle voll ausgefahren hast. Es sind deine Beine, die dich schnell fahren lassen, und alle Versuche, deinen fetten Hintern aus dem Wind zu halten, bringen dir lediglich, dass du nach Erreichen der Fluchtgeschwindigkeit nicht unnötig schnell wieder an Tempo einbüßt. Daher sollte die Hocke nur verwendet werden, um zu verhindern, dass du langsamer wirst, wenn deine Beine alles aus der verfügbaren Übersetzung herausgepresst haben. Sich bei der Abfahrt vorzeitig über den Lenker zu legen, ist das genaue Gegenteil von sorgsamer Nonchalance. Für weitere Einzelheiten zur richtigen Abfahrtstechnik siehe die Regeln #64 und #85.

Die aerodynamische Hocke ist das Markenzeichen des sorgsam nonchalanten Radrennfahrers. Sean Yates, der seine Schultern über den Lenker beugte, derweil sein Kinn fast auf seinem Vorderreifen ruhte. Paolo Bettini, der sich mit seiner gesamten kleinen Statur zwischen Sattel und Oberrohr kauerte. Greg LeMond, der sein Hinterteil keck hinter seinem Sattel hochstreckte und seine Schultern so niedrig wie möglich hielt. Dies sind einige der großartigsten Demonstrationen tollkühnen Trotzes in der Welt des Radsports: Ein Rennfahrer hat sich und sein Rad so weit beschleunigt, dass die Pedale nutzlos werden, und doch setzt er weiterhin alles daran, noch schneller zu werden.

Es gibt jedoch einige unter uns, die glauben, dass die Aero-Hocke immer und überall ein nützliches Instrument wäre, sobald die Straße nur bergabführt. Aber das stimmt nicht: Die Aero-Hocke ist eine tolle Möglichkeit, schnell zu fahren, wenn sich aus Kettenblättern und Ritzeln nicht mehr Geschwindigkeit herauspressen lässt. Sich aber über den Vorbau zu kauern, wenn man noch in die Pedale treten kann, ist nur eine tolle Möglichkeit, wie ein Idiot auszusehen. All denjenigen, die sich für dieses abseitige Fachgebiet interessieren, empfehlen wir Ein- und Liegeräder.

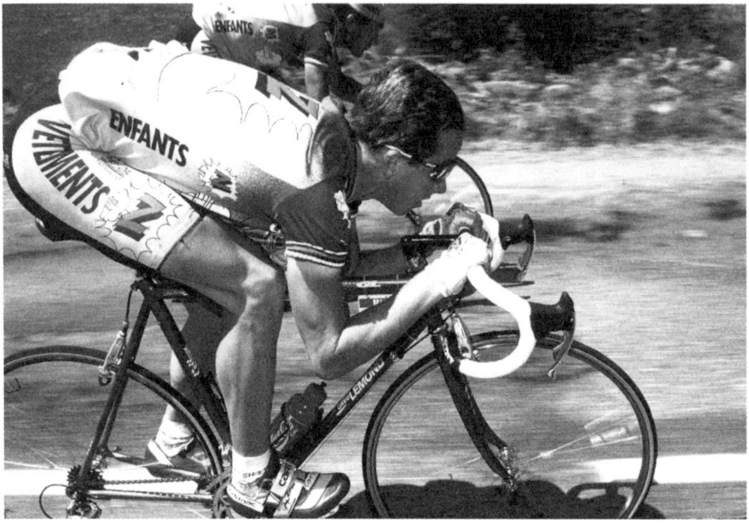

Beachte die Position von LeMonds Kette. *Allez le Douze*.

REGEL #27 //

HOSEN UND SOCKEN

SOLLTEN DIE PERFEKTE LÄNGE HABEN

Nicht zu lang und nicht zu kurz. (Disclaimer: Trotz seiner furchtbaren Geschmacksverirrung bei der Wahl seiner Hosenlänge ist Sean Yates eine der zentralen Figuren unter den Kämpfernaturen des Radsports und wird von den Velominati zutiefst bewundert. Währenddessen waren Lance Armstrongs Hosen- und Sockenlänge einfach völlig daneben.) Keine Socken zu tragen, geht gar nicht, und dasselbe gilt für diese knöchellangen Kurzsocken, die allein von Tennisspielerinnen getragen werden sollten.

Es ist in ein schmaler Grat zwischen fantastisch aussehen und idiotisch aussehen. Was das Rennradfahren betrifft, dürfen Socken und Hosenbeine nicht zu lang und nicht zu kurz sein. Das Goldlöckchen-Prinzip. Eine Ausnahme gilt für Bahnradsportler, die aus irgendeinem Grund auch ohne Socken antreten dürfen, aber alle anderen sollten sich bei der Sockenwahl an einer Länge von fünf bis zwölf Zentimetern orientieren, gemessen vom Knöchel bis zum Bündchen.

Radhosen gibt es nur in zwei Längen: für Männer und für Frauen. Die Beine weiblicher Radsportler sehen fantastisch aus und folglich ist es unnötig, sie mit mehr Lycra zu bedecken. Herren der Schöpfung hingegen sollten, sofern ihr Name nicht mit Thomas anfängt und mit Voeckler endet, nicht der Versuchung erlegen, in eine Trägerhose für Damen zu steigen, um etwas mehr Oberschenkel zu zeigen. Und wo wir gerade dabei sind und noch mal genau darüber nachdenken: Auch wenn dein Name Tommy V ist, solltest du aufhören, Frauenhosen zu tragen.

Die Frage der Socken, insbesondere wenn es sich um Knöchelsocken oder viel zu lange Socken handelt, sollte man nicht auf die leichte Schulter nehmen. Armstrong hat mit diesem Unfug angefangen, weil er es mochte, Traditionen zu brechen. Nun, eine Tradition aufzukündigen, ist ja schön und gut, wenn etwas Besseres dabei herauskommt, aber was er zu bieten hatte, waren leider viel zu lange schwarze Socken (siehe Regel #28).

Seine Hosen andererseits hatten Glück, dass man sie überhaupt noch als Shorts bezeichnen konnte, dermaßen lang fielen die Teile aus. Sie sahen eher aus wie etwas kürzere Bermudas. Wie dem auch sei, es war auf jeden Fall völlig inakzeptabel. Sie waren ein visueller Affront gegen die Geschütze des Radsportlers als solche. Wir schuften so hart, um sie zu vervollkommnen, warum also sollte man sie dann derart verhüllen?

Die Länge von Radhosen und -socken sollte auf die Beine des jeweiligen Fahrers abgestimmt sein. Die Beine sind das zentrale Werkzeug unserer Zunft, und wenn sie nicht gut aussehen (siehe Regel #33), hast du ein Problem. Regel #27 soll sicherstellen, dass deine Geschütze optisch bestmöglich zur Geltung kommen.

Wiggins und Armstrong sind zwei in vieler Hinsicht gegensätzliche Fahrer, aber sie haben dasselbe Problem mit der Länge. Beide bevorzugen viel zu lange Socken, aber Wiggos Socken waren zumindest nicht immer schwarz. Wir spielen schließlich kein Basketball. Baumwollstrümpfe dürfen also gern unterm Korb bleiben. Der obere Abschluss der Socken sollte sich direkt ober- oder unterhalb des schmalsten Punktes zwischen Sprunggelenk und Wade befinden. Um es deutlich zu sagen: Socken sollten niemals bis in die Nähe der Wadenmuskeln reichen. Wenn du kurze, stummlige Beine hast, solltest du deine Radhosen und -socken so kurz wie möglich wählen; schließlich möchtest du nicht, dass deine Geschütze noch kürzer und stummliger aussehen, weil du von ihnen mehr als nötig abdeckst. Wenn du lange, schlanke Beine hast, dann kann ein klein wenig zusätzliche Hosen- und Sockenlänge eine gute Idee sein, damit sie weniger wie die Gräten von Boom aussehen. Wiggo ist das perfekte Beispiel, wie man es nicht macht. Folge bloß nicht seinem Exempel.

Wenn du dir gern ein paar Beispiele ansehen würdest, wie man es richtig macht, ist das nicht schwer: Schau dir einfach einen beliebigen Fahrer aus der Ära bis Miguel Induráin an: braun gebrannte, rasierte Beine, Socken nicht zu lang und niemals zu kurz, die Hose genau passend in der Länge.

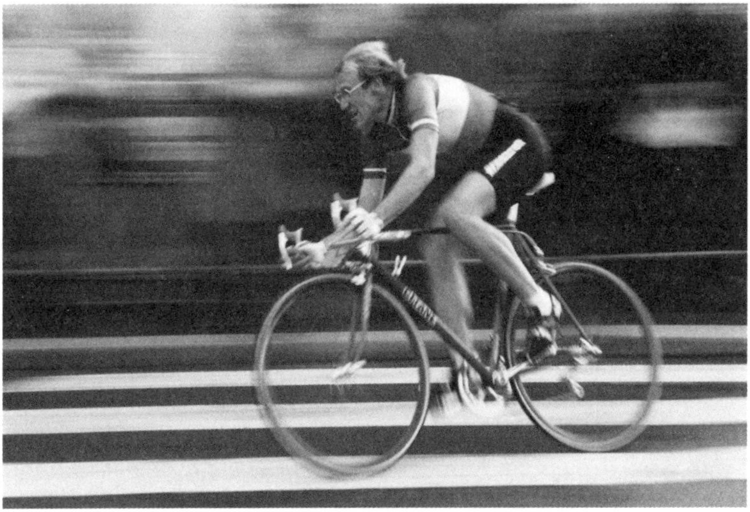

Le Professeur erklärt Regel #27.

REGEL #28 // SOCKEN KÖNNEN JEDE VERDAMMTE FARBE HABEN, DIE DIR GEFÄLLT

Weiß ist zeitlos schön. Schwarz ist auch ganz schick, bekam aber ein mieses Image durch einen Texaner, dessen Socken viel zu lang waren. Wenn du meinst, du müsstest bunte Socken tragen, dann achte darauf, dass sie farblich verdammt gut mit deiner übrigen Montur harmonieren.

Und mit »jede Farbe« meinen wir weiß. In einer perfekten Welt wären schöne italienische, aus einem Mischgewebe von Wolle und Seide hergestellte Radsportsocken immer noch leicht verfügbar. Sie wären komplett weiß, vielleicht höchstens mit einem hübschen farbigen Streifen am Bund versehen. Aber was Radsportsocken betrifft, leben wir heute in finsteren Zeiten. Die Welt wird später einmal auf diese Ära zurückblicken und sich wundern, wie wir das überlebt haben.

Ist ein kahl rasierter Schädel besser als ein Vokuhila? Ist ein grässlicher, klobiger, bartenartiger Ostblock-Schnauzbart besser als der allgegenwärtige Goatee? Wer kann das schon sagen? Seit wann gilt es als akzeptabel, schon auf dem Flughafen mit einem in die designierte Position gebrachten Nackenstützkissen herumzulaufen? Die Sache ist einfach die, dass die Menschheit ihr Gefühl für Stil verloren hat. Was das mit Regel #28 zu tun hat? Nicht viel, außer den »finstere Zeiten«-Aspekt.

Man findet heute einfach keine schönen komplett weißen Radsportsocken mehr, also ist das Beste, worauf man hoffen kann, ein Paar weitgehend weiße Radsportsocken. Graue Socken, gelbe Socken, rosa Socken: Klar, Socken können jede verdammte Farbe haben, die dir gefällt, aber man sollte sich doch am Riemen reißen. Weiß ist die naheliegende Wahl für den Velominatus.

Zimperliche Typen argumentieren gerne, dass bei Nässe und Dreck nur nicht-weiße Socken akzeptabel wären, da sie sonst unterwegs schmutzig und schmuddelig würden. Natürlich ist das Unfug. Gehen Cricket-Spieler etwa schon in einer grasfleckigen Montur auf den Platz? Nein, man sieht picobello aus, wenn man eine Ausfahrt beginnt, und es gibt keine Entschuldigung, es jemals anders zu halten. Wenn die Klamotten hinterher pechschwarz oder völlig verdreckt sind, ist das auch toll, da Regel #9 erfolgreich in die Tat umgesetzt wurde. Aber man fährt nicht schon mit schwarzen Socken oder einem dreckigen Trikot los, nur weil das Wetter unterwegs eklig werden wird. Auch Regel #9-Ausfahrten mit Überschuhen, bei denen die Socken komplett verdeckt sind, können nach hinten losgehen. Komplett verdeckt mögen sie ja sein, aber doch nur, bis das Personal in der Notaufnahme deine Überschuhe mit einer Riesenschere auftrennt. Dann stellen sie fest, dass da etwas nicht stimmt bei ihrem neusten Opfer. »Sieh mal, was wir hier haben, der kleine Herr Radprofi ist vom Sattel gefallen. Jetzt liegt er in der Notaufnahme und wir alle kennen sein schmutziges kleines Geheimnis. Er fährt mit Überschuhen, damit keiner seine schwarzen Socken sieht.«

Es lassen sich dieselben visuellen Hilfsmittel heranziehen wie bei Regel #27. Schau dir Induráin, Merckx, Coppi, Kelly an. Jeder einzelne dieser Fahrer hatte beim Radfahren weiße Socken an. Keiner von ihnen trug rote Socken an Trainingstagen oder graue Socken, wenn es schneite, oder blaue Socken, wenn er einen »Meine Fresse, sieht mein Arsch heute fett aus«-Tag hatte.

Diese Regel gilt nur für den Straßenradsport. Niemand schert sich darum, was man auf einem Mountainbike oder Cyclocross-Rad trägt.

REGEL #31 //

ERSATZSCHLAUCH, MULTI-TOOL UND FLICKZEUG GEHÖREN IN DIE TRIKOTTASCHE

Wenn es sich absolut nicht vermeiden lässt, kann man diese Sachen auch in eine umgewidmete Trinkflasche stopfen, die man dann in einen der Halter am Rahmen steckt.

Regel #31 lässt sich so interpretieren, dass sie gewissermaßen die Lücke schließt, die Regel #29 gelassen hat. Denn nur weil du keine Satteltasche hast, solltest du nicht denken, dass es okay wäre, dir eine Lenker- oder eine Rahmentasche zu kaufen oder sogar – Merckx bewahre – beim Rennradfahren irgendeine Art von Rucksack zu tragen. Das Hilfsmittel zur Umgehung von Regel #29 ist selbstredend das umgewidmete Bidon. Eine alte Trinkflasche vollgestopft mit Utensilien für Reifenreparaturen und andere Selbsthilfe-Aktionen am Straßenrand kann ein recht eleganter Problemlöser sein, um dem Ausbeulen überfüllter Trikottaschen vorzubeugen. Aber Vorsicht – damit einher geht die Gefahr, dass man unterwegs womöglich dehydriert und auch nicht mehr ganz so unabhängig und selbstständig ist. Wahrscheinlich ist dies also am besten für kürzere Ausfahrten und solche mit reichlich Gelegenheit zum Wassernachfüllen geeignet.

REGEL #32 // HÖCKER SIND FÜR KAMELE: KEINE TRINKRUCKSÄCKE

Trinkrucksäcke sollten niemals am Körper eines Straßenradsportlers zu sehen sein. In dieser Frage gibt es kein Wenn und Aber. Fürs Mountainbike und für längere Touren über Schotterpisten und Feldwege sind sie aber völlig in Ordnung.

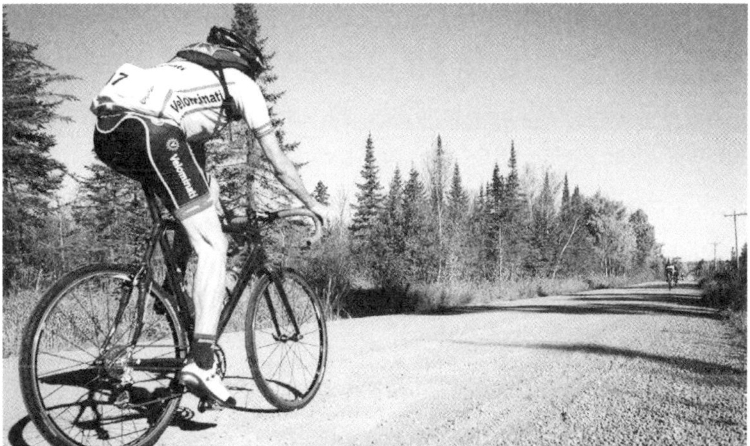

Marko schließt die Lücke zur Spitzengruppe beim Heck of the North 2012. Das Ganze spielt sich auf den *Strade Bianche* von Minnesota ab, es spricht also nichts gegen ein Camelbak.

Obschon bereits in den einleitenden Worten jegliches Wenn und Aber ausdrücklich ausgeschlossen wurde, wollen manche Fahrer doch diskutieren. Zumindest einer, den ich kenne. Und ich weiß nicht einmal, ob dieser Serienmissachter der Regeln (und in der Tat eine ihrer zentralen Inspirationen) dieser gefährlichen Praxis noch immer frönt. Vielleicht hat er sich gebessert, sich inzwischen das richtige Outfit gekauft und den hässlichen Höcker entsorgt. Wir können nur hoffen.

Man kann einem Menschen eine Sache nicht unendlich oft verklickern, bevor es anfängt, einen zu langweilen, auch wenn es so scheint, als würden die betreffenden Personen dem Ganzen niemals überdrüssig. Ihr anhaltender Widerstand kann dich mürbe machen, und irgendwann wirst du ihren Fall notgedrungen als »nicht zu knacken« und »aussichtslos« zu den Akten legen. Aber wie ein kleiner unverbesserlicher Strauchdieb, der seit Ewigkeiten immer wieder vor Gericht und im Gefängnis landet, kann es auch der Serienmissachter einfach nicht lassen: Immer wieder taucht er zu gemeinsamen Ausfahrten auf, um dir praktisch mit dem Corpus Delicti direkt vor der Nase herumzufuchteln, weil er alle Warnungen, die gegen ihn ausgesprochen werden, irgendwie nicht wahrzunehmen scheint.

Ihre Gründe sind wohlbekannt und allzu oft basieren sie auf Pragmatismus. Aber wir sind doch nicht Radsportler geworden, um pragmatisch zu sein. Also kann man alle etwaigen Sorgen, die man sich über den Wassernachschub macht oder über die Notwendigkeit, zusätzliche Verpflegung, Kleidung und genug Werkzeug mitzuschleppen, um sein Rad bei Bedarf am Straßenrand komplett auseinander- und wieder zusammenzubauen, besser gleich ganz nach unten packen. Irgendwo unter das zerquetschte Marmeladenbrot mit Honig und das Innenlagerwerkzeug, das mit Klebeband an einem 12-Zoll-Schraubenschlüssel befestigt ist.

Selbst die Tatsache, dass du mitten im australischen Sommer unterwegs bist und 40 Grad im Schatten herrschen, wenn es denn welchen geben würde, ist irrelevant – fülle einfach immer wieder deine zwei kleinen Bidons auf. So siehst du wenigstens halbwegs seriös aus, wenn du dich mit noch 35 Kilometern vor der Brust in ein salziges, schreiendes, sich am Straßenrand windendes Häufchen Elend verwandelst. Es ist die Sache wert.

Wenn du mit dem Mountainbike oder auf einer abgelegenen Schotterstrecke unterwegs bist, kannst du natürlich alles ignorieren, was bisher zu dieser Frage gesagt wurde. Es ist klar, dass du dann einen Camelbak auf dem Rücken brauchst. Damit du Pfeil und Bogen oder eine Keule mitschleppen kannst, um deine nächste Mahlzeit zu erlegen. Nicht für zusätzliches Wasser.

REGEL #33 // RASIERE DEINE GESCHÜTZE

Die Beine sollten jederzeit sorgfältig rasiert sein. Wenn du einmal, aus welchen Gründen auch immer, den Beinpelz ein wenig hast sprießen lassen, sei darauf vorbereitet, dass du entweder in der Lage sein musst, den ordnungsgemäß rasierten Fahrern in der Gruppe massenweise Schmerzen zu servieren, oder aber für einen bekloppten Hippie auf dem Weg zur Critical Mass gehalten wirst. Ganz gleich, ob du zur Enthaarung deiner Beine ein Rasier- oder Kampfmesser benutzt, solltest du hinterher ein gutes Aftershave-Balsam auftragen, um sie geschmeidig zu halten.

Bitte einen beliebigen Nicht-Velominatus, die Assoziationen aufzuzählen, die ihm zum Begriff »Radsportler« einfallen, und eine Antwort wird ganz bestimmt »rasierte Beine« lauten. Immerhin sind rasierte Beine eines der drei verräterischen, untrüglichen Merkmale unserer Zunft (die beiden anderen sind messerscharfe Bräunungskanten und Körperdysmorphie). Für die frischgebackene Velominata ist es in der Regel längst eine Gewohnheit, die Beine zu enthaaren, aber für männliche Rennradfahrer ist das erstmalige Rasieren der Geschütze ein Übergangsritus bei ihrer Verwandlung in einen Jünger des Radsports.

Die Ursprünge, dass Rennradfahrer sich die Beine rasieren, reichen bis weit in die Geschichte unseres schönen Sports zurück, so viel ist sicher. Was nicht ganz so eindeutig ist, ist der Grund für dieses Ritual. Manche sagen, es gehe darum, die Aerodynamik zu verbessern. Andere behaupten, dass die Fahrer begonnen haben, ihre Beine zu rasieren, damit ihre Geschütze glatter und somit angenehmer zu massieren waren. Eine weitere Erklärung, und vielleicht die überzeugendste, läuft darauf hinaus, dass die Beine rasiert wurden, um zu verhindern, dass bei Schürfverletzungen die Beinhaare von fiesem Schorf überzogen werden, um so die Behandlung von Wunden zu erleichtern. Ehrlich gesagt, rasieren wir uns wahrscheinlich alle nur deshalb die Beine, weil diese Sitte von einer Radsportlergeneration zur nächsten weitergegeben wurde. Wir machen es, weil man es nun mal so macht. Es ist eine Art Stammesritual - es lässt andere wissen, dass wir Radsportler sind.

Das Rasieren deiner Beine ist ohne Zweifel die günstigste Maßnahme, die du ergreifen kannst, um wie ein Profi auszusehen. Vergleiche doch mal beim nächsten Mal, wenn es sich ergibt, zwei Fahrer bei deinem örtlichen Trainingstreff - einer mit rasierten Geschützen und einer ohne - und frag dich, was profimäßiger aussieht.

Darüber hinaus können rasierte Geschütze unter Umständen einem Fahrer, der mit unstrittig minderwertigem Material rumfährt, als ausgleichende Maßnahme dienen. Zumindest wirken rasierte Beine dermaßen profimäßig, dass sie so etwas durchaus aufwiegen können. Betrachte nur mal Fahrer A und Fahrer B im folgenden Beispiel. Fahrer A taucht beim samstagnachmittäglichen Trainingstreff auf, von Kopf bis Fuß in ein perfekt aufeinander abgestimmtes Outfit gehüllt, mit einem Rad, das aussieht, als wäre es gerade aus dem Service-Truck eines Profiteams gestohlen worden, und mit behaarten Beinen. Fahrer B rollt in einem Sammelsurium nicht zusammenpassender Kleidungsstücke vor, auf einem Rad, das zwar ganz gut gepflegt, aber nicht gerade Spitzenklasse ist, und mit glattrasierten Geschützen. Wen würdest du für den wahren Jünger des Radsports halten? Ans Hinterrad welches dieser beiden Fahrer würdest du dich heften? Wenn deine Antwort »Fahrer B« lautet, bist du auf einem guten Weg.

Zwangsläufig wird dir irgendwann mal die Frage gestellt werden. Sei es von deiner besseren Hälfte, einem Arbeitskollegen oder deinem unausstehlichen, Fußball über alles liebenden Schwager beim Familientreffen zwischen den Jahren. Jemand wird dich fragen, ob und warum du dir die Beine rasierst. Diese Frage muss mit jener sorgsamen Nonchalance (siehe Regel #80) beantwortet werden, über die nur ein anerkannter Jünger des Radsports verfügen kann. Unter keinen Umständen solltest du die Vorteile der Beinrasur mit einem

Nicht-Radsportler diskutieren. Ja, leite den uneingeweihten Rennradfahrer an, dass er sich letztlich aus freien Stücken dazu entscheidet, sich ebenfalls die Beine zu rasieren. Aber der Versuch, dieses Ritual einem Nicht-Radsportler zu erklären oder ihm gegenüber zu rechtfertigen, ist genauso erfolgversprechend, als wolltest du einen Welpen in die Geheimnisse der Raketenwissenschaft einführen. Keines dieser Themen durchschaust du komplett und keines könntest du dem jeweiligen Adressaten verständlich erklären. Doch das heißt ja nicht, dass du nicht ganz genau wüsstest, dass es richtig ist.

Abschließend ist anzumerken, dass es empirisch belegt ist, dass das, was man über sich selbst denkt, sich auf das eigene Leistungsvermögen auswirkt. Kurzum: Wenn du dich besser fühlst, bringst du eine bessere Leistung. Dies gilt für deine Existenz als Radsportler ebenso wie für dein Berufsleben. Ein maßgeschneiderter Anzug von Savile Row sollte nichts sein, für das du viel Geld ausgibst, damit du andere Leute beeindrucken kannst. Er sollte etwas sein, das du trägst, damit du dich selbst so wertvoll wie möglich fühlst. Dieses Selbstbewusstsein ist es, was letztlich so überzeugend wirkt und dir im Job den entscheidenden Vorteil bringt. Wenn nicht, würden wir alle in Jogginghose ins Büro gehen. Das Gleiche gilt für das Rasieren deiner Keulen. Mach es nicht, um irgendjemandem zu beweisen, dass du ein Velominatus bist. Mach es, weil du dich damit wie ein Velominatus *fühlst*. Auf diese Weise wirst du stärker fahren und gegenüber anderen Radsportlern einen Vorteil haben, und sei es auch nur mental.

REGEL #35 //

KEIN HELM MIT VISIER BEIM RENNRADFAHREN

Rennradhelme dürfen auch auf dem Mountainbike getragen werden, aber andersherum ist dies unter keinen Umständen statthaft. Wenn du dich nach mehr Schatten sehnst, siehe Regel #22.

Wie bei Regel #34 geht es hier um ein modisches Desaster, das aus einer vom Mountainbike-Sport herübergewehten Kontamination resultiert. Das Helmvisier hat seinen Ursprung im Motocross und Enduro, wo es eine gute Idee ist, Äste von seinem Gesicht fernzuhalten. Für Straßenradsportler gibt es jedoch nur eine Situation, in der man Zweige vom Gesicht ablenken möchte, und das ist, wenn Rad und Fahrer die Straße verlassen haben und auf unerforschtem Kurs in Richtung handfester Schwierigkeiten sind. In diesem Fall hat man seine Augen eh in Panik geschlossen und zudem eine spezielle Radbrille auf (Regel #36), so dass niemand ein Auge verliert.

Außerdem sieht ein Helm mit Visier auch über die Maßen bescheuert und sehr, sehr unprofessionell aus – und ist allein deshalb für einen Velominatus verboten.

Der erzwungene Übergang von keinem Helm zum Sturzring und dann zum Hartschalenhelm war ästhetisch schmerzhaft. Der Sturzring besaß zumindest ein gewisses Etwas. Aus ihm sprach: »Ich muss etwas auf dem Kopf tragen und dieses Teil da oben wird zwar nicht viel ausrichten, aber wenn genug von uns harten Burschen so was tragen, wird es schon ganz cool aussehen.« In der Tat, es trugen so viele legendäre Kämpfernaturen einen Sturzring, dass er möglicherweise die coolste Kopfbedeckung ist, die je von einem Radfahrer in der Geschichte des Radsports getragen wurde, außer der Rennmütze aus Baumwolle oder schlichtem, in Ehren ergrautem Haar.

Die Götter auf dem Mount Velomis hatten keine große Freude am frühen Hartschalenhelm. Einer der ersten Vertreter dieser Gattung (neben Helmen für Eishockeyspieler und Kletterer) war ein extrem unbeliebter und doch häufig anzutreffender Kunststoffkoloss der Marke Bell. Das Teil war schwer, aus Plastik, doof und in jeder Hinsicht ganz erbärmlich.

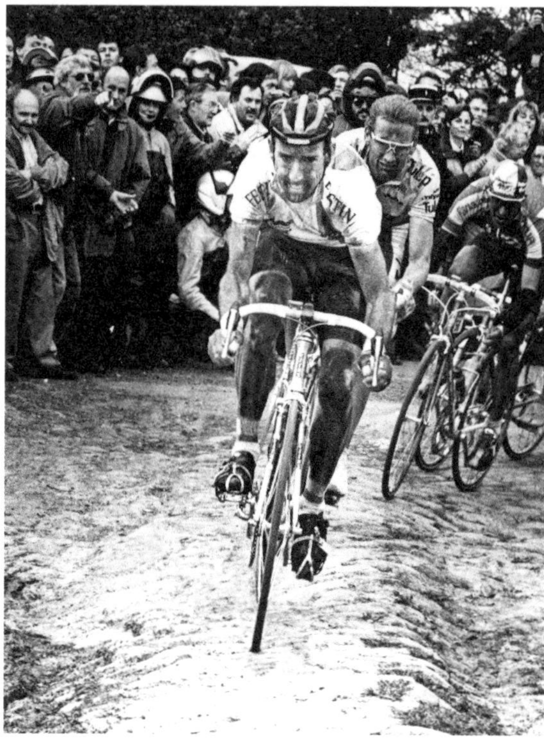

Der extrem stylische Cinelli-Sturzring, hier vorgeführt vom extrem harten Sean Kelly, wurde ersetzt...

Helme sind inzwischen eine Notwendigkeit, und die meisten von uns fühlen sich ohne einen Helm auf dem Kopf fast schon nackt. Um Saison für Saison die beste Balance aus Aerodynamik, Sicherheit, Belüftung und gutem Aussehen zu finden, wurde schon sehr viel Geld ausgegeben. Dennoch ist der Radhelm als solcher immer noch

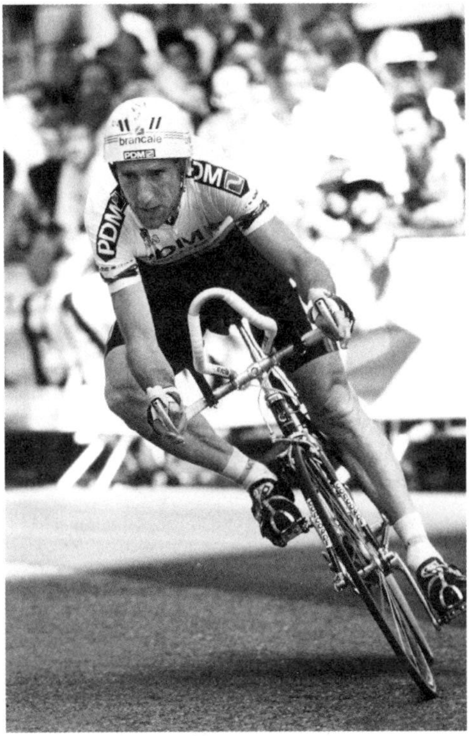

... durch dieses Brancale-Ungetüm von Hartschalenhelm. Selbst Kelly, der mit diesem Ding auf dem Kopf Mailand–Sanremo gewann, konnte den Verkauf eines so schlecht durchdachten Stücks Plastik nicht nennenswert ankurbeln.

grundsätzlich hässlich, und an der Vorderseite ein Visier zu ergänzen, würde das Problem nur noch verschärfen. Nun, wir müssen uns wohl damit abfinden, dass man heutzutage beim Radfahren wie ein Dämmlack aussieht, aber um Schädel und Hirn zu schützen, setzen wir halt immer einen Helm auf – basta. Ja, selbstverständlich würden auch wir mit einer anständigen Baumwoll-Radmütze oder mit Seans Cinelli-Sturzring auf dem Kopf entschieden besser aussehen, aber uns gefallen unsere Gehirne nun mal besser, wenn sie unversehrt im Schädel sitzen, vielen Dank der Nachfrage.

REGEL #36 //

VERWENDE NUR RICHTIGE RADBRILLEN

Keine Pilotenbrillen, Blue-blocker oder Brillenaufsätze.

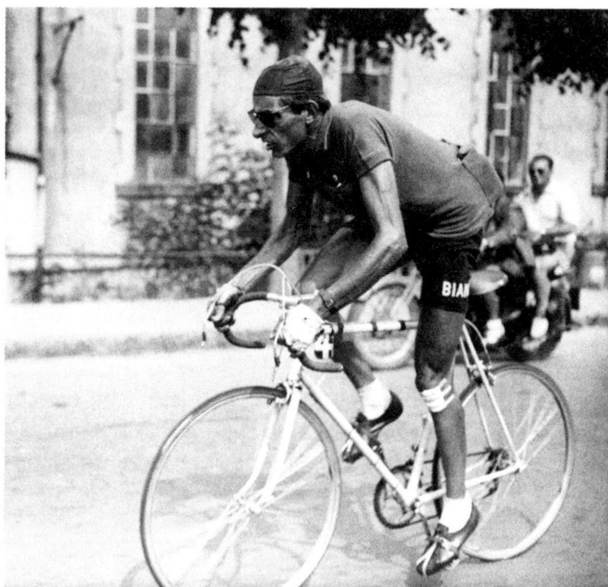

Nimm dir einen Moment Zeit, um die folgende Liste durchzugehen: Ottavio Bottecchia, Fausto Coppi (oben), Jean Bobet, Jan Janssen, Bernard Hinault, Laurent Fignon, Martin Earley.

Wenn dein Name nicht auf der Liste steht und du nicht mit einer richtigen Radbrille fährst, dann ist es allerhöchste Zeit, deine Blue-Blocker auf der Stelle abzusetzen und sie im örtlichen Radsport-Fachgeschäft gegen ein vernünftiges Modell speziell zum Radfahren einzutauschen.

REGEL #37 //

DIE BÜGEL DER RADBRILLE SOLLTEN STETS ÜBER DEN GURTEN DES HELMS SITZEN

Ohne Ausnahme. Das Ganze hat seinen Ursprung in verschiedenen Gründen, die für dich von Belang sein können oder auch nicht. Kurzum: So wird's nun mal gemacht.

Radhelme haben im Laufe der Jahre eine gewisse Entwicklung durchlaufen. Am Anfang handelte es sich um eine Art lederne Schädeldecken, die man »Sturzringe« oder »Sturzkappen« nannte und die keinerlei Funktion erfüllten, die über den rein psychologischen Effekt hinausging, irgendetwas auf dem Kopf zu haben, was sich ein wenig nach Schutz anfühlte (auch wenn dieses etwas im Falle des Falles nicht viel ausrichten würde).

Das erste Mal, dass ich hörte, wie irgendjemand dieses besondere Ausrüstungsteil erwähnte, war, als mein Vater sich mit einem Verkäufer unterhielt, der bemüht war, den Nutzen einer damals neuen Art von Helmen herauszustreichen, die aus Polycarbonat (und deshalb tatsächlich effektiv) waren. Mein Vater stand auf verlorenem Posten und argumentierte, dass so mancher Radsportler doch auch gut mit diesen alten Lederteilen zurechtgekommen war, die ihren Kopf an Ort und Stelle hielten. Der Besitzer des Ladens – der, wie ich später entdecken sollte, komplett verrückt war – hielt dagegen, dass Sturzringe zwar wirksam sein konnten, aber nur solange der Kopf nicht gegen irgendetwas stieß, was zwischen die Lederriemen geriet.

Die Lektion der Episode lautet: Nur weil jemand verrückt ist, heißt das nicht zwangsläufig, dass er Kokolores erzählt.

Als ich meinen ersten Radhelm bekam, wog er mehr als mein Rad und verfügte über ein Befestigungssystem, dessen Gurte von meinem Kinn zur Außenseite des Helms verliefen und dort kurz vor und hinter meinen Ohren mündeten. Im Grunde war die Konstruktion nicht unähnlich der heutigen Helme.

Weil aber die Schale des Helms noch zwei, drei Zentimeter dick war, verliefen die Gurte von meinem Kinn zu vier Punkten, die gehörigen Abstand von meinem Kopf hatten. Das Ganze sah ein bisschen so aus, als würde man versuchen, einen Container mit ein paar Riemen auf dem Deck eines Flugzeugträgers zu vertauen.

Im Zuge der technischen Entwicklung wanderten die Gurte der Helme immer näher zum Schädel, hauptsächlich weil das weniger peinlich aussah und dazu beitrug, dass der Helm im Falle eines plötzlichen und unerwarteten Zusammentreffens von Fahrer und Asphalt an seinem Platz blieb.

Heute liegen Helmgurte bündig am Gesicht des Fahrers an. Die Brillenbügel folgen derweil dem natürlichen Weg von der Schläfe bis zum Ohr - über den Riemen des Helms. Wenn du stürzt, kann deine Brille ungehindert davonsegeln und verunstaltet nicht dein Millionen-Dollar-Gesicht (einmal vorausgesetzt, du hast ein Gesicht wie meins). Wenn du hässlich bist, interessiert es uns eh nicht, was du tust - dann bist du sowieso ein hoffnungsloser Fall.

REGEL #44 // DIE POSITION IST WICHTIG

Um deinen V-Locus finden zu können, muss der Lenker am Rennrad immer niedriger sein als der Sattel. Die einzige Ausnahme ist, wenn du ernsthaft hoffst, den Radsport zu revolutionieren. In diesem Fall musst du aber auch bereit sein, den Stundenweltrekord anzugreifen. Die minimal zulässige Überhöhung beträgt vier Zentimeter. Es gibt kein Maximum, aber manche Leute könnten unwirsch auf dich reagieren, wenn sie sich von deiner Monster-Überhöhung eingeschüchtert fühlen.

Es gibt vier Gründe für das Absenken des Lenkers.

Der erste und offensichtlichste Grund ist die Aerodynamik: Je tiefer der Lenker, desto kleiner die Stirnfläche, die du dem Luftwiderstand bietest. So musst du beim Fahren eine kleinere Schneise durch die Luft schlagen, während du dich der Kraft der V bedienst, um aus deinen Geschützen maximalen Vortrieb herauszupressen.

Der zweite Grund, um den Lenker abzusenken, besteht darin, dass dies die Hebelwirkung verbessert, so dass der Fahrer seine Oberkörperkraft besser nutzen kann, um Druck auf die Pedale zu bringen. Wenn der Lenker zu hoch ist, verwandelt sich das Rennrad in ein gemütliches Gefährt irgendwo zwischen Hollandrad und BMX-Cruiser und die Kraft der V verpufft wirkungslos.

Der dritte Grund ist Stabilität. Stabilität ist der Schlüssel, um sich auf einem Rad wohl zu fühlen, und der Schlüssel zu Stabilität liegt darin, den Schwerpunkt zu senken. Da unsere Oberkörper (zusammen mit unseren Schädeln) die schwersten Brocken unseres Körpers sind (dies gilt für einige in stärkerem Maße als für andere), bedeutet das

Absenken unserer Schultern, dass ein bedeutender Prozentsatz unseres Körpergewichts näher zum Boden gebracht wird, was die Stabilität des Gesamtpakets aus Fahrer und Rad drastisch verbessert.

Die ersten drei Gründe sind aber offensichtlich nur Ausreden. Der vierte Grund ist es, der zählt: Ein tiefer Lenker macht Eindruck.

Die Wirkung kann dramatisch sein. Ich litt während meines gesamten Daseins als Velominatus stets unter Rückenschmerzen. Normalerweise heißt es, dass man sich dieses Problems annehmen sollte, indem man den Lenker ein Stück weit höher bringt, um so die Belastung für den Rücken zu reduzieren. Doch je höher ich den Lenker einstellte, desto schneller fing während meiner Ausfahrten mein Rücken an zu schmerzen. Frustriert und verzweifelt beschloss ich, die entgegengesetzte Richtung einzuschlagen, und senkte den Lenker so weit wie möglich ab. Die Schmerzen waren verschwunden.

Wenn der Lenker zu hoch ist, wird die untere Rückenmuskulatur angesprochen, um das Rad zu stabilisieren. Dies führt als Reaktion auf jedes kleine Schlagloch und jeden kleinen Huckel, denen das Rad begegnet, zu Tausenden von kleinen Ausgleichbewegungen. Wenn aber der Körperschwerpunkt abgesenkt wird, ist das Rad weniger anfällig für solche Unebenheiten, und der untere Rücken wird entlastet.

REGEL #45 // VORBAU RUNTER

Unter dem Vorbau ist eine maximale Schafthöhe von zwei Zentimetern erlaubt und oben drauf hat immer – immer! – ein einzelner Fünf-Millimeter-Spacer zu sitzen. Bevorzugt ist die Minimal-Variante zu wählen, soll heißen, dass der Vorbau ohne Distanzringe direkt auf dem Steuersatz sitzt.

Wenn du dich das nächste Mal dabei ertappst, wie du dein Ebenbild im flämischen Spiegel betrachtest oder einen deiner Begleiter fragst, ob dein Rücken schön flach ist, denk an Roger De Vlaeminck. Man bekommt nicht den Spitznamen »Monsieur Paris-Roubaix« verpasst, indem man andere Leute im Kiosk an der Ecke zutextet, sondern indem man die Königin der Klassiker viermal gewinnt. Roger war nicht nur ein belgischer Teufelskerl mit extrem gewinnenden Koteletten, er war auch der Inbegriff des V-Locus. Seine Position war nicht das Resultat von 250 Euro teuren Bike-Fittings, Body-Geometry-Videoanalysen oder Ergo-Fit-Shims. Sie war das Resultat der Devise »Vorbau runter und ab aufs Rad«. Punkt, Ende, aus.

REGEL #46 // LENKER WAAGERECHT

Der Lenkerbügel ist so zu montieren, dass er parallel zum Boden verläuft oder höchstens unmerklich nach oben weist. Während der Lenker also niemals nach unten gerichtet sein darf, ist gegebenenfalls eine leichte Neigung nach oben durchaus zulässig. Erlaubt ist ein Winkel von 180 bis 175 Grad in Bezug zum ebenen Untergrund. Die Bremshebel werden vorzugsweise so montiert, dass ihr unteres Ende sich auf einer Linie mit der Unterkante des Unterlenkers befindet. Bei modernen Rennlenkern ist dies jedoch nicht immer möglich ist, so dass gewisse Toleranzen innerhalb vernünftiger Grenzen akzeptabel sind. Die Bremsgriffgummis sollten nicht mal annähernd einen Winkel von 45 Grad erreichen, so wie es einige Fahrer mit ausnehmend schlechtem Geschmack gern propagieren.

Ja, hier haben wir es also mit noch einer weiteren Grundregel über die Einstellung des Rades zu tun. Aber dies scheint notwendig, denn man begegnet dort draußen auf der Straße doch Legionen von Radsportlern, deren Lenker in alle möglichen obszönen Positionen verdreht sind. Und das versaut unser aller Ruf. Ein Lenker lässt sich innerhalb der Vorbauklemmung komplett um seine Achse drehen, aber von diesen möglichen 360 Grad sind 355 rundheraus falsch. Zugegeben, »waagerecht« ist natürlich ein nicht ganz einfacher Begriff in Zusammenhang mit so einem Bügel, der aussieht wie eine gekrümmte Spaghettinudel.

Am Rennlenker gibt es drei grundlegende Positionen für die Hände: a) Oberlenker, b) hinter oder auf den Bremsgriffgummis und c) Unterlenker. Die beiden Letzteren werden maßgeblich von der Einstellung des Lenkers beeinflusst.

Wenn du im Oberlenkergriff fährst, sollte der Übergang der Hände zum oberen Ende der Bremshebel in einer sanften, leicht nach unten gerichteten Gleitbewegung erfolgen können. Der Oberkörper wird abgesenkt, die Geschwindigkeit nimmt zu. Beim Fahren im Unterlenker ist es wichtig, dass sich deine Handgelenke in einem natürlichen Winkel befinden, wenn du in den Lenker greifst. Um das zu gewährleisten, brauchst du einfach einen passenden Lenker mit der passenden Lenkerneigung. Wenn du dir ein neues Rad oder einen neuen Lenker gekauft hast, pack am besten anfangs einen Inbusschlüssel ein, so dass du unterwegs die Einstellung des Lenkers gegebenenfalls anpassen kannst. Was in der heimischen Werkstatt perfekt aussieht, erweist sich beim Fahren als vielleicht doch nicht ganz so perfekt. Sogar die Position der Bremshebel lässt sich auch nach Anbringen des Lenkerbandes noch jederzeit nachjustieren.

Generell gilt: Passt das Rad zum Fahrer, ist es ein Einfaches, den Lenker so einzustellen, dass auch er gut zum Fahrer passt und am Rad gut aussieht. Klick, klick, klick – das Resultat wird ein herrlicher Einklang von Mensch und Maschine sein. Beide werden stets eine gute Figur machen, einzeln und zusammen.

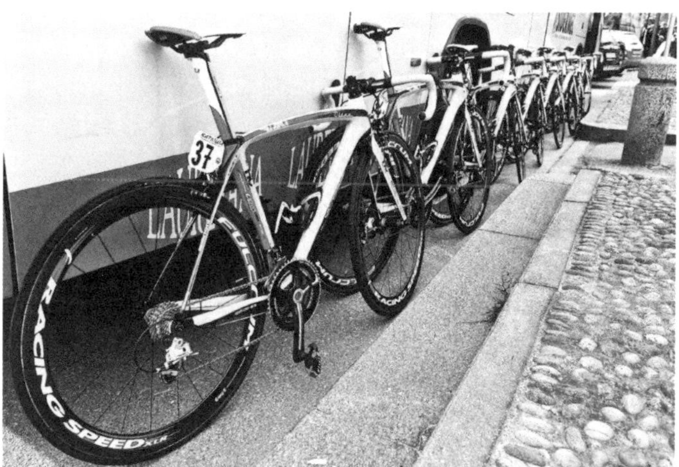

Sorgsam aufgereiht und bereit zum Start.

REGEL #50 //

DIE GESICHTSBEHAARUNG IST SORGSAM IM ZAUM ZU HALTEN

Keine Vollbärte, keine Schnauzbärte. Ein Goatee ist nur gestattet, wenn deine Name mit »Marco« anfängt und mit »Pantani« endet oder wenn du freiwillig oder unfreiwillig einen kahlen Schädel hast. Man sollte sich niemals am Morgen eines wichtigen Rennens rasieren, weil du damit an Virilität einbüßt, und die brauchst du, um es auf der Straße richtig krachen zu lassen.

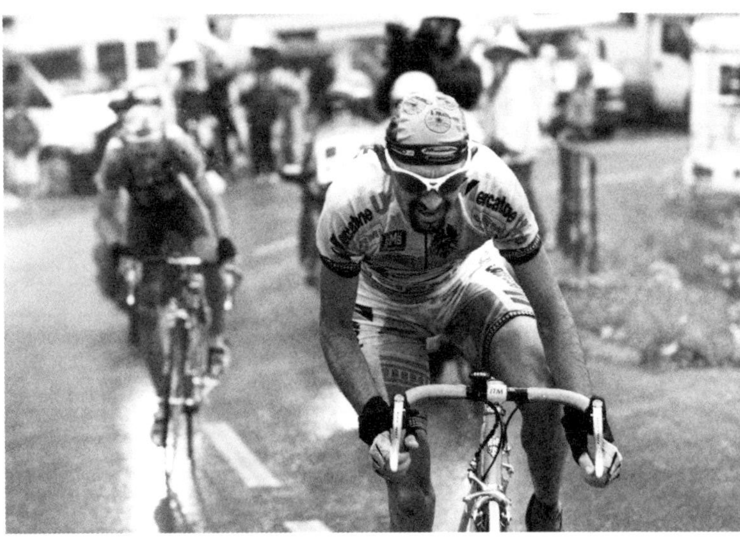

Il Pirata klettert so schnell, dass sein Kinn einfrieren würde, wäre da nicht die isolierende Wirkung dieses Ziegenbarts. Denk dran: Du bist nicht *Il Pirata.*

Es gab wirklich nur zwei Leute in der Geschichte des Radsports, die in der Lage waren, Gesichtsbehaarung zur Schau zu stellen und auf dem Rad trotzdem wie knallharte Typen auszusehen: Marco Pantani und dieser Russe in dem Spielfilm *American Flyers* von 1985 (an dieser Stelle sollte erwähnt werden, dass nur einer der Protagonisten des Films ein echter Radsportler war). Allein schon unter praktischen Gesichtspunkten eignen sich Bärte nicht fürs Rennradfahren. Sie sind zu warm, sie können die Funktion eines ansonsten perfekt seinen Dienst verrichtenden Nasenlochs beeinträchtigen und sie können sich mit den Gurten des Helms verheddern. Unter abergläubischer Perspektive (die jeder Radsportler zumindest zu einem gewissen Grad nachvollziehen kann) ist das Rasieren als solches zudem sorgfältig als Teil des Rituals einzubinden, mit dem man sich aufs Rennen einstimmt. Rasiere dich mindestens einen oder zwei Tage vor dem Rennen oder mach dann das, was die Italiener perfektioniert haben, nämlich mit einem Bartschatten beim Start aufkreuzen.

Wie bei vielen Regeln ist jedoch zu berücksichtigen, dass all dies nur für Straßenradsportler während der laufenden Saison relevant ist. Mountainbiker können sich so ziemlich jede Art von Gesichtsbehaarung stehen lassen, die ihre Gene zulassen. Auch im Cyclocross ist es allgemein akzeptiert, wenn die Fahrer stolz diverse Bart-Styles zur Schau stellen, sei es ein Dodgy Mo, ein Soul Patch oder sogar ein richtiger Grizzly Adams. (Andererseits scheint es bei den Cyclocrossern in gewissen Teilen der Welt auch allgemein akzeptiert zu sein, in Frauenkleidern zum Start zu erscheinen, also sollte man die Akzeptanz von Gesichtsbehaarung eher mit Vorsicht genießen.) Wenn du aber auf dem Rennrad beim Epilieren deiner Schnurrhaare ertappt wirst, wäre es das Beste, wenn die Lombardei-Rundfahrt schon ein paar Tage her ist und der Beginn des ernsthaften Trainings für die nächste Saison noch nicht direkt bevorsteht.

REGEL #53 // HALTE DEINE KLEIDUNG SAUBER UND IN SCHUSS

Aus Rücksicht vor deinen Begleitern sollte die Kleidung, die du auf dem Rad trägst, immer frisch gewaschen sein. Und unter keinen Umständen darf es so weit kommen, dass die »knackige« Partie deiner Radhose abgenutzt oder gar durchsichtig ist.

Auch wenn du als Solist unterwegs bist oder nur im Traum fährst, während du in deinem tollen Büro am Schreibtisch hockst, trage dabei stets eine gut gepflegte, saubere Montur. Du bist schließlich ein Vertreter der Velominati, ein leuchtendes Beispiel für die weniger Aufgeklärten.

Das ist für einen Jünger des Radsports eine Selbstverständlichkeit und muss gar nicht diskutiert werden. Aber richten wir uns an die weniger Aufgeklärten. Beginnen wir mit der Notwendigkeit, in frisch gewaschenen Klamotten zu fahren. Nehmen wir dazu einmal genauer unter die Lupe, wie das *Chamois* nach einem Tag im Sattel aussieht (moderne Sitzpolster haben, zum Glück, nichts mehr mit den Gamsleder-Einsätzen zu tun, die man früher verwendete). Wenn es jemals ein getragenes Kleidungsstück gegeben hat, in das man nicht gerne noch mal steigen würde, dann ist es dieses: ein Gebräu aus Schweiß, Schmutz, Hautschuppen und womöglich einer Portion Gesäßcreme, das auf deinem zur Petrischale umgewidmeten Schlafzimmerfußboden noch etwas reifen durfte. Ist es wirklich eine gute Idee, wieder in so eine Hose reinzusteigen und all das während einer weiteren Ausfahrt in deinen weichen, empfindlichen Intimbereich einzuarbeiten? Was kann denn schon passieren, möchte man fragen – außer Haarwurzelentzündungen, Furunkeln, Schrittfäule, Sackratten, Schützengrabenkrätze und Kongohoden? Die Apachen wuschen nach einem Tag auf dem Pferd jeden Abend ihren Lendenschurz in einem Bach. Wir haben keine Entschuldigung, es anders zu halten. Sorge dafür, dass du ein paar komplette Sätze aus Trikot, Hose & Co. zur Auswahl hast, und fahre immer in einem frisch gewaschenen.

Wann ist ein Rennrad-Outfit verschlissen? Wenn jeder, der an deinem Hinterrad sitzt, schnell ausschert, Zeter und Mordio schreiend an dir vorbeistürmt und verhindert, dass du dich in der Gruppe noch mal nach vorne arbeiten kannst. Spätestens dann ist es so weit.

REGEL #56 // NUR ESPRESSO ODER MACCHIATO

Wenn du dir in deiner Radsport-Montur vor oder nach der Ausfahrt noch einen Kaffee gönnst, sind ausschließlich Espresso oder Macchiato dem Anlass angemessen. Vernimmt man hingegen jemals Wörter wie Soja- oder Skim-Latte aus dem Mund eines Vertreters der Zunft, der seine Radkleidung trägt, ist betreffende Person von den anderen anwesenden Velominati mit Hilfe der verfügbaren CO_2- oder Minipumpen zeremoniell zu vermöbeln.

Was du in deinem trauten Heim hinter verschlossenen Türen trinkst, ist deine private Angelegenheit. Aber was du in der Öffentlichkeit trinkst, in deinem schönen sauberen Radsport-Dress, nicht. In Europa steht es jedem Kellner frei, dir eine zu schallern, wenn du einen Soja-Latte orderst. Handelt es sich um einen guten Kellner und du bist Radfahrer, wird er sogar ordentlich Schmackes in seine Backpfeife legen. Ist die Welt denn völlig durchgedreht? Sind wir hier im Kindergarten, dass man so etwas ausdrücklich betonen müsste?

Offensichtlich ja, und nun, da wir Regel #56 besitzen, haben wir als Velominati keine Wahl. In Amerika, wo es in den Cafés keine Kellner mehr gibt, die etwas Verstand in einen hineinprügeln, leidet jeder »Barista« (man sollte mir eigentlich eine kleben dafür, dass ich einen 18-jährigen Burschen mit achtminütiger Schulung am Vollautomaten als »Barista« bezeichne) schon am Karpaltunnelsyndrom von all diesen Soja-Chai-Koffeinfrei-Lattes, die sie gezwungen sind zu servieren, so dass keiner mehr zu einer ordentlichen Backpfeife in der Lage wäre.

Stell dir folgende Situation vor. Vor der gemeinsamen Ausfahrt wartest du in sorgsam nonchalanter Manier in einem Café auf deine Radkumpels. Du sitzt an einem Tisch, prächtig herausgeputzt in makelloser Montur, eine grazile Espressotasse gleitet sanft an deine Lippen. Bis die Ausfahrt dich gleich eines Besseren belehrt, bist du so cool wie ein Profi, der im *Village* auf den Start einer Berg-Etappe des Giro d'Italia wartet.

Du genießt eine der wenigen legalen Dopingmethoden, denen sich Radsportler im Laufe der Zeit erfreut haben. Eine handelsübliche Dosis Espresso, vielleicht ein bisschen Milchschaum, um die Wirkung zu dämpfen. Aber die entscheidende Frage ist: Was hat Eddy getrunken? Rufen wir ihn doch einfach an und fragen ihn. Okay, das geht nun gerade nicht, weil es da eine einstweilige Verfügung gibt, aber vertrau uns, solche Albernheiten wie Soja-Kaffee hätte er niemals angerührt.

Das Koffein wird deine Sinne schärfen, vielleicht auch deine Reaktionszeit beschleunigen, wenn bei der nächsten Ausfahrt dieser tollwütige Dachs knurrend und schäumend aus der Hecke geschossen kommt und eure hübsche Zweierreihe aufmischt. Es wird dann der Milchbubi mit dem Magen voller Mandel-Sojamilch sein, der über den Lenker geht und für seine Verfehlungen mit fiesen Bisswunden bestraft wird. Wie alle guten Dopingprodukte verschafft Koffein dir als Fahrer ein (möglicherweise falsches) Gefühl der Überlegenheit und damit einen Vorteil gegenüber deinen weniger koffeinhaltigen Mitstreitern. Du verwandelst dich in eine für den normalen Straßenverkehr zugelassene Version von Ricardo Riccó, verhöhnst deine Mitfahrer, weil sie nicht so schnell sind wie du, und pfeifst ein Liedchen, während du mit Leichtigkeit an der Spitze fährst und das Tempo verschärfst. Aber genau wie bei Riccó kann es passieren, dass von jetzt auf gleich alles zusammenbricht, also halte dich beim Spotten und Liedchen-Pfeifen zurück und hoffe einfach, dass der Espresso dafür sorgt, dass du schneller bist als der besagte Dachs.

REGEL #62 // FAHR NICHT MIT KOPFHÖRERN

Beim Radfahren geht es darum, an die frische Luft zu kommen und den Elementen zu trotzen, und man muss nicht unbedingt Queen oder Slayer hören, um das zu erleben. Tauche ein in den Rhythmus und den Schmerz, nicht in das, was irgendeine langhaarige 80er-Jahre-Combo »Musik« nennt. Siehe Regel #5 und ab aufs Rad.

Spar dir das Musikhören fürs Autofahren auf. Du bist auf dem Rad unterwegs und all deine Sinne sind geschärft. Vergiss die Anrufe, vergiss die Musik, vergiss TwitFace, lass alle deine aufmerksamkeitsfressenden Mobilgeräte einfach zu Hause. Verpass Körper und Geist eine Frischluftdusche. Nackt zu fahren, wäre natürlich die naheliegende Option, um das zu tun, aber das endet immer (okay, normalerweise) schlecht. Ein wenig Kleidung und ein Helm sind alles, was man für die tiefgreifende Erfahrung braucht, auf dem Rad unterwegs zu sein.

Radfahren ist, ganz gleich an welchem Ort, ganz gleich auf welchem Rad, immer großartig. Die Fifth Avenue in New York hinabzufahren, ist unglaublich, ein geradezu berauschendes Erlebnis. Deine Haut fühlt die kühle Luft des Schattens und dann wieder die Wärme der Sonne, wenn du an den Häuserblocks entlanggleitest. Unaufhörlich nimmst du die Gerüche des Lebens wahr... Aaarrgh – Busauspuff. Bäh – irgendetwas Totes. Mmmhh – Donuts.

Es ist ausgeschlossen, dass dein Gehirn viel mehr Spaß haben könnte als auf diese Weise. Die visuellen Eindrücke, die auf dich einprasseln, wenn du in Bewegung bist, sind überwältigend – keine Filter, keine Windschutzscheibe, einfach nur ein durchgängiger Stream aus so vielen Farben: Volltöne, Graustufen und alles dazwischen. Deine Beine stehen unter Strom: Mit dem Autoverkehr Schritt zu halten, ist die sicherste und spaßigste Option in dieser Situation, also kurbeln sie unter Volllast. Die Ohren vernehmen das Hupen, den fernen Presslufthammer, das Rauschen von Autoreifen auf Asphalt, Fahrwerke, die über Schlaglöcher rumpeln, Bremsen, Motoren. Es hört nie auf – keine Fahrt ist wie die andere.

Oder stell dir vor, du fährst durch eine einsame Hochebene. Alles, was du hörst, über Stunden, ist nur das Pfeifen des Windes an deinen Helmgurten und das Zwitschern von ein paar Vögeln. Wer würde sich über diesen eklatanten Mangel an Zivilisationslärm beklagen? Warum sollte man?

Unsere Augen und Ohren sind alles, was wir haben, um rechtzeitig die drohenden Schicksalsschläge wahrzunehmen, die ständig auf uns lauern wie ein Meteor, der aus dem Jenseits auf uns zurast. Häufig ist das am wichtigsten, was von hinten herannaht, und es sind die Ohren, die uns davor bewahren müssen. Es könnte weitaus schlimmer ausgehen, als einmal zu viel vorbeugend in den Graben zu fahren.

Hier einige Beispiele für Dinge, bei denen du froh bist, wenn du sie rechtzeitig von hinten herannahen hörst:

- Der Knabe in abgeschnittenen Jeans mit der knarzenden Kette. Du möchtest ihn nicht hören, wenn er mit seinem maroden Rad an dir vorbeizieht. Du willst ihn schon weit vorher kommen hören, damit du rechtzeitig all deine Kräfte mobilisieren kannst, um ihn auf Abstand zu halten.
- Der klappernde Pritschenwagen des Schrotthändlers mit dem rostigen Stahlträger, der seitlich über die Ladefläche hinausragt.
- Der Konvoi von Lastwagen, die gigantische, überhängende, unbarmherzige Zementbrückenteile transportieren.
- Der bejahrte Kombi voller betrunkener Teenager, die herumschreien und ihre Bierpullen in Anschlag bringen, um sie als Wurfgeschosse zu gebrauchen.
- Der tollwütige Dachs (siehe Regel #56).
- Der Pitbull, der gerade ausgebüchst ist. Aufgrund der Kette, die er hinter sich herzieht, wird das Viech zwar nicht irrsinnig schnell

sein, aber es ist immer besser, ein solches Sprintduell mit 30 Metern Vorsprung zu beginnen, als zu sehen, wie ein Pitbull nach deiner Wade schnappt.

- Der Krankenwagen, der den übrigen Verkehr zwingt, auf genau den Seitenstreifen auszuweichen, den du zuvor für dich allein hattest.
- Ein Affe. Es ist gruselig genug, von einem Hund gejagt zu werden, aber es gibt Orte auf der Welt, an denen vielleicht ein großer, glänzender schwarzer Affe drauf und dran ist, die Lücke zu dir zu schließen. Herr im Himmel, das ist ein wahrer Albtraum, der sich da vollzieht. Aber warum sollte ein Affe das tun? Nun, um dich zu verstümmeln, deshalb. Er könnte eine Hirninfektion haben oder einfach nur eine rachsüchtige Bestie mit schrecklichen Zähnen und Armen wie Stahlfedern sein. Ich weiß nicht, welche Geräusche ein leicht durchgeknallter Affe macht, wenn er den Abstand zu deinem Hinterrad stetig verringert... zumindest so was wie das »Patt-patt-patt« seiner Füße sollte zu vernehmen sein. Aber wenn das übertönt wird, weil sich gerade Slayer in deinen Ohrstöpseln austoben, bist du, lieber Leser, im Arsch.

REGEL #76 // HÄNG DEINEN HELM AN DEN VORBAU

Wenn er nicht getragen wird, sollte der Helm am Vorbau befestigt werden und so vorm Lenker hängen.

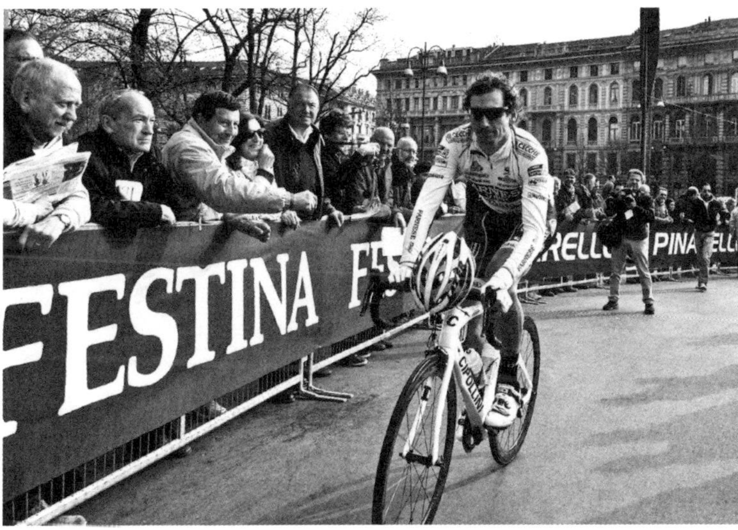

Fil Potato rollt mit einem arg grellen, aber perfekt verstauten Kopfschutz an den Start.

Sitzt dein Helm im Moment nicht auf deinem Kopf, häng ihn an den Vorbau, vorne über den Lenker, Stirnseite nach unten. Das ist sicher, symmetrisch und sieht cool aus. Auf diesem Foto demonstriert Filippo Pozzato Regel #76, während er zum Start von Mailand-Sanremo fährt. Pippos sorgfältig modellierte Frisur darf und wird nicht von seinem Helm in Mitleidenschaft gezogen werden, ehe der Startschuss ertönt.

Tu dir keinen Zwang an und setz deinen Helm ruhig ab, wenn du nicht fährst. Mit einem Radhelm auf dem Kopf in einem Café zu sitzen, ist Schwachsinn. Dein Helm sollte in diesem Moment am Vorbau deiner Maschine hängen. Zugegeben, die Wahrscheinlichkeit ist gar nicht mal so klein, dass du irgendwo auf dem Weg zwischen deinem Fahrrad und dem Café-Tisch wegen deiner dummen Radschuhe einen unfreiwilligen Köpper machst, und in diesem Fall würde ein Helm deinem Schädel natürlich gewissen Schutz bieten. Aber mit einem Radhelm auf dem Kopf auf einer Terrasse zu sitzen und Espresso oder ein Bier zu trinken, ist so, als würdest du beim Essen in einem Restaurant den Hut aufbehalten. Es ist weniger eine Regel, als vielmehr ein Zugeständnis an Benimm und Höflichkeit.

REGEL #78 // ENTFERNE ALLE UNNÖTIGE AUSRÜSTUNG

Wenn du bei einem Kriterium startest, dass vielleicht 60 Minuten oder noch kürzer dauert, muss der zweite (unbenutzte) Flaschenhalter entfernt werden, um die Ästhetik der Rennmaschine zu wahren.

Ein Fahrrad braucht per Definition zwei Räder. Dass sie ebenfalls nicht ernsthaft zur Debatte stehen, können wohl auch der Rahmen, die Kette, die Pedale, der Sattel und der Lenker für sich beanspruchen. Der Rest sind mehr oder weniger nur Accessoires. Kein Teil des Equipments darf jedoch als nebensächlich betrachtet werden – ein jedes hat eine Aufgabe zu erfüllen und zwar gut, ansonsten hat es an deinem Rad nichts verloren.

In Bezug auf Rennräder für den Wettkampfeinsatz ist diese Regel offensichtlich: Jedes Gramm zählt, warum also solltest du unnütze Ausrüstung mitschleppen? Dieser Ansatz ist jedoch genauso wichtig für dein Trainingsrad oder das Rad, das du für den Weg zur Arbeit nutzt, denn jede Fahrt steht und fällt mit dem Fahrrad selbst. Satteltaschen und Spiegel sind nicht nur im physischen Sinne überflüssig, sondern auch im metaphysischen. Bau die unnötigen Verzierungen ab und bei all deinen Ausfahrten wird sich der Fokus fortan schneller, wahrhaftiger und schärfer einstellen.

Woran aber lässt sich festmachen, ob ein bestimmtes Teil notwendig ist oder nicht? Nun, notwendig bedeutet nicht nur, dass die jeweilige Funktion unzweifelhaft benötigt wird, sondern auch, dass die verwendete Methode nicht austauschbar ist – das Teil leistet etwas, was auf anderem Wege nicht erreicht werden könnte. Zwei Räder? Keine bessere Lösung. Ein Rückspiegel? Nun, du könntest auch einfach den Kopf drehen. Eine Satteltasche? Dein Trikot hat Taschen. Ein Powermeter? Tritt einfach härter in die Pedale, bis entweder du zusammenbrichst oder dein Rad.

REGEL #80 //

SEI IMMER UND ÜBERALL SORGSAM NONCHALANT

Wenn du vor der gemeinsamen Ausfahrt am vereinbarten Treffpunkt oder vor dem Rennen am Start wartest, musst du stets *tranquilo* bleiben, während du entspannt auf dem Oberrohr deiner Maschine hockst. Diese Praxis kann auf alle Gelegenheiten ausgedehnt werden, bei denen du zwar dein Rad zwischen den Beinen hast, aber nicht fährst, zum Beispiel an der roten Ampel.

Als Vertreter einer Spezies mit einem vorinstallierten Mindestmaß an Eitelkeit, strebt der Mensch nach Individualität: nach seinem eigenen Stil, mit dem er sich von der Masse abheben kann. Unser Dilemma ist, dass wir offenbar alle denselben Einflüssen unterliegen und von denselben Dingen angezogen werden, so dass letztlich doch alle gleich aussehen. Die aktuellen Modetrends diktieren uns, ob die Kleidung, die wir tragen, in oder out ist. Die Tatsache, dass man Radsportler ist, macht es nicht einfacher. In der Tat ist es für einen Radfahrer noch schwieriger, einen individuellen Stil zu besitzen, da die Auswahl an Outfits und Maschinen begrenzt ist und von den Herstellern diktiert wird. Beim Aussuchen neuer Radbekleidung stets mit Bedacht zur Sache zu gehen, hilft, ein Gefühl für Stil zu entwickeln. Und die beste Methode, um ruhige Unbekümmertheit auszustrahlen, ist es, die traditionelle Kunst des Sor Non Chala zu praktizieren.

Sor Non Chala geht zurück auf die Zeiten der frühen Radrennfahrer mit ihren wollenen Shorts und »Trikots«, die vermutlich von einer alten belgischen Frau gestrickt wurden, deren Schwielen an den Händen es locker mit denen auf den Hintern der Fahrer aufnehmen konnten.

Diese Klamotten sahen eher nach Straßenkleidung aus als nach einer Garderobe zum Radfahren, ihre Brillen hatten was von Schweißerbrillen, ihre Schuhe waren aus Leder und mit Schnürsenkeln versehen. Aber es war der Stil, den diese Männer demonstrierten, wenn sie nicht fuhren, der noch viel mehr beeindruckte. Man denke nur an ihre dunkle, akkurat geschnittene Haarpracht, die mit einer großen Portion fettiger Pomade nach hinten frisiert war. Das Mitsichführen eines Kamms war ebenso wichtig wie das Mitsichführen eines um die Schultern gewickelten Ersatzreifens. Während sie auf den Start eines Rennens warteten oder auf die Prämien, die nach dem Rennen verteilt wurden, bewegten sie sich stets mit rechter Anmut zwischen den Scharen aufgeregter Tifosi, als würden sie das Chaos um sich herum gar nicht wahrnehmen. Vielleicht lehnten sie sich gegen die Oberrohre ihrer Räder, vielleicht vergruben sie die Nase in der örtlichen Tageszeitung, aber stets taten sie dies mit der lässigen Aura von in sich ruhenden Männern, die sich nicht zu wichtig nahmen.

Sie hätten vermutlich auch im Schneidersitz im strömenden Regen auf dem kalten Fußboden herumsitzen können und dies wie einen beneidenswerten Zeitvertreib aussehen lassen; ihre dünnen, glatten, eingeölten Beine hätten sie genau im richtigen Winkel gehalten, dass es den Eindruck von Behaglichkeit vermittelte, ganz gleich, wie unbehaglich sie sich tatsächlich fühlten. Und wenn sie auf ihren Maschinen saßen, erfolgten die geschmeidigen und herrlichen Pedaltritte, mit denen sie die einzige Übersetzung bewegten, die ihnen zur Verfügung stand (ob sie nun einen Hochgebirgspass rauf- oder runterfuhren oder über eine Straße im Tal rasten), stets mit einer schönen, flüssig wirkenden Kadenz, die von all den Jahren kündete, die sie damit verbracht hatten, diese Kunstfertigkeit zu vervollkommnen.

Wir, als Velominati der Neuzeit, können nur noch davon träumen, je solche Höhen des Sor Non Chala zu erreichen. Unsere Möglichkeiten sind beschränkt im Vergleich zu unseren ruhmreichen Vorfahren. Wir sind keine Superstars und wir haben keine Tifosi, mit denen wir uns umgeben können. Unsere Bühne sind die Straßen in unserer Gegend. Das Beste, was wir tun können, ist, all unser radsportliches Streben so aussehen zu lassen, als sei es eine natürliche Erweiterung unseres Wesens.

Das Rad ist unser Gefährte, mit dem wir verschmelzen. Unsere Kleidung ist sauber, aufeinander abgestimmt und elegant. Wir kontrollieren unsere Atmung, selbst wenn wir uns irrsinnig verausgabt haben, um einen Anstieg zu meistern oder einen Ortsschildsprint zu gewinnen. Und das strahlen wir gegenüber all den Nicht-Radsportlern aus, denen wir begegnen – bei jeder Ausfahrt, an jeder Ampel, in jedem besuchten Café. So machen wir das. Es ist für uns mindestens ebenso natürlich wie das Atmen. Wir sind nonchalant und wir sind es sorgsam.

REGEL #82 // SCHLIESSE DIE LÜCKE

Wenn du in kalten und/oder unter Regel #9 fallenden Bedingungen fährst und deshalb Armlinge angelegt hast, darf unter keinen Umständen auch nur ein Streifen nackter Haut zwischen dem oberen Abschluss dieser Accessoires und den Ärmelbündchen deines Trikots zu sehen sein. Sollte dies der Fall sein, musst du dir die Teile entweder in der passenden Größe besorgen oder dafür sorgen, dass dein Bizepsumfang zunimmt. Armlinge können jedoch in Fünf-mal-Zehn-Situationen gegebenenfalls runter ans Handgelenk gestreift werden, insbesondere wenn Regel #9-Bedingungen herrschen. Das Keine-Lücke-Prinzip gilt auch für Knie- und Beinlinge, mit dem Unterschied, dass diese niemals bis zu den Knöcheln runtergeschoben werden dürfen – Merckx erbarme sich derer, die jemals in diese bedauerliche Lage geraten sollten. Es ist wichtig zu beachten, dass man zwar Armlinge anlegen kann, ohne gleichzeitig auch Knie- oder Beinlinge zu tragen, man aber keine Knie- oder Beinlinge tragen kann, ohne auch Armlinge (oder ein langärmeliges Trikot) anzuhaben. Es ist völlig unangemessen, mit nackten Armen zu fahren, während die Knie verdeckt sind, mit Ausnahme von kurzen Zeiträumen, in denen die Armlinge runter zu den Handgelenken geschoben werden, um in einer Fünf-mal-Zehn-Situation einen Anstieg raufzustiefeln. Ändert sich das Wetter, so dass du Kleidungsschichten ablegen möchtest, haben die Knie-/Beinlinge stets vor den Armlingen zu verschwinden. Wenn das bedeutet, dass ein Fahrer seine Knie- oder Beinlinge während des Rennens ausziehen muss, dann ist dies eine akrobatische Herausforderung, die er gekonnt meistern muss. Die einzige Ausnahme betrifft solche Situationen, in denen ein Fahrer zwar vorhat, komplett ohne Arm- und Beinlinge zu fahren, seine Beine jedoch beim Warten am Start gern noch warm halten möchte (wobei es dann ratsam wäre, auch ein langärmliges Trikot über dem Renntrikot zu tragen). Man darf

nur nicht vergessen, die Beinlinge rechtzeitig vor dem Startschuss auszuziehen.

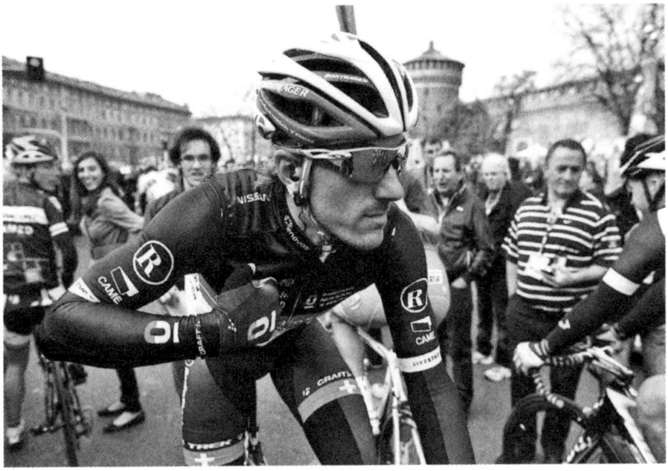

Start in Mailand, Ziel in Sanremo.
Fabian Cancellara entblößt keine Lücken.

Wenn du deine Jeans so trägst, dass sie halb überm Hintern hängt und auf diese Weise die Marke deiner Unterhose und noch viel, viel mehr entblößt, als irgendjemand sehen möchte, oder wenn du gern mit offener Fliege, losen Schnürsenkeln und komplett aufgeknüpftem Hemd durch die Stadt läufst, um allen den falsch geschriebenen Namen deiner Freundin zu zeigen, den jemand auf deinen haarigen Schmerbauch tätowiert hat, dann hör besser auf zu lesen. Ich weiß nicht einmal, warum du hier bist.

Wer hingegen noch alle Latten am Zaun hat, sollte diese Regel einfach noch einmal lesen. Und noch einmal. Frische dein Gedächtnis jetzt mit einem letzten Durchgang auf. Und? Hast du's verstanden? Dann überprüfe deine Armlinge. Ja, genau da, so schwer ist das doch nicht. Und wenn du schon mal dabei bist, schau doch bitte mal genau nach, ob das dünne Material deiner abgetragenen Radhose wirklich noch blickdicht ist und ob dein Trikot dein Arschgeweih auch komplett verdeckt. Andernfalls könnte – und sollte – so etwas nämlich in einer empfindlichen Prügelstrafe enden. Kein Witz.

REGEL #95 // HEBE NIE DEIN RAD ÜBER DEN KOPF

Unter keinen Umständen ist es gestattet, deine Maschine über den Kopf zu heben. Es gibt nur eine Ausnahme: Wenn du sie auf den Dachträger deines Autos hieven willst.

Radsportler sind keine Gewichtheber. Fahrräder sind keine Hanteln. Warum also fühlt sich eine steigende Zahl von Rennradfahrern berufen, ihre Räder wie eine Art Pokal über den Kopf zu recken, nachdem sie eine Ausfahrt oder ein Rennen beliebiger Länge beendet haben? Es sieht nicht cool aus, es beweist nichts und man kann nichts, absolut nichts, damit gewinnen.

Die Arme eines Radsportlers sind nur für eine Sache da: um den schwächlichen Oberkörper über dem vorderen Teil des Rades zu halten, während die wahren Stars der Show, die Beine, alle erforderlichen Heldentaten vollbringen. Deshalb sind es die Beine eines Radsportlers, die als Geschütze bezeichnet werden, nicht die Ärmchen. Anabolika-mampfende Muskelprotze, deren Haut man von Kopf bis Fuß metallic-orange lackiert hat, sind die Einzigen, die qualifiziert sind, irgendetwas über den Kopf zu heben. Und das auch nur, weil es ihnen an den motorischen Fähigkeiten und dem kardiovaskulären Leistungsvermögen fehlt, um Rad zu fahren.

Diese schwärende Unsitte, die sich wie Mehltau in der Welt des Radsports ausbreitet, begann offensichtlich mit XC-Mountainbikern. Die kommen bei ihren Rennen nämlich häufig als Solisten ins Ziel und haben deshalb massig Zeit, auf der Ziellinie anzuhalten, sich umzuschauen, ob tatsächlich irgendwelche Zuschauer aufgetaucht sind, sich dann wie eine rasierte Gottesanbeterin vorzubeugen, um es mit den sieben Kilo ihres Carbon-Hardtails aufzunehmen und das Gewicht für die obligatorischen drei Sekunden in die Höhe zu recken, bevor ihr imaginäres Wettkampfgericht grünes Licht gibt, dass sie die Last wieder fallen lassen können, was ihren zarten Reifen die heftigste Belastungsprobe des Tages beschert, nachdem sie zuvor eine Stunde lang über gepflegte Waldautobahnen gefahren sind, die sorgsam jedes Hindernis umkurven, das ernsthaft als Mountainbiking durchgehen könnte. Marathonfahrer sind die schlimmsten Übeltäter, fühlen sie sich doch offenbar genötigt, zu demonstrieren, dass sie auch nach stumpfsinnigem 24-Stunden-im-Kreis-Fahren oder fünftägiger Etappenfahrt durch die Wüste noch in der Lage sind, mittels Reißen, Umsetzen, Stoßen ein Viertel ihres Körpergewichts zu wuppen.

Hobbyfahrer sehen diese Demonstrationen der Stärke und übernehmen die fragwürdige Praxis, um auf dem Gipfel eines berühmten Anstiegs für ein Foto zu posieren, indem sie ihre Version des beidarmigen Serotta-Hebens aufführen. Vor einer grandiosen Alpenlandschaft oder einem Schild mit dem Namen des Passes stehend, an dem sie ihre Großtat vollbracht habe, tun sie nichts, außer diese legendären Orte mit der Zurschaustellung sinnlosen Posertums zu beleidigen. Wenn du jemanden dabei erwischst, mach ihn darauf aufmerksam, dass so etwas unserer Sache nicht dienlich ist. Wir werden von der Öffentlichkeit eh schon für schwachsinnig gehalten in unseren hautengen Klamotten und mit unseren rasierten Beinen – da muss man es nicht unbedingt noch darauf anlegen und vor aller Augen etwas, was einem 7.000-Dollar-Dildo gleichkommt, in die Höhe recken.

Sollltest du hingegen mal bis zur Halskrause in einem Fluss stehen oder aus welchen Gründen auch immer genötigt sein, dein Rad über eine Gefängnismauer zu werfen, sind Ausnahmen denkbar.

TEIL V:

Die Kämpfernaturen

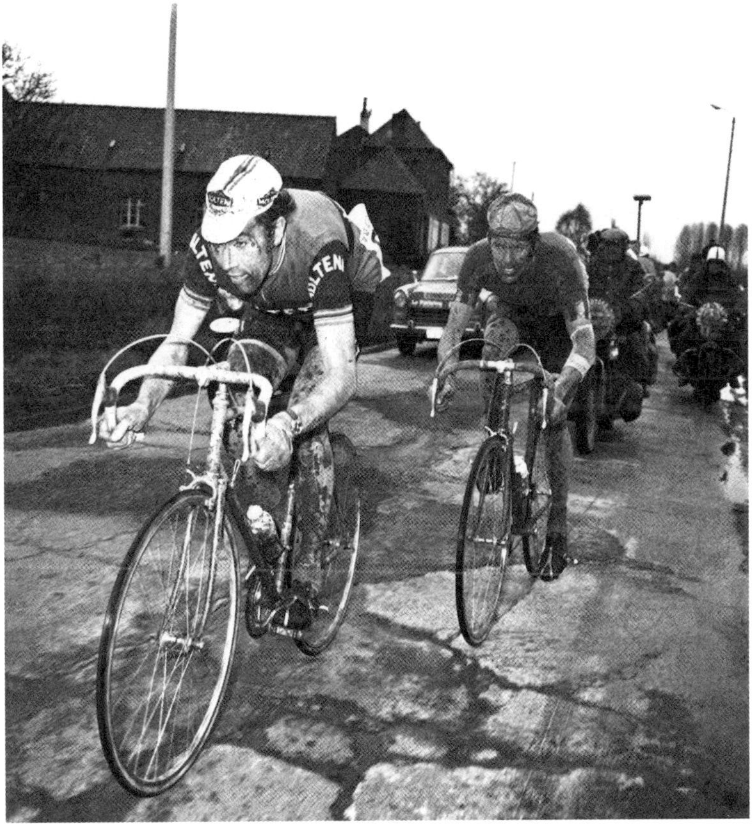

Eddy Merckx und Roger de Vlaeminck, zwei der härtesten Männer im Radsport und Begründer der Eddy-und-Roger-Schule.

In gewissem Sinne liegt der Schlüssel, um ein besserer Radsportler zu werden, in der Fähigkeit zu leiden. Das betrifft nicht allein die Disziplin und Hingabe, die erforderlich sind, um sich im Sattel zu quälen, sondern auch die Bereitschaft, unsere Komfortzone und das muckelig warme Heim zu verlassen, um unserer Berufung auf dem Rad auch dann nachzugehen, wenn es eisig kalt ist, der Himmel grau und die Straßen nass vom Regen. Wir riskieren Unfälle und Verletzungen, wir fahren weiter, wenn wir ein großes Stück »Tapete« auf der Straße gelassen haben, wir fahren auch mit blau geschwollenen Gelenken und zerschrammten Gliedmaßen. Das Maß an körperlicher Aktivität, das unser Sport von uns verlangt, beschleunigt massiv unseren Stoffwechsel, und doch achten wir penibel darauf, was und wie viel wir essen, in der Hoffnung, vielleicht ein paar Gramm zu verlieren und somit noch schneller fahren zu können.

Alles an unserem Sport umfasst Leiden, Disziplin und Hingabe. Mit einem Wort: Härte.

Ein Radsportler wird von seinem Willen dominiert. Wir werden getragen von dem Wissen, dass wir es auch mit brennenden Beinen und brennender Lunge irgendwie hinkriegen werden, unserem Leiden standzuhalten. Und durch das Leiden selbst lernen wir etwas sehr Elementares über uns selbst: dass es Erlösung nicht zum Nulltarif gibt, sondern dass ihr stets Kämpfe und Beschwernisse vorausgehen.

Ein Künstler, so heißt es, leidet, weil er leiden muss. Ein Radsportler, würde ich sagen, leidet, weil er sich entschieden hat zu leiden. Dieses Element der Wahl, das Psychologen als Kontrollüberzeugung bezeichnen, ist es, was uns in die Lage versetzt, durch Leiden so etwas wie Freude zu empfinden, und was es dem Schmerz erlaubt, in gewisser Weise angenehm zu sein. Durch das Element der freien Entscheidung tut sich ein Weg der persönlichen Entdeckung auf, auf dem wir unsere wahre Natur freilegen. Wie Michelangelo seinen Hammer schwingt, um mit dem Meißel nach und nach all die Steinstückchen abzusprengen, die eine großartige Skulptur verbergen, drehen wir die Pedale, um an unserer Gestalt herumzumeißeln, bis schließlich unser wahres Ich zum Vorschein kommt – als eine Verkörperung von harter Arbeit, Entschlossenheit und Hingabe an den Radsport.

Unsere Fähigkeit zu leiden steht und fällt mit unserem Willen, über unsere Grenzen zu gehen und Widerstand zu leisten. Welche Fortschritte wir machen, wird davon bestimmt, wie viel Willensstärke wir aufbringen können, um den Signalen zu widerstehen, die unsere Körper aussenden. Diese Signale sagen uns, dass wir die heutige Trainingsausfahrt lieber etwas abkürzen sollten oder dass wir drinnen im Warmen bleiben sollten, wenn die Quecksilbersäule fällt oder es in Strömen gießt. Unser Wille kann uns dazu bringen, in den Keller zu gehen, um eine harte Einheit auf dem Rollentrainer zu absolvieren, statt nur eine Flasche Wein hochzuholen. Um als Jünger des Radsports dem wahren Weg zu folgen, bedarf es beträchtlichen Mengen an Willenskraft.

Viele der Hindernisse auf diesem Weg erfordern es, etliche der gängigen Lebensweisheiten auszublenden, die einem immer wieder eingetrichtert werden. So etwas wie »Hör auf deinen Körper«. Das wird einem ständig gesagt, obschon dein Körper in Wahrheit ein geschwätziges Ding ist, von dem du nur wenige vernünftige Beiträge erwarten darfst. »Bleib drinnen, wenn es nass ist, oder du wirst dich erkälten«, lautet ein weiterer populärer Ratschlag, während es in Wahrheit so ist, dass diejenigen, die ständig drinnen bleiben, sich viel eher erkälten. »Was dich nicht umbringt, macht dich stärker.« Nun ja, zumindest mit einem der tausendfach wiederholten Kalendersprüche muss der Volksglaube ja richtig liegen.

In der Praxis führt Schwäche zu Schwäche und Stärke zu Stärke. Den einfachen Weg zu nehmen, ist nutzlos, denn an dessen Ende liegt nichts, wofür es sich zu reisen lohnt. Wir können den Weg des geringsten Widerstands wählen, aber auch dies wird letztlich unbefriedigend sein.

Zu behaupten, dass wir es genießen, zu leiden, dass wir also den Schmerz einer Anstrengung genießen oder dass wir es genießen, in Nässe und Kälte zu fahren, wäre irreführend. Es mag natürlich Menschen geben, die eine Perversion besitzen, welche es ihnen tatsächlich erlaubt, Schmerzen zu genießen. Aber was die meisten von uns betrifft, so haben wir lediglich entdeckt, dass unsere Muskeln, wenn wir sie heute zum Glühen bringen, morgen stärker sein werden. Wir haben gelernt, dass es uns auf lange Sicht weiterbringt, wenn wir vor sintflutartigen Regenfällen nicht zurückscheuen oder im Winter auf den Rollentrainer klettern - auch wenn wir das Ergebnis der Strapazen vielleicht erst ab der nächsten Tag-und-Nacht-Gleiche ernten können. Anstatt das Leiden als solches zu genießen, genießen wir vielmehr, was das Leiden uns bringt.

In diesem von Leiden dominierten Sport gibt es jedoch eine Gruppe von Rennfahrern, die herausragen und sich in Sachen Härte in eigenen Sphären bewegen. Es scheint Westflandern zu sein, das die höchste Konzentration (und möglicherweise auch die größte Anzahl) dieser besonderen Sorte von Radsportlern hervorgebracht hat, die wir als die »Kämpfernaturen« bezeichnen wollen.

Vielleicht ist es das Wetter in diesem Teil der Welt; vielleicht ist es die bäuerliche, auf harter Maloche beruhende Kultur, die dort seit Jahrhunderten existiert; vielleicht ist in diesem Landstrich irgendetwas im Wasser, das sie dazu bringt, nach Leiden zu streben, obwohl sich dort einige der furchtbarsten Schlachten in der Geschichte der Menschheit abgespielt haben. Fakt ist: Selbst unter den Flamen gibt es noch mal eine besondere Radsportler-Spezies, die nochmals viel härter ist als die Kämpfernaturen. Der *Flahute*. Der *Flahute* ist der irrsinnigste und vom Aussterben bedrohteste Typ Radrennfahrer, den es gibt - einer, der die Tour de France eher als nettes Schönwetter-Training für die Frühjahrsklassiker des nächsten Jahres betrachtet.

Die Liste der Wundertaten, die die Kämpfernaturen vollbracht haben, ist lang. Eddy Merckx ragt heraus als ein Mann, für den es eher sekundär war, seine Konkurrenten zu besiegen, weil er es um so viel herausfordernder fand, sich selbst zu besiegen: Wenn seine Rivalen zurückfielen, griff er erneut an, um sicherzustellen, dass er auch ja genug gelitten hatte, wenn er 80 Kilometer später und viele Minuten vor dem nächsten Fahrer die Ziellinie überquerte.

Der 2012 verstorbene Fiorenzo Magni (siehe das Foto auf Seite 250 zu Regel #5) - ein Italiener mit sehr belgischen Neigungen - brach sich auf der 13. Etappe des Giro d'Italia 1956 das Schlüsselbein. Daraufhin band er einen Ersatzschlauch um den Lenker und zog daran mit den Zähnen, um auf diese Weise seine Schulter zu entlasten und irgendwie weiterfahren zu können. Er wurde Zweiter.

Johan Museeuw, dem wegen einer hartnäckig entzündeten Wunde am Knie fast ein Bein hätte amputiert werden müssen, nachdem er 1998 bei Paris-Roubaix im Wald von Arenberg gestürzt war, kämpfte sich zurück, um das Rennen noch mal zu gewinnen - und zwar nicht nur einmal, sondern sogar noch zweimal, in den Jahren 2000 und 2002.

Die Liste ließe sich fortsetzen, aber es genügt festzuhalten, dass die Bezeichnung Kämpfernatur ein Ehrentitel ist, der nur ganz besonders harten Radsportlern gegeben wird - einer Art Edelmännern unseres Sports. Und wie es bei Adligen üblich ist, ist es ein Titel, den man sich nicht einfach nimmt, sondern der verliehen wird. Der Typus Kämpfernatur hat eine ganze Reihe spezieller Regeln hervorgebracht, die für all diejenigen elementare Bedeutung haben, die danach streben, die oberen Ränge der Velominati zu erreichen. Wahrscheinlich liegt ihnen keine andere Regel so sehr im Blut und am Herzen wie die heilige Regel #5.

REGEL #5 //

BEISS VERFLUCHT NOCH MAL AUF DIE ZÄHNE

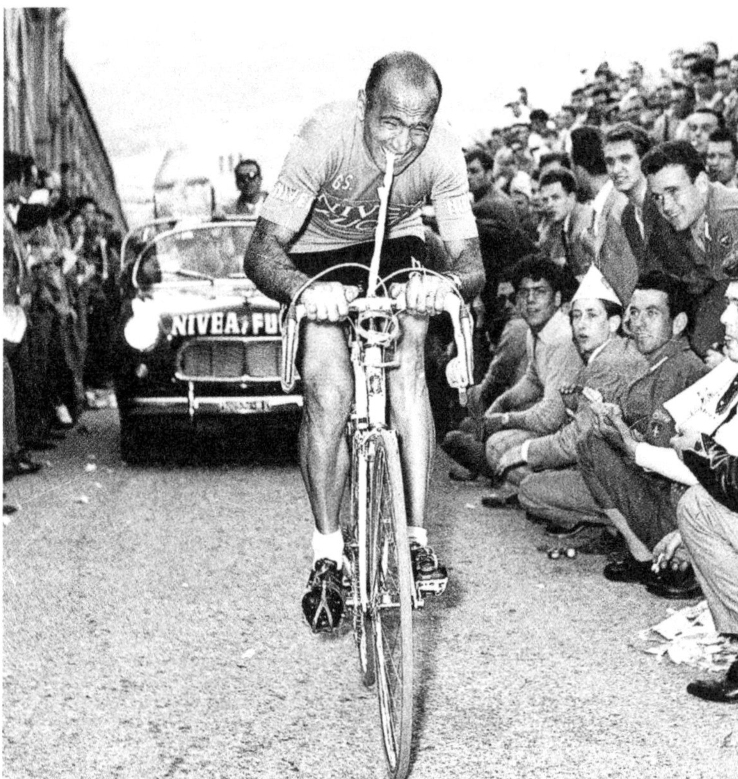

Irgendwelche Fragen?

REGEL #9 //

WENN DU BEI SCHLECHTEM WETTER FÄHRST, HEISST DAS, DASS DU EIN HARTER HUND BIST. BASTA

Schönwetter-Radfahren ist ein Luxus, der für Sonntagnachmittage und breite Boulevards reserviert ist. Diejenigen aber, die bei schlechtem Wetter fahren - ganz gleich, ob es kalt, nass oder ungewöhnlich heiß ist -, sind Mitglieder eines speziellen Clubs von Rennradfahrern, die am Morgen einer großen Ausfahrt die Gardine zur Seite schieben, um zu sehen, wie das Wetter wird, und über deren Züge sich dann, wenn der Himmel seine Tore geöffnet hat und es aus Eimern schüttet, ein schiefes Lächeln ausbreitet. Hier handelt es sich ganz offensichtlich um einen Radsportler, der die Fron im Sattel wahrlich liebt.

An einem sonnigen Tag ist niemals je etwas wirklich Episches passiert. Die legendären Schlachten der großen Kriege wurden allesamt in Regen, Graupel oder Schnee ausgetragen. Die Erkundungsreisen der größten Entdecker erfolgten stets bei schrecklichen Bedingungen. Wenn die Menschheit irgendwann in der Zukunft endlich einen fremden Planeten betreten wird, kann man darauf wetten, dass das Wetter richtig beschissen sein wird.

Was mich betrifft, liebe ich das Radfahren bei diesen Bedingungen: regnerisch, nass, bitterkalt, fies. Pack als Zutat noch eine Kopfsteinpflaster- oder eine Cyclocross-Strecke dazu, und ich bin dabei. Wenn ich mich für eine Ausfahrt im Regen bereitmache, stehen mir vor nervöser Vorfreude die Nackenhaare zu Berge. Während ich meine Knie- und Armlinge überstreife und in der Kiste mit den Überschuhen und langfingrigen Handschuhen wühle, male ich mir schon aus, wie der kalte, nasse Regen vom Himmel herabstürzt und mir bis in die Poren dringt. Ich weiß, dass ich bald meine Zeit mit dicken Regentropfen verbringen werde, die vom Rand meiner Radmütze herabfallen und als mein persönliches Metronom fungieren, derweil ich meine einsame Spur in die regenglatte Straße fräse.

Alles ist härter im Regen. Warm zu bleiben, zum Beispiel. Oder auch auf dem Rad zu bleiben, denn der Regen bindet alle Sand- und Ölpartikel auf der Oberfläche des Asphalts zu einer Schmierschicht, die jederzeit bereit ist, uns die Reifen unterm Hintern wegzuziehen. Der Bremsweg verlängert sich und zwingt uns, besonders aufmerksam auf lauernde Gefahren zu achten. Ein Moment der Unachtsamkeit kann das Verderben bedeuten. Durch die Kurven zu steuern, hat mit Radfahren nicht mehr viel zu tun: Es vereint vielmehr die unangenehmsten Aspekte von Schlittschuhlaufen, Seiltanz, Geräteturnen und Baccara.

Diese zusätzliche Herausforderung hält unsere Konzentration und unsere Sinne geschärft. Unser Geist wird komplett gereinigt – für Nebengedanken ist bei solchen Bedingungen einfach kein Platz. Alle Gedanken an die Kälte, die Nässe oder den Schmerz in unseren Beinen werden von der totalen Hingabe an die Fron im Sattel in den Hintergrund gerückt.

Mein Vater hat mich in jungen Jahren gelehrt, dass es, wenn man etwas Unangenehmes erledigen muss, wenig Sinn hat, keine Freude daran zu haben. Er war so klug, seinen Standpunkt zu verdeutlichen, indem er mich wiederholt Dinge tun ließ, die ich nicht gerne tat. Wenn er merkte, dass ich besonders unglücklich war, ging er mir bei meiner Aufgabe zur Hand und zeigte mir, dass man, so unangenehm die Sache als solche auch sein mochte, stets doch Vergnügen in einfachen Dingen finden konnte. Sei es in der Beobachtung, dass man Fortschritte macht, in der Befriedigung darüber, dass man die Sache irgendwann zu Ende gebracht hat, oder in der Tatsache, dass man sich überwunden hatte, etwas zu tun, was man eigentlich nicht tun wollte. Das allein ist etwas, auf das man stolz sein kann.

Da war natürlich was dran: Man konnte leiden und es hassen, oder man konnte leiden und dennoch Freude daran haben. Sich auf das Unvermeidbare zu fixieren, trägt nicht gerade dazu bei, sich bei einer unangenehmen Sache besser zu fühlen.

Das Radtraining ist bestens geeignet, um diese Lektion zu lernen. Wenn man wie ich in Minnesota aufwächst, darf man jedes Jahr auf ungefähr sieben Tage mit angenehmem Wetter hoffen, und diese ergaben sich tendenziell immer nur dann, wenn wir gerade auf Reisen waren oder ich andere Pflichten zu erledigen hatte, die mit Radfahren nichts zu tun hatten.

Damit blieben dreihundertsoundsoviele aktive Trainingstage, an denen praktisch immer unangenehmes Wetter herrschte, sei es, dass es heiß, feucht, windig, regnerisch, verschneit oder kalt war oder dass man es – zu besonders unangenehmen Anlässen – mit einer unwirklichen Kombination all dieser Beschwernisse zu tun bekam.

Im Laufe der Zeit verlor das Training in schlechtem Wetter seinen Status als etwas, was ich lediglich für eine unvermeidliche Notwendigkeit hielt, um meine Ziele zu erreichen. Stattdessen wurde es für mich zu einer Quelle intensiver Motivation, zu wissen, dass meine Rivalen zur selben Zeit bestimmt drinnen im Warmen saßen und auf besseres Wetter warteten, während ich draußen von den Elementen in die Mangel genommen wurde. Und außerdem fanden alle berüchtigten Rennen in den klassischen Radsportländern in Europa in verheerenden Wolkenbrüchen statt, von den Frühjahrsklassikern über den Giro und die Tour de France bis hin zur Straßen-WM und den Herbstklassikern. So wurde der Regen schnell zu meinem Lieblingsradfahrwetter.

Wenn ich aus dem Fenster schaue und ich sehe einen düsteren Himmel und regennasse Straßen, breitet sich ein verschmitztes Lächeln auf meinem Gesicht aus, da mir bewusst wird, dass ich nun schleunigst in meine flämische Ausgehuniform schlüpfen werde, um raus aufs Rad zu kommen, bevor das schlimmste Wetter vorüber ist. Wenige Dinge motivieren mich mehr, als mit gesenktem Kopf – das Gesicht nur durch den kleinen Schirm der Radmütze ein wenig vor Nässe und Wind geschützt – in den Regen hineinzufahren, meine Beine zu sehen, wie sie von Knielingen verhüllt auf- und abwirbeln, und zu spüren, wie die Windweste mit geöffnetem Reißverschluss in der kalte Brise flattert. Ich male mir aus, wie ich über die schmalen Wirtschaftswege in der flämischen Provinz rase, als einsamer Ausreißer an der Spitze des Rennens. Wie ich mir die Meute der Verfolger so gerade eben vom Leib halten kann, ehe ich im Triumph über die imaginäre Ziellinie rolle.

In schlechtem Wetter Rad zu fahren, bedeutet, dass du dein Rad der Behaglichkeit drinnen im Warmen vorziehst. In schlechtem Wetter Rad zu fahren, bedeutet, dass dir Einsatz und Verpflichtung wichtiger sind als Sicherheit und Risikominimierung. In schlechtem Wetter Rad zu fahren, bedeutet, dass du ein harter Hund bist. Basta.

REGEL #10 //

ES WIRD NIEMALS EINFACHER, DU WIRST NUR SCHNELLER

Wie dieses berühmte Zitat von Greg »LeMan« andeutet, ist es hart, das Training durchzustehen, Berge hochzufahren und Rennen zu bestreiten. Und es bleibt hart. Oder um es mit Greg Henderson auszudrücken: »Training ist wie ein Kampf mit einem Gorilla. Du hörst nicht auf, wenn du müde bist. Du hörst auf, wenn der Gorilla müde ist.«

Regel #5 plus Regel #5 entspricht Regel #10. Diese Regel gilt als so wichtig, dass sie auf dem Ornat der Velominati aufgedruckt ist, und zwar wohlweislich direkt auf dem rechten Bein, so dass der Fahrer diese Worte lesen kann, während er leidet. Sie stehen dort zusammen mit Regel #1 und Regel #5: drei Regeln, die man beim Radfahren beherzigen muss.

Regel #10 geht also ursprünglich auf Greg LeMond zurück und sie verrät eine Menge über die unglaublichen Anfänge seiner Karriere. Einer Karriere, die auf einem natürlichen Talent beruhte, von dem wir Normalsterblichen niemals auch nur zu träumen wagen dürften. LeMond hat sich später jahrelang im harten Wettkampf mit Fahrergrößen wie Laurent Fignon, Bernard Hinault und Sean Kelly gemessen. Greg wurde von ihnen allen geschlagen, aber er hat auch jedem von ihnen traumatische Niederlagen beschert.

Als Teenager war LeMond eigentlich Skirennfahrer, und er suchte nach einem geeigneten Training abseits der Skisaison, wenn kein Schnee lag. Skifahrer schlagen sich meist auch gut auf dem Rad: Sie sind normalerweise gut in den Abfahrten, denn sie beherrschen bereits die Fähigkeit, die richtige Linie zu erspüren, um die Kurven mit hoher Geschwindigkeit nehmen zu können. Skifahrer wissen, dass es das Vertrauen in ihr Gleichgewicht, in ihre Kraft und in die gewählte Linie ist, was sie schnell durch eine Kurve bringt. Skifahrer haben keine Bremsen, die sie im Notfall betätigen könnten, und das überträgt sich aufs Radfahren. Ohne Bremsen auszukommen, ist auch auf dem Rad sicherer und schneller, aber es ist eine sehr schwierig zu erlernende Fähigkeit.

Schon als Juniorenfahrer schlug LeMond die Erwachsenen. Als er dann zu den Erwachsenen wechselte, schlug er gleich die wenigen amerikanischen Profis, die es gab. Und als Profi wurde er mit 22 Jahren der bis dahin jüngste Straßenweltmeister aller Zeiten. Ein blonder Amerikaner mit strahlend blauen Augen, der dieses bedeutende Rennen gewann, und dann auch noch so jung: Es war eine Geschichte wie aus dem Märchen.

Pures Talent hat Greg den Weg ins europäische Profipeloton geebnet, aber Rennen auf diesem Niveau werden durch einen fiesen Cocktail aus Talent, Leidensfähigkeit und Taktik entschieden. Die Platzhirsche wie Hinault und Kelly überließen dem jungen Amerikaner freiwillig nicht einen Quadratzentimeter Straße und wussten besser als jeder andere im Peloton, was es heißt, sich zu quälen. Kelly gewann seine Rennen anfangs vor allem als Sprinter. Hinault gewann in jeder beliebigen Manier, je nachdem, was gerade erforderlich war, und er war bereit und in der Lage, jedem die Beine auszureißen, der sich ihm dabei in den Weg stellte.

Sean Kelly, einer der letzten echten Kämpfernaturen, war fünf Jahre älter als LeMond und als Ire vermutlich ebenso wenig prädestiniert, eines Tages eine Radsportlegende zu werden, wie der Amerikaner LeMond. Er war Sean aus der Grafschaft Waterford, während Greg aus Reno im US-Bundesstaat Nevada stammte. Beide waren unbestritten die größten Radrennfahrer, die ihre Länder bis dato hervorgebracht hatten. Und der Weg für die besten Rennfahrer aus der Radsport-Diaspora sieht so aus, dass sie sich erst im eigenen Land durchsetzen und dann nach Europa gehen, um gegen die Crème de la Crème anzutreten.

LeMond und Kelly verkörpern beide geradezu mustergültig Regel #10. Aber gilt diese Regel auch für uns Normalsterbliche? Ja, zur Hölle, das tut sie, sie gilt für jeden Jünger des Radsports, der ein besserer Radfahrer werden möchte. Du musst dich hin und wieder in die finstere Höhle des Schmerzes wagen, und wenn du die Taschenlampe zu Hause lässt, umso besser. Begib dich in Situationen, in denen du praktisch nichts hast, von dem du hoffen kannst, dass es dich wieder nach Hause bringt, außer die stützende Wirkung von Sattel, Vorbau und Lenker und deinen unbedingten Willen, dir die Seele aus dem Leib zu fahren. Schone dich nicht ständig – trau dich, deine Radkumpels zu verwirren. Setz dich nach vorne an die Spitze und halte das Tempo die ganze Zeit hoch. Wenn du irgendwann einbrichst und nach Hause humpeln musst, perfekt. Tu es einfach. Tu es in dem Wissen, dass es, wenn du es das nächste Mal machst, genauso wehtun wird, nur dass du dann in der gleichen Zeit mehr Kilometer an der Spitze abspulen wirst.

REGEL #52 // MÄSSIGE DICH BEIM TRINKEN

Bidons sollten klein sein. Maximal 500 Milliliter: An deiner Maschine sollten keine extra großen Behältnisse zu sehen sein. Es können durchaus zwei Trinkflaschenhalter montiert werden, aber für Ausfahrten unter zwei Stunden muss ein Bidon reichen. Die besagte einzelne Trinkflasche wäre dann in den vorderen Halter am Unterrohr zu hängen. Mit einem Bidon im hinteren Trinkflaschenhalter darfst du nur fahren, wenn du a) auch ein zweites, vorderes Bidon hast oder b) dein vorderes Bidon soeben einem Fan am Straßenrand gegeben hast und gerade noch zu beschäftigt bist, deine Konkurrenten zu zermalmen, um die Flasche nach vorne zu stecken, ehe du deinen nächsten Schluck nimmst. Deine Trinkflaschen sollten zueinander passen und vorzugsweise auch farblich auf dein Rad und/oder dein Outfit abgestimmt sein. Die offensichtliche Ausnahme ist das klassische Coca-Cola-Bidon, das aufgrund seiner Tradition und Geschichte sowieso zu jedem Rad und/oder Outfit passt. Als Getränk sollte Coca-Cola beim Radfahren nur ohne Kohlensäure und auch nur gegen Ende einer langen Ausfahrt oder einer ganztägigen Soloflucht auf Frankreichs Straßen konsumiert werden. Trinke in Maßen.

Wir lieben es zu trinken. Vor allem Bier natürlich, aber obschon es uns aufgrund solcher Gelüste manchmal reizen würden, unsere Bidons mit einem IPA oder einem Malteni zu füllen, erhebt doch der gesunde Menschenverstand stets seine hässliche, ungebetene Fratze, blickt uns mit dem Hinweis auf die Gefahr einer handfesten Dehydration gestrenge an und zwingt uns dazu, doch lieber den nächsten Wasserhahn anzusteuern. Wasser ist Leben, das Leben befähigt uns, Rad zu fahren, und das Radfahren wiederum rechtfertigt schließlich den Konsum malzhaltiger Regenerationsgetränke, sobald unsere Geschütze ihre letzten Kugeln abgefeuert haben und wir die letzten Tropfen an reiner V-Essenz aus uns herausgepresst haben.

Wir sind keine Kamele, daher ist es unnötig, dass wir mehr Wasser mitführen, als wir in der Zeit verbrauchen könnten, die wir benötigen, um die nächste Nachfüllstation zu erreichen, die auf unserem Weg liegt. Selbst während der längsten Touren auf den entlegensten Straßen wird es reichlich Gelegenheit geben, die Trinkflaschen an Wasserhähnen am Straßenrand nachzufüllen: an einer Tankstelle, an einer öffentlichen Toilette oder sogar im Vorgarten eines Wohnhauses. Es gab Zeiten, in denen wir in der drückenden Hitze des australischen Sommers nette Leute, die gerade ihre Geranien wässerten oder den Commodore wuschen, bitten konnten, unsere Trinkflaschen nachzufüllen. Mehrere Male erhielten wir den zusätzlichen Luxus eines Bidons, der mit Eis und sogar einem Elektrolytgetränk gefüllt wurde. Okay, das passiert vielleicht nicht bei jeder Ausfahrt, aber irgendetwas, wo man Wasser bekommt, gibt es immer.

Es sollte selbstverständlich sein, dass deine Bidons zueinander und zu deinem Fahrrad passen. Versuche, Trinkflaschen im Design eines Profiteams zu vermeiden, es sei denn, du sitzt auf einem Rad in den entsprechenden Teamfarben. Ausgenommen von allen Vorgaben zur Abstimmung mit dem Rad und der Bekleidung ist das klassische Coca-Cola-Bidon, da es seit vielen Jahren in allen großen Rennen an allen möglichen Team-Rädern zu sehen war. Es ist so etwas wie das Molteni-Wolltrikot unter den Trinkflaschen: eine Ikone, die die Zeiten überdauert hat und ihren rechtmäßigen Platz in der Folklore des Radsports einnimmt.

Entscheidend ist, dass du dir keine übergroßen, hässlichen Bidons ans Rad hängen solltest. Was würde dir eine solche Monstrosität denn auch bringen, außer 200 Millimeter zusätzlich? Das wäre kaum genug, um den Unterschied zu machen, ob man dehydriert oder die nächste Nachfüllmöglichkeit erreicht. Um genau zu sein, ist aber auch das nicht wirklich der Punkt. Entscheidend ist – du ahnst es –, dass übergroße Trinkflaschen dein Rad hässlich machen. Das gleiche Prinzip gilt für Leistungsmessgeräte, Navis und farblich nicht abgestimmte Reifen und Lenkerbänder. Kleine Bidons sehen besser aus und auch sie fassen noch ausreichend Flüssigkeit, und das ist alles, was zählt. Außerdem: Je weniger Wasser du trinkst, desto mehr Platz bleibt im Anschluss an die Ausfahrt für malzhaltige Regenerationsgetränke. Das wirst natürlich auch du zu würdigen wissen...

REGEL #70 //

RENNEN FÄHRT MAN, UM ZU GEWINNEN

Keine Diskussion. Der geringste Hinweis darauf, dass der Anspruch womöglich ein anderer ist, sollte sofort mit dem Verweis auf Regel #5 pariert werden.

Wir leben in einer »Gewinnen um jeden Preis«-Gesellschaft. Wenn jemand es nicht ganz an die Spitze schafft, wird er als Loser abgestempelt, selbst wenn er sein Bestes gegeben und sich nach Kräften bemüht hat. Ein zweiter Platz ist nicht mehr gut genug. Ein dritter Platz wird kaum noch eines Blick gewürdigt.

Es sei denn, du trittst gegen dich selbst an. Oder es handelt sich um eine besonders anspruchsvolle Strecke. Oder du fährst in Diensten eines Freundes. In solchen Fällen kannst du immer noch einen Sieg erringen, auch wenn die Ergebnisliste sagt, dass du irgendwo im Mittelfeld ins Ziel gekommen bist. Du kannst buchstäblich alles auf eine Karte setzen, und wenn du unterwegs deinen kompletten V-Vorrat verbraucht hast und im Ziel kein Körnchen Energie mehr in deinen Beinen steckt, darfst du dich als Sieger wähnen.

Natürlich gilt das nicht für eine echte Rennsituation, in der mehr als die persönliche Ehre auf dem Spiel steht. Die Domestiken, die Sprintanfahrer und die Edelhelfer in den Bergen haben alle ihren Anteil an der Beute, wenn ihr Kapitän mit erhobenen Armen über den Zielstrich rollt, und ebenso tragen sie eine erhebliche Mitschuld, wenn er es nicht schafft. Sie erleben auf dem Rad emotionale und physische Höhen und Tiefen, die wir Normalsterblichen uns niemals vorstellen können.

Aber im Wettkampf spielt noch etwas anderes eine Rolle. Im Rennen geht es nicht ausschließlich um Planung und Berechnung. Im Rennen geht es ebenso um *Panache*. Um Kampfgeist und Courage. Es geht darum, einen mutigen Schritt zu wagen. Es geht um die Bereitschaft, das Wagnis einzugehen, womöglich mit wehenden Fahnen unterzugehen, um so die Chance zu haben, vielleicht zu gewinnen. Gewiss, das oberste Ziel im Wettkampf besteht darin, sich als Sieger durchzusetzen, aber es liegt auch eine Würde darin, wenn man alles in die Waagschale wirft, was man hat, und trotzdem verliert.

Dies ist einer der Gründe, warum der Radsport ein so wunderbarer Sport ist. Der einsame Ausreißer, der auf dem letzten Kilometer noch eingefangen wird, und der Fahrer, der sich weiter durchbeißt bis ins Ziel, obwohl das Zeitlimit abgelaufen ist. Der Fahrer, der in der Gesamtwertung sicher führt und dennoch um des Ruhmes der Attacke willen weiter angreift und so riskiert, seinen wertvollen Vorsprung durch ein außerplanmäßiges Treffen mit dem Mann mit dem Hammer doch noch einzubüßen.

Rennen fährt man, um zu gewinnen, aber manchmal kann die Art, wie man verliert, den Sieg überstrahlen.

REGEL #71 // TRAINIER VERNÜNFTIG

Lerne, wie man richtig trainiert, und halte dich dann an deinen Trainingsplan. Ignoriere andere Radsportler, mit denen du nicht bewusst zusammentrainierst. Die geeignete Zeit, um zu beweisen, dass du konkurrenzfähig bist, ist nicht während deiner Trainingsfahrten, sondern während des Wettkampfs.

Frag einfach mal eine Reihe erfahrener Velominati, was der Schlüssel dazu ist, Rennen zu gewinnen, und recht bald, wenn nicht sogar umgehend, wirst du die Antwort erhalten, dass es darum geht, richtig zu trainieren. Manch kluger Radsport-Sensei verweist insbesondere gern auf folgende Weisheit: »Nicht langsam genug zu fahren, wenn du langsam fahren kannst, läuft darauf hinaus, dass du nicht schnell genug fahren kannst, wenn du schnell fahren musst.« In der Tat trainiert man seinen Körper, Vollgas fahren zu können, indem man Vollgas fährt – aber das gilt nur in begrenztem Maße. Um irgendwann schnell fahren zu können, ist es nämlich im Training paradoxerweise ebenso erforderlich, sich zu mäßigen und an einen Plan zu halten.

Jeder von uns kann immer nur einen begrenzten Betrag bei der V-Bank abheben. Wenn dein Name also nicht mit Eddy anfängt und mit Merckx endet, kannst du nur eine endliche Menge an Schmerzen verkraften. Der unerfahrene Anfänger ist leicht daran zu erkennen, dass er jedes Mal, wenn er die Führungsarbeit übernimmt, etwas zu lang und zu schnell an der Spitze der Gruppe fährt. Ein erfahrener Radsportler hingegen ist im Training, wenn er auf viele Ziele hinarbeitet und die jeweilige Ausfahrt nur ein Puzzleteil im großen Ganzen darstellt, stets darauf bedacht, nicht sinnlos Kräfte zu vergeuden.

Einer der Schlüssel, um vernünftig zu trainieren, ist es, Grundlagenkilometer in einem langsamen, lockeren Tempo aufzubauen. Profis sind aus vielerlei Gründen sehr fit und sehr schnell. Ihre *Soigneurs* und Teamchefs füttern sie mit sorgfältig dosierten Kalorien, wobei sie bei der Bestimmung der Portionen stets im Blick haben, wie viele Kalorien während der Anstrengungen des Tages verbrannt wurden. Ihre Körper werden wie Ratten in einem Labor und Raketen in Windkanälen getestet, um ihr anaerobes Leistungsvermögen und ihre Aerodynamik zu erfassen und gezielt zu optimieren. Sie fahren Jahr für Jahr Zehntausende Kilometer, vorwiegend bei Trainingstempo. Und übrigens trinken sie nicht allzu viel Bier. (Bis zu diesem letzten Punkt klang das alles gar nicht mal so übel, oder?)

Im Vergleich dazu hat ein Velominatus keinen Zugang zu eigenen Köchen oder zu Windkanälen und genießt nach seinen Ausfahrten malzhaltige Regenerationsgetränke in mitunter unvernünftigen Mengen. Wozu aber auch wir Zugang haben, ist die Möglichkeit, Kilometer zu fressen. Dies ist unbestreitbar die beste Methode, um Tempo, Ausdauer und Fitness aufzubauen. Fahr einfach so viel Rennrad, wie du kannst, in einem moderaten Tempo, und du wirst besser. Es gibt eine Zeit, um auch im Training Gas zu geben, hart in die Pedale zu treten und die V in dicken Schichten aufzutragen, aber diese Zeit kommt erst später, und nicht, wenn es gilt, erst mal Grundlagenkilometer aufzubauen.

Es geschieht natürlich allzu leicht, dass man dies aus dem Blick verliert, wenn man 500 Meter vor sich einen einsamen Rennradfahrer entdeckt und sich ihn schnappen will. Ebenso ist es verlockend, dass Tempo zu überziehen, wenn die Mitfahrer dich anspornen – vor allem, wenn du weißt, dass du in Form bist, und du diesen Fettsäcken gerne zeigen würdest, welchen Schaden deine beiden Geschütze wirklich anrichten könnten, wenn du sie ließest. Noch schwieriger ist es, sich vom roten Bereich fernzuhalten, wenn deine Beine dir sagen, dass sie gern am Donnerstag freien Auslauf hätten, aber dein Verstand dir sagt, dass du deine Körner für das Kriterium am Samstag aufsparen musst. Ein wahrer Jünger des Radsports muss auf den Plan vertrauen, den er ausgearbeitet hat, um seine Ziele zu erreichen. Uns zurückzuhalten, wenn wir uns zurückhalten sollten, erlaubt uns, mehr aus uns herauszuholen, wenn wir mehr aus uns herausholen müssen.

Regel #71 liefert dem Velominatus viele wichtige Lektionen verpackt in einer einfachen Regel. In erster Linie geht es darum, dass man mehr braucht als nur das erforderliche Tempo, um Radrennen gewinnen zu können. Man muss lernen, seine innere Stimme zu beruhigen, wenn sie einen anschreit, doch endlich diesem Fahrer hinterherzusteigen, der in einer sinnlosen Soloflucht davongeprescht ist, weil er fälschlicherweise hofft, sich damit Angeberrechte im Après-Velo-Café zu erstrampeln. Regel #71 sagt uns, dass wir die Geduld aufbringen sollen, unserer eigenen Vorbereitung zu vertrauen. Sie sagt uns, dass sich Hingabe fast jedes Mal gegen rohe Kraft durchsetzt.

REGEL #72 // BEINE SAGEN MEHR ALS TAUSEND WORTE

Sofern du nicht routinemäßig in namhaften Rennen deine Überlegenheit als Radsportler und die beneidenswerte Souplesse deines Pedaltritts demonstrierst, solltest du es unterlassen, dich über deine Wattzahlen, deine Pulswerte oder sonstige während deiner Fahrten aufgezeichnete Daten auszulassen. Siehe auch Regel #74.

Überlass deinen Beinen das Reden. Niemanden interessiert es, wie es um dein Kraft-Gewicht-Verhältnis bestellt ist, es sei denn, dieses Verhältnis beträgt V. Keiner interessiert sich für deine wöchentliche Kilometerleistung oder deinen Strava-KOM an irgendeinem obskuren »Anstieg«. Dies alles sind natürlich wertvolle Informationen, aber nur für dich selbst. Also behalte sie auch für dich. Mit seinen Radsport-Statistiken zu prahlen, ist nicht minder beschränkt, als würde man ständig auf Facebook solche Dinge posten wie »Ah, ich habe mir gerade ein HAMMERMÄSSIGES Sandwich gemacht! Mmmh, lecker – Zwiiiieeeebeln!«

Lass einfach deine Beine allen anderen eine kleine Geschichte über deinen umwerfenden Tritt erzählen: über die Souplesse deiner Kadenz und über die Lockerheit, mit der du einen Anstieg hochkurbelst. Und wenn du unbedingt reden musst, rede vom großen italienischen Radrennfahrer Gianni Bugno, derweil du in einer Gruppe einen Berg hochfährst. Unterhalte deine Mitstreiter mit Geschichten von der Unbewegtheit seines Oberkörpers, während er eine monströse Übersetzung die Pässe der Tour de France hochwuchtete. Wie er seine Qualitäten im Sprint ausspielte, um zweimal in Serie Weltmeister zu werden. Von seinem Sieg beim Giro d'Italia 1990, bei dem er die *Maglia Rosa* von der ersten bis zur letzten Etappe trug. Erzähl ihnen, wie Gianni bei der Ronde van

Vlaanderen dem belgischen Lokalmatador Johan Museeuw vor den Augen seiner Landsleute den Sieg vor der Nase wegschnappte. Und dann stellst du die Frage.

»Der Typ hatte echt was drauf, was?«

Wenn deine Beine wirklich mehr geredet haben als du, werden alle anderen Schwierigkeiten haben, genug Luft zu kriegen, geschweige denn zu reden. Die beste verbale Antwort, die sie herausbringen, ist womöglich ein kurz angebundenes, atemloses »Yep«. Andernfalls wird ein Grunzen oder ein Nicken dir und allen anderen signalisieren, dass deine Beine lauter gesprochen haben als deine Geschichten. Wenn es hart auf hart kommt, ist das Reden das Allererste, was aufhören muss. Denn die Konversation, die deine Beine führen können, ist immer beeindruckender als das, was aus deinem Mund kommt.

REGEL #90 // BLEIB AUF DEM GROSSEN BLATT

Wenn es steiler wird, bring einfach mehr Druck auf die Pedale. Als jemand beim Apostel Johan Museeuw in dieser Angelegenheit nachhakte, antwortete er einfach: »Ja, warum sollte man langsamer werden?« Selbstverständlich ist es akzeptabel, vorübergehend aufs kleine Blatt runterzuschalten, wenn man die 20 Prozent steilen Abschnitte der Kapelmuur hinauffährt.

Die von Pavé Cycling Classics organisierte »Velominati's Keepers Tour: Cobbled Classics 2012« war für die meisten von uns das erste Mal auf dem Kopfsteinpflaster von Nordfrankreich und Belgien und fraglos unsere erste Begegnung mit dem letzten Löwen von Flandern. Das Erste, was mir an Johan Museeuw auffiel, war sein Hintern. Es war nicht so, dass ich unbedingt nach seinem Gesäß Ausschau gehalten hatte, es war einfach nur das Erste, was ich von ihm zu sehen bekam.

Eigentlich hätten wir gegen Mittag zurück an der *Gîte* sein sollen, unserer Unterkunft, aber keiner von uns kam schnell genug aus den Puschen, um pünktlich da zu sein. Wir trafen etwas verspätet ein und versammelten uns draußen vor der Tür, um eine Strategie zu besprechen, wie wir am besten die Contenance wahren könnten, wenn wir nun einer der größten lebenden Legenden unseres Sports begegnen würden.

Unsere Strategie hatte jedoch nicht die Möglichkeit berücksichtigt, dass Johan Museeuw bei unserer Ankunft nackt sein würde. Wir hatten es versäumt, die Tatsache in Betracht zu ziehen, dass dies nun mal Europa war, ein Kontinent, dessen Bewohner dazu neigen, sich zu überraschenden Zeiten gänzlich unbekleidet zu zeigen.

Dort stand er also, oben auf der Treppe, und präsentierte unserer Gruppe seinen prächtigen Arsch. Okay, dachte ich, wir ziehen uns dann besser auch mal um...

Zusammen mit Museeuw zu fahren, war eine surreale Erfahrung. Er war nicht so dünn wie zu seiner Zeit als Profi und er trug nicht sein Mapei- oder Quickstep-Outfit. Er trug auch nicht seine Briko-Sonnenbrille oder seine unverwechselbare Kombination aus Sturzring und Radmütze. Aber er war immer noch Johan Museeuw: Seine Position auf dem Fahrrad, der Blick in seinen Augen und wie er in die Pedale trat, das alles war unverkennbar Museeuw. Bei mehreren Gelegenheiten hatte ich das Gefühl, das Video eines seiner alten Rennen zu sehen. Nur war es jetzt in 3D High-Definition Blu-ray Surround Sound mit Surround Smell (3DHDBRSSSS).

Da fuhren wir also, auf schmalen Straßen durch die landwirtschaftlich geprägte Gegend rund um Kemmel, entlang der Schlachtfelder des Ersten Weltkriegs. Die Straßen, auf denen wir fuhren, waren auch Schauplatz des Halbklassikers Gent-Wevelgem. Als wir an einen leichten Anstieg kamen, deutete Johan nach rechts und sagte: »Rechts ab! Im Rennen ging's immer da hoch.«

Da keiner von uns in der Stimmung war, an den Worten einer Legende zu zweifeln, machten wir alle brav kehrt und bogen so ab, wie er uns angewiesen hatte. Ich fuhr zufällig neben ihm, und die Straße wurde - wie es in diesem Teil Belgiens üblich ist - sehr schnell sehr viel steiler. Ich griff nach dem Schalthebel und ließ die Kette aufs kleine Blatt fallen, um mit der ruppigen Steigung zurechtzukommen.

Neben mir fuhr Museeuw einfach weiter. Nichts an ihm veränderte sich. Es war, als wäre die Straße immer noch bretteben.

Als die Straße schmaler wurde, fuhren wir dichter beieinander, so wie man das im Rennen gewohnt ist. Als die Straße zudem begann, in Kehren hinaufzuführen, streiften sich in den Kurven gelegentlich unsere Schultern. Die Straße wurde immer steiler und aus den Kehren wurden Serpentinen.

Wie es für solche Straßen typisch ist, waren die Haarnadelkurven auf der Innenseite am steilsten, und als wir an eine Linkskehre kamen, war Museeuw zu meiner Linken eingekeilt und hatte keine andere

Wahl, als auf dem allersteilsten Stück um die Kurve zu fahren. Auf der Außenseite der Kurve war es deutlich weniger steil, aber selbst da ertappte ich mich dabei, noch einen Gang runterzuschalten, um meine Beine ein wenig zu entlasten.

Und neben mir fuhr Museeuw einfach weiter. Nichts an ihm veränderte sich. Es war, als wäre die Straße immer noch bretteben.

Wir erreichten das Ende des Anstiegs, Museeuw kam mit einem kleinen Vorsprung vor mir oben an, und als die Straße tatsächlich wieder flach war, setzte ich mich erneut neben ihn.

»Ah, ich verstehe, wie du das machst. Wenn die Straße steil wird, wirst du nicht langsamer. Du hältst einfach dieselbe Geschwindigkeit wie vorher. Ganz einfach.« Ich sprach ihn auf Flämisch an, in seiner Muttersprache, und hoffte, dass mein niederländischer Akzent und die Atemlosigkeit meiner Worte den ironischen Unterton nicht verschlucken würden.

Er sah mich einen langen Moment an. Ich konnte seine Augen nicht hinter seiner Sonnenbrille erkennen, aber ich konnte sehen, dass er sich ein wenig unsicher war, worauf ich hinauswollte, und dass er sich zweifellos fragte, ob ich ihn auf den Arm nehmen wollte.

Schließlich antwortete er: »Ja, warum sollte man langsamer werden?«

REGEL #91 //
KEINE VERPFLEGUNG BEI TRAININGSFAHRTEN UNTER VIER STUNDEN

Auch diese Regel stammt vom Apostel Johan Museeuw, der zu Frank sagte: »Ja, kein Essen beim Training unter vier Stunden. Du musst etwas Gewicht verlieren.« Oder, um es mit Fignon zu sagen: Manchmal, wenn wir trainieren, müssen wir uns aufmachen, dem Mann mit dem Hammer zu begegnen. Die Ausnahme sind natürlich harte Trainingseinheiten und Rennen von mehr als einer Stunde. Wenn du vorhast, länger als vier Stunden unterwegs zu sein, solltest du wohlweislich anfangen zu essen, bevor du Hunger bekommst. Dies schließt auch Energy-Drinks ein.

So wie Eddy Merckx der Prophet ist, ist der Mann mit dem Hammer so etwas wie der Heilige Petrus, der an der Pforte mit dem Goldenen Ritzel Wache hält und bestimmt, wer in das Reich der Velominati einziehen darf.

Meine Einführung in diese besondere Welt begann bereits in jungen Jahren. Denn wie viele andere Familien haben auch wir immer unsere Fahrräder mit in den Familienurlaub genommen. Der einzige Unterschied war, dass wir das Auto normalerweise zu Hause gelassen haben.

Bei diesen Fahrradurlauben mussten wir ohne den Luxus von Begleitfahrzeugen und ähnliche Annehmlichkeiten auskommen. Wir kamen auf unserer Route ja gelegentlich durch Städte und Dörfer – das musste reichen, um die Verpflegung zu regeln. Natürlich führten wir immer etwas Essen und einige Vorräte mit uns, aber sollte mal einer von uns einen unplanmäßigen Besuch vom Mann mit dem Hammer bekommen, gab es keine andere Alternative, als einfach weiterzufahren, bis wir die nächste Stadt erreichten, die aber normalerweise noch mehr als nur ein paar Kilometer zu weit weg war.

Als ich acht oder neun Jahre alt war, hatte ich den Mann mit dem Hammer schon öfter getroffen als irgendjemand anderen, der nicht zu meiner Kernfamilie gehörte. Ich lernte ihn sehr schnell sehr gut kennen, so dass ich fast schon anfing, ihn auch bei festlichen Angelegenheiten wie Hochzeiten, Geburtstagsfeiern, Weihnachten und anderen Familienzusammenkünften zu erwarten.

Unter diesen vielen Begegnungen mit dem Mann mit dem Hammer stachen zwei Gelegenheiten als besonders monumental heraus. Die erste fand im Frühling meines achtzehnten Lebensjahres statt, die zweite im Winter meines sechsunddreißigsten.

Als ich 17 Jahre alt war, fuhr mein Vater mit mir nach Belgien, um an der Jedermann-Variante von Lüttich–Bastogne–Lüttich teilzunehmen. Es war April oder Mai, und ich war in der Form meines Lebens. Im Laufe des Winters war ich Landesmeister im Skilanglauf geworden, und diesen positiven Schwung hatte ich erfolgreich in den Frühling und in den Beginn des Radtrainings hinübergerettet. Nicht nur das, ich hatte es auch geschafft, das Geld für einen Selle San Marco Regal-Sattel und einen Scott Drop-in-Lenker zusammenzukratzen. Ich war felsenfest überzeugt: Mit einem Fahrrad, das genau wie das von Greg LeMond aufgebaut war, würde mich nichts und niemand mehr aufhalten.

Da meine Familie ursprünglich aus Holland stammt, flogen wir nach Amsterdam, blieben ein oder zwei Tage bei Verwandten, die ohne Zweifel davon ausgingen, dass wir komplett wahnsinnig geworden waren (und damit sehr wahrscheinlich recht hatten), und fuhren mit dem Rad die knapp 400 Kilometer zum Start in Lüttich.

Wir hatten zwei Tage, um in Ruhe dorthin zu kommen, also kann ich mich nicht genau erinnern, warum mir das als eine so lange Strecke erschien, aber es war so.

Wir hatten keine Unterkünfte im Voraus gebucht, sondern wollten die Übernachtungen einfach spontan vor Ort regeln: Wir fanden ein Hotel irgendwo kurz hinter der Grenze in Belgien und ein zweites in Lüttich. Die Rennräder, mit denen wir unterwegs waren, waren mit den riesigsten rückwärtig baumelnden Gepäckfächern ausgestattet, die man je zu Gesicht bekommen hatte. Es waren Satteltaschen von Blackburn, die genug Stauraum boten, um alles unterzubringen, was wir für die gesamte fünftägige Reise brauchten. Sie wogen so viel wie ein Panzer und baumelten unter unseren Sätteln wie der Hodensack eines preisgekrönten Zuchtbullen.

Wie sich herausstellte, bestand unser genialster taktischer Schachzug darin, das Hotel in Lüttich nicht für zwei Nächte zu buchen. Wir beließen es bei einer und nahmen unsere Bullenskrotum-Prothesen einfach mit auf den höhenmeterreichsten aller Frühjahrsklassiker. Ironischerweise erforderte diese Entscheidung wirklich Eier.

Die erste Hälfte der Fahrt lief gut. Die Strecke von Lüttich nach Bastogne ist nicht besonders schwierig. Es war in der Tat alles in bester Ordnung, bis auf ein kleines Detail. Weiße Pfeile markierten die diesjährige Strecke, während im Jahr zuvor blaue Pfeile verwendet worden waren. Es war eine kluge Idee, verschiedenfarbige Pfeile zu verwenden, um die Streckenführungen auseinanderhalten zu können. Eines hatten die Organisatoren jedoch versäumt: Sie hatten nicht in Betracht gezogen, dass blau nach einem Jahr in Wind und Wetter mitunter sehr weiß aussehen kann.

Ich bin mir nicht sicher, ob jemand anders den gleichen Fehler gemacht hat, aber wir für unseren Teil haben es nicht bemerkt, ehe wir eine schöne, lange, in weiten Kehren hinabführende Abfahrt hinter uns gebracht hatten und nach 50 Kilometern bergab in einem malerischen Dorf mit einer Brücke über einen majestätischen Fluss gestrandet waren. Selbst jetzt noch sehe ich dieses Dorf vor mir, so real, als wäre ich dort. Und ich kann immer noch den Namen Stephen Roche lesen, der in riesigen weißen Blockbuchstaben auf der Brücke stand.

Das einzige Problem war, dass Stephen Roche im Jahr zuvor seine Karriere beendet hatte. Wir waren auf der Strecke des Vorjahres.

Da es sich bei Google Maps noch um Science Fiction handelte und die Verbreitung von Mobiltelefonen sich auf das Set von *Miami Vice* beschränkte, hatten wir keine andere Möglichkeit, als unsere Räder zu wenden und auf derselben Straße zurückzufahren, die sich nun als ein langer, in weiten Kehren hinaufführender Anstieg präsentierte, bis wir nach 50 Kilometern wieder oben auf dem Höhenzug waren, von dem wir gekommen waren.

Bei Lüttich-Bastogne-Lüttich handelt es sich eigentlich um eine Fahrt von rund 260 Kilometern, nach Adam Riese hatten wir also, als wir den Wendepunkt in Bastogne erreichten, der ungefähr die Mitte des Rennens darstellt, bereits rund 230 Kilometer zurückgelegt.

Wir näherten uns der berühmten Côte de la Haute-Levée, die etwa bei Kilometer 180 der Strecke liegt, beziehungsweise für uns dank unseres Umweges bei Kilometer 280. Ich fuhr hinter meinem Vater, rollte im Windschatten mit, so wie schon den größten Teil des Tages, als plötzlich die Lücke zwischen seinem Hinterrad und meinem Vorderrad aufging.

Ich trat härter in die Pedale, aber nichts passierte. Ich versuchte, noch etwas mehr Druck auf die Pedale zu geben. Nichts. Nach kurzer Zeit sah ich, wie er unter seinem Arm hindurchblickte und mit einiger Überraschung bemerkte, dass ich nicht mehr hinter ihm war. Er setzte sich auf. Er wartete. Ich hatte nicht das Gefühl, dass ich näher kam.

Die Einzelheiten diesen speziellen Zeitabschnitts kann ich nur noch unscharf rekonstruieren, wie es meist der Fall ist, wenn man vom Mann mit dem Hammer geärgert wird, aber ich erinnere mich besonders an zwei Sachen. Die eine ist, wie ich unter einem großen Baum liege und eine Frau mich mit runden Tabletten füttert, von denen ich annehme, dass man sie in der Trinkflasche in Wasser auflösen soll, damit daraus eine Art Energydrink wird. Sie schmeckten aber auch in fester Form, wenn ich mich recht entsinne.

Die zweite Sache, an die ich mich erinnere, ist, dass wir in einer Abfahrt kurz vor der Haute-Levée in einem Café Halt machten und mein Vater eine Schüssel Fritten nach der anderen bestellte, die auf die einzige Weise serviert wurden, die man in Belgien beherrscht, nämlich mit einem riesigen Klumpen Mayonnaise. Er behauptet, dass wir sechs Schüsseln vertilgt hatten, ehe etwas Farbe in mein Gesicht zurückkehrte.

Ich zählte nicht mit, denn ich war ganz vom Anblick der Haute-Levée gebannt, die vor den Toren der Stadt aufragte. Von dort, wo wir saßen, sah es unglaublich steil aus, und ich konnte die anderen Fahrer sehen, wie sie abstiegen und ihr Rad das Steilstück hinaufschoben. Ich hörte nicht auf zu essen, bis ich das Gefühl hatte, ich könnte es irgendwie diesen Hügel hinaufschaffen, mitsamt dieser höllischen Satteltasche, die mich nach unten zog.

Als wir schließlich im Ziel waren, gönnten wir uns ein großes Abendessen und machten uns daran, ein anderes Hotel für die Nacht zu finden. Wir landeten im selben Hotel, im selben Zimmer. Dem härtesten Ardennenklassiker noch mal hundert Kilometer hinzuzufügen, war nicht gerade klug. Auf diese Strecke zu gehen und dabei unnötigerweise Shampoo, saubere Unterwäsche und die vermeintlich lebensnotwendigen Dinge für fünf Tage mitzuschleppen, war ein Fall fürs Jugendamt. Konnte sich mein alter Herr keine andere Art und Weise ausdenken, um sein Wissen über Regel #5 weiterzugeben? Oder war er einfach nur etwas weniger klug und doch ein bisschen holländischer, als mein 17-jähriges Ich bis dato gedacht hatte? Darauf kam es letztlich nicht an. Ich hatte mal wieder den Mann mit dem Hammer getroffen und fuhr gestärkt aus dieser Erfahrung hervor.

Bis zum vergangenen Jahr war dies das einzige Mal, dass der Mann mit dem Hammer mich wirklich komplett in die Knie gezwungen hat. Aber im Training für die alljährliche Wallfahrt der Velominati zu den Frühjahrsklassikern habe ich 200 Kilometer lange Solo-Ausfahrten in den Hügeln rund um Seattle unternommen. Diese Hügel sind dem nicht unähnlich, was in Belgien unter *Côte* firmiert: Anstiege von überschaubarer Länge, in der Regel mehr als einen Kilometer lang, aber selten mehr als drei. Auf einer Strecke von insgesamt 200 Kilometern ist es nicht ungewöhnlich, dass auf diese Weise zwei- bis dreitausend Höhenmeter zusammenkommen.

Die Winter in Seattle sind geprägt von Regen und der Neigung der Quecksilbersäule, sich höhnisch rund um den Gefrierpunkt zu bewegen. Abgesehen von Belgien gibt es vermutlich keinen Ort auf der Welt, der mehr Regel #9 ist als der Pazifische Nordwesten der Vereinigten Staaten. Er bietet ein perfektes Versuchsgelände, um dort im Winter für die Frühjahrsklassiker zu trainieren.

Ich lebe in einem Teil von Seattle namens Phinney Ridge, der wie der Name schon nahelegt, auf einem nicht unerheblichen Höhenrücken gelegen ist. Ich machte mich um sieben Uhr morgens mit meinem Rad auf den Weg, als sich die Sonne gerade hoch genug über die Bäume erhoben hatte, um die Straßen ausreichend zu beleuchten, und war optimistisch, vielleicht den ganzen Tag trocken zu bleiben. Die Wolken wurden jedoch immer dunkler, bis sie schließlich das ganze Wasser, das sich in ihnen sammelte, preisgaben.

Die Temperatur ging in den Keller, der Regen fiel und ich fuhr weiter, ganz allein. Ich nahm Kurs auf die höher gelegenen Berge, um dort den zweiten Teil meiner Trainingsrunde zu bestreiten. Die Temperatur sank weiter und ich griff, in meinem Bemühen, warm zu bleiben, vermehrt nach der mitgeführten Verpflegung, da ich davon ausging, in der Kälte und Nässe mehr Energie als normal zu verbrauchen.

Als ich den Gipfel des Cougar Mountain erreichte, knapp 70 Kilometer von zu Hause entfernt, fuhr ich ohne Essen und bei bereits nachlassendem Tageslicht durch den Schnee.

Als ich ein Kind war, gab es in der Zeitung eine Comic-Serie über einen Feldwebel, der von einem faulen Unteroffizier gepiesackt wurde. Erträglich wurde dieser Comic durch einen anderen Unteroffizier, der ein Idiot war. Ich erinnere mich an eine bestimmte Folge, in der der Idiot mit dem Jeep zurück ins Lager bretterte, als wäre der Teufel persönlich hinter ihnen her. Der Feldwebel, der auf dem Beifahrersitz saß, fragte den Idioten, warum er so schnell fuhr. Der Idiot antwortete: »Ach, unser Tank ist verdächtig leer. Ich will lieber schnell zurück zum Stützpunkt, bevor uns das Benzin ausgeht.«

An diesem Tag fuhr ich nach Hause, wie dieser Idiot seinen Jeep fuhr.

Fast hätte ich es geschafft, aber halt nur fast. Als ich die Grenzen der Stadt erreicht hatte, ertappte ich mich dabei, wie ich vor Ampeln langsamer wurde, ehe sie auch nur gelb wurden. Ich war scharf auf die ausgezeichnete Ausrede, einen Fuß auf den Boden stellen und mich ein paar Sekunden ausruhen zu können. Nach ein paar solcher Ampeln ertappte ich mich dabei, wie ich meinen Kopf auf den Lenker legte, während ich darauf wartete, dass es wieder grün wurde. Nach ein paar weiteren Ampeln ertappte ich mich dabei, wie ich wieder aufwachte, als die Motoren der Autos neben mir aufheulten, weil die Ampel auf Grün sprang.

Als ich schließlich am Fuß von Phinney Ridge ankam - keine 50 Höhenmeter von unserem Haus entfernt -, stieg ich vom Rad und setzte mich an den Straßenrand, um zu überlegen, wie in aller Welt ich diesen Hügel hinaufkommen sollte. Ich setzte mir schließlich in den Kopf, ihn auf dem Rad hochzufahren, und ich erinnere mich, dass es nicht ganz so schlimm war, wie ich befürchtet hatte, aber an weitere Details erinnere ich mich nicht. An anderer Stelle wurde bereits deutlich gemacht, dass niemand in seinem Leben als Radsportler jemals irgendetwas hinaufgehen und -schieben sollte. Wenn der Tank komplett leer ist und nur noch abgestandene Dämpfe enthält, wenn die Guns of Navarone nach sechs Stunden Dauerfeuer heißlaufen, sich verziehen und unbrauchbar werden, greifen wir auf die grundlegende Regel zurück: Regel #5. Wir greifen zurück auf das Grundprinzip, das da lautet: Dreh einfach die Pedale immer weiter. Du musst nicht groß überlegen, wie du es schaffst, den ganzen Weg nach Hause zurückzufahren; du musst nur herausfinden, wie du die Pedale noch ein weiteres Mal herumwuchtest.

Finale

Jedes große Rennen besitzt auch einen großen Schlusspunkt: das Finale. Die Champs Élysées, das Velodrom von Roubaix, der Poggio di San Remo und die Mur de Huy sind ebenso ikonisch wie die Rennen, in denen sie eine Rolle spielen. Manchmal ist das Rennen schon lange vor Erreichen der Ziellinie entschieden, in anderen Fällen kommt es auf die allerletzten Meter an. Ganz gleich, ob ein Rennen sechs Stunden oder drei Wochen dauert, der Weg zum Ziel steckt immer voller Dramatik und voller Herausforderungen, die jeder einzelne Fahrer meistern muss, ob er nun um den Sieg kämpft oder nur innerhalb des Zeitlimits ins Ziel kommen will.

Dieses Buch hat uns über grobes Kopfsteinpflaster und hohe Alpenpässe geführt, über unglaublich steile und schmale Anstiege, die sich im unscheinbaren Hügelland verstecken. Wir sind zusammen im *Gruppetto* gefahren und haben im Massensprint auf breiten Boulevards Kopf und Kragen riskiert. Und, wie in jedem Rennen, gab es Zeiten, in denen wir schlappzumachen drohten, aber wir wussten, dass wir, wenn wir nur dranblieben und nicht aufgäben, uns wieder erholen und ein starkes Finish hinlegen würden. Und just in dem Moment, in dem das Rennen zu Ende ist und alle müde und zerschunden vom Rad steigen, weiß jeder Fahrer, dass auch am nächsten Tag wieder ein schwerer Tag auf ihn wartet und am Tag darauf erneut und dass er sich stets bemühen wird, seinen Job besser zu erledigen als beim letzten Mal, immer wieder aufs Neue.

Wir Velominati leben nach demselben Ethos. Wir suchen immer nach Möglichkeiten, uns als Radsportler zu steigern und ebenso unsere Passion für den Radsport und unseren Spaß daran zu mehren. Wenn wir uns mit dem Radfahren befassen, fahnden wir immer nach weiteren Möglichkeiten, um uns selbst, unsere Räder und unsere Umgangsformen als Radsportler zu vervollkommnen, sowohl hinsichtlich unseres Selbstwertgefühls als auch in Bezug auf unsere Außenwirkung.

Was die Regeln betrifft, so sind es derzeit 95 an der Zahl, aber wir wissen, dass sie sich weiterentwickeln werden, dass sie immer mal wieder ergänzt, verfeinert und neu definiert werden, während wir weiter den Weg des *La Vie Velominatus* verfolgen. Fast täglich erhalten wir Vorschläge für neue Regeln, und einige von ihnen haben es in den Band geschafft, den du gerade in Händen hältst. Die Regeln sind nicht statisch, vielmehr handelt es sich um eine lebendige, organisch wachsende Sache, die sich mit unserem Sport weiterentwickelt und die von dir und deinesgleichen zum Leben erweckt wird. Du trägst dazu bei, dass die Regeln Gestalt annehmen; wir als »Keepers of the Cog« tun lediglich unser Bestes, um sie zusammenzuführen, zu betreuen und zu erhalten.

Die Regeln helfen uns, neue Gründe zu finden, um jeden Tag mit Freude aufs Rad zu steigen. Unsere Hoffnung ist, dass sie auch dir helfen, das Gleiche zu erleben. Nichts von all dem hätte irgendeine Bedeutung, wenn wir keinen Grund finden, unser Bein so oft wie möglich über ein Oberrohr zu werfen.

Danke fürs Lesen. Und danke, dass du ein Teil unserer Gemeinschaft bist.

Vive La Vie Velominatus.

Danksagung

Wenn man in den Archiven der Velominati stöbert und die ältesten dort zu findenden Artikel ausgräbt, stößt man auf kurze Diskussionen zwischen den fünf Keepers of the Cog, in die sich gelegentlich mal ein schrulliger Leser einmischte.

Seit damals hat sich für uns vieles verändert, aber eines blieb stets gleich: unsere Leidenschaft für das Rad und unsere Freude daran, uns mit jedem, der sich beteiligen möchte, darüber auszutauschen. Wir lachen, wir erzählen Witze, wir schweifen vom Thema ab, wir beleidigen uns, wir streiten, wir vertragen uns wieder.

Dieser Geist der Offenheit, diese Bereitschaft, freimütig zu teilen und mit anderen zu kommunizieren, hat die Velominati dorthin gebracht, wo wir heute stehen. Jeder einzelne Leser und jedes Mitglied unserer Community hat dazu beigetragen, *Velominati.com* zu einem der am schnellsten wachsenden Radsport-Portale der Welt zu machen. Ohne dein Zutun hätten wir niemals die Gelegenheit gehabt, dich mit diesem Buch zu langweilen. Von ganzem Herzen: Danke!

Wir würden gern einigen Mitgliedern unserer Community danken, die sich besonders verdient gemacht haben und eine große Inspiration waren.

Michelle für ihre Liebe zu Frank, für den Halt, den sie ihm bietet, und dafür, dass sie ihm nie auf die Nase bindet, wie dumm seine Ideen sind.

Franks Familie, namentlich Andrine, Otto, Erik und Karen, die alle großen Anteil daran hatten, dass er bereits in jungen Jahren die

Liebe zum Radfahren entdecken und kultivieren konnte, als sie alle zusammen auf geheiligten Pfaden kreuz und quer durch Europa fuhren.

Bretts Eltern Brian und Christina, die seine Radsportleidenschaft schon von klein auf unterstützt haben, sowohl mit einem konstanten Nachschub an neuen Fahrrädern und Fahrradteilen als auch mit ihrer Nachsicht, wenn er nach seinen Touren mal wieder eine Spur aus Morast, Schmierfett und Blut durchs ganze Haus zog. Ihr habt ihn stets in seinem Glauben bestätigt, seine Passion vielleicht eines Tages zum Beruf machen zu können.

Giannis Frau Beth, deren Tadel ihn zu mehr Stunden auf dem Rad animiert, als er manchmal auf sich nehmen möchte, und Mark Lowrey, der ihm einst den Weg zu dieser glorreichen Radsport-Existenz gewiesen hat.

Markos Familie, Sheri und Isla, die ihn, weit mehr als man von Frau Tochter gemeinhin erwarten darf, immer ermutigt haben, Regel #11 zu beherzigen.

Jims Sattel, obwohl er ein schlechter Ersatz für einen Barhocker ist.

Johnny Klink, der sich zusammen mit Brett während langer Abende, an denen sie gemeinsam im Schuppen an ihren Maschinen herumgeschraubt haben, bis alles wirklich perfekt war, den Begriff »Die Regeln« ausgedacht hat. Seine Liebe zum Detail, die schon ans Obsessive grenzt, ist ein leuchtendes Beispiel, dem jeder folgen sollte.

Col, dessen Räder und Kleidung eine entscheidende Inspiration für den Gedanken waren, dass beides immer fantastisch aussehen sollte, und zwar weil dies bei ihm höchst selten der Fall war. Trotzdem hat dieser Kerl auf und abseits des Rades eine Menge auf dem Kasten.

James Spackman, der mit dem bescheuerten Vorschlag an uns herantrat, ein Buch über die Regeln zu schreiben, und gerade in der Anfangsphase des Projekts eine wichtige Stütze war.

Drummond Moir, weil er geduldig unsere kollektiven Zwangsstörungen ausgehalten hat, damit dieses Buch tatsächlich Gestalt annehmen und fertiggestellt werden konnte.

William Fotheringham, weil er die englischsprachige Welt mit den erforderlichen Dosen an grandiosem Radsportjournalismus versorgt und so über viele Jahre ein Quell der Inspiration war. Und auch, weil er sich als Unterstützer unserer Community hervorgetan und freundlicherweise den Vorspann für unser Buch beigesteuert hat.

Angelo Giangregorio (alias Pedale.Forchetta), weil er ein langjähriges und über die Maßen respektiertes Mitglied unserer Community ist und uns es großzügig gestattet hat, seine phänomenalen Fotos in unserem Buch zu verwenden.

Jesse Willems (www.jessewillems.be), weil wir auf ihn als Fan und Unterstützer zählen können und weil wir die Fotos von der »Velominati's Keepers Tour: Cobbled Classics 2012« in diesem Buch benutzen dürfen.

Jeremy Kershaw, weil er uns gestattet hat, sein Foto zu verwenden, das Marko bei der 2012er Ausgabe von The Heck of the North zeigt.

Levi Lexvold, weil er gelernt hat, »Beiß verflucht noch mal auf die Zähne« in einer ausgestorbenen Wikingersprache zu schreiben, und uns erlaubt hat, seine Runen auf die Steintafeln des Propheten zu übertragen.

Bildnachweis

Gianni Andrews: 105. Marko Carlson: 47, 158. Cor Vos/Cor Vos Fotopersburo-Video ENG: 24 (Kopf), 36, 84, 181, 184, 197, 200, 214, 224, 245. Elizabeth Keller: 93. Jeremy Kershaw: 207. Pedale Forcheta: 180, 223, 233, 241. Getty Images: 96/AFP/Pascal Pavani, 118/Roger Viollet, 216/AFP. Archiv Ronald Grant: 24 (Hintergrund). Het Laatste Nieuws: 25. Photosport Int/Rex Features: 215. Jean-Yves Ruszniewski/TempSport/Corbis: 120, 203. Frank Strack: 141, 156. Jesse Willems: 52, 106, 125, 193.

Es wurde jede Anstrengung unternommen, die Inhaber aller Bildrechte ausfindig zu machen; sollte dennoch unbeabsichtigt eine Nennung fehlen oder fehlerhaft sein, bitten wir die betreffenden Personen, Kontakt mit uns aufzunehmen, so dass die Angaben in folgenden Ausgaben oder Druckauflagen ergänzt werden können.

Glossar

ADRIAN // **Ein nerviger, wenn auch harmloser Trottel.** Ein Adrian zeichnet sich auch durch die zahlreichen Rechtschreib- und Grammatikfehler aus, die ihm unterlaufen, wenn er versucht, mit Diskussionsbeiträgen auf *Velominati.com* zu punkten.

A-MERCKX // **Vom Velominatus verwendete Akklamationsformel.** Diese kann in vielen Gesprächssituationen sowie im Gottesdienst als Abschlusswort von Gebeten und Hymnen an die großen Götter des Radsports benutzt werden. (Nicht zu verwechseln mit der Kurzform des Namens von Eddy Merckx' Sohn Axel.)

ANTI-V // **Die Kräfte im täglichen Leben, die dich davon abhalten können, die V ordnungsgemäß zu befolgen.** Die Anti-V offenbart sich durch die Abwesenheit der Dinge, die wir am Radsport am meisten mögen, nämlich diese Kombination aus Mumm, Klasse und *Panache*. Beispiele für die Anti-V sind Reifenlutschen, Angeberei und mangelnder Sportsgeist.

ARISTOKRATEN // **Schwarzweiße Radschuhe.** Die Kombination von Weiß mit Schwarz in einem schönen italienischen Lacklederschuh.

AUFSETZEN UND BETTELN // **In aufrechter Sitzposition fahren.** So sitzen Leute auf dem Rennrad, die ihre Lenker mit Hilfe von Spacer-Türmen und dergleichen absurd weit oben montiert haben.

BAUCHATMUNG // **Eine Wampe als Atemtechnik ausgeben.** Wenn behauptet wird, dass das, was da hervorsteht, nicht etwa ein Bauch ist, sondern nur der sichtbare Ausdruck einer höchst ausgeklügelten Technik des Atemholens, die man Zwerchfellatmung nennt.

BEL MEZZO // **Mezzo steht im Italienischen für Transportmittel.** Ich zeige dir mein neues Rennrad und du sagst: »Bel Mezzo!«

BELGISCHE ZAHNPASTA // **Der dicke, klebrige Schleim, der sich in deinem Mund bildet, wenn du die V in die Tat umsetzt.**

BELGISCHER STIL // **Beim Fahren den Lenker vornehmlich mit den Händen oben auf den Schalt-/Bremsgriffen halten.** »Oh, schau mal, wie sauber bei dem Typen das Lenkerband am Unterlenker ist! Das muss ein Spezialist für den belgischen Stil sein.«

BESCHISSENHEIT // **Alle Arten von negativen physiologischen Auswirkungen, die vom Wetter hervorgerufen werden.**

BRIAN // **Brian zermalmt dein Ego und gehört derselben Unterart an wie Adrian.** Der Typ, der während einer Ausfahrt, und zwar üblicherweise im Anstieg, zu dir aufschließt, solche Abscheulichkeiten wie khakifarbene Bermudas, ein Camelbak und einen Lenkeraufsatz in dein Blickfeld schiebt, eine beliebige Anzahl von Regeln bricht und dann ansatzlos dazu übergeht, dich locker abzuhängen.

BROMMER // **Das Rad von Motorcus.** Abgeleitet (das heißt: schamlos übernommen) vom niederländischen Wort für Moped.

BRO-SET // **SRAM.** Da *Gruppo* ein italienisches Wort ist, darf der Begriff ausschließlich für Campagnolo verwendet werden. Shimano ist eine Group-san und SRAM ist ein Bro-Set.

CADELEPHANTIASIS // **Eine plötzliche Zunahme an Härte und aggressiver Fahrweise.** Insbesondere die Vergrößerung der Testikel zu gigantischen Ausmaßen, wenn die betreffende Person einem Regenbogen ausgesetzt ist, so wie es bei Cadel Evans der Fall war.

CARBONE // **Dieses Gefühl, das dich überkommt, wenn du ein schönes Rad siehst.**

CARBONKRÜCKE // **Räder mit Carbonrahmen, die am Berg oder im Sprint überholt werden.** Am besten wird ein solches Manöver mit einem klassischen Stahlrahmen praktiziert. Zum Beispiel: »Ich hab im Sprint an der Uferstraße ein halbes Dutzend Carbonkrücken versägt.«

CHARISMATISCHE VERGIFTUNG // Mit einem Schwips fahren. Es ist eine wissenschaftlich bewiesene Tatsache, dass Menschen charismatischer sind, wenn sie Alkohol getrunken haben. Alkohol ist aber auch ein Gift. Ergo: Bier beschert uns eine charismatische Vergiftung.

CLIMBONE // Dieses Gefühl, das dich überkommt, wenn du einen schönen Anstieg siehst.

COBBLEBONE // Dieses Gefühl, das dich überkommt, wenn du einen Straßenabschnitt aus grobem Kopfsteinpflaster siehst. Dies tritt insbesondere in der Annäherung an das *Pavé* auf. Paradoxerweise verflüchtigt sich das Gefühl häufig im Nu beim tatsächlichen Fahren auf Kopfsteinpflaster.

COGAL // Zusammenkunft von Velominati, um einen Tag zusammen zu fahren und Bier zu trinken. So wie die Illuminati ihre legendären und in gewissem Maße auch gefürchteten Cabals abhielten, richten wir Velominati unsere eigenen modernen Versionen solcher Treffen aus, die Cogals. Eine Versammlung von gleichgesinnten Außenseitern, die durch die Aussicht auf gemeinsamen Biergenuss zusammengeführt werden, dem eine Ausfahrt mit dem Rad vorausgeht. Ein Cogal unterscheidet sich von anderen Gruppenausfahrten durch die folgenden drei Kriterien: Erstens werden Cogals durch Velominati organisiert und unterstützt, obschon nicht unbedingt durch einen der Hüter (rein rechtlich gesehen sind wir in keiner Weise beteiligt; wenn du also bei solcher Gelegenheit stürzt oder stirbst, ist das dein Problem). Zweitens ist ein Cogal eine ganztägige Unternehmung, die sich zu 100 Prozent auf den Radsport konzentriert. Die Ausfahrten sind kategorisiert (zum Beispiel: sorgsam nonchalant, Regel #5, Regel #10), aber in jedem Fall lang. Alles andere fällt für den betreffenden Tag also flach; siehe Regel #4. Drittens umfassen Cogals immer den gemeinschaftlichen Konsum malzhaltiger Regenerationsgetränke im Anschluss an die Ausfahrt. Sofern es sich einrichten lässt, sollte stets auch ein gemeinsamer Espresso vor der Fahrt eingenommen werden.

COGNOSCENTI // **Die Sekte der Regel #5-Fundamentalisten.** Wir heißen ihre Interpretation nicht in jeder Einzelheit für richtig und gut, aber (ähnlich wie es bei der katholischen Kirche mit Opus Dei der Fall ist) erkennen wir sie als Teil unserer Gemeinschaft an.

COGNOSCENTRIX // **Eine weibliche Regel #5-Fundamentalistin.**

COGNOSCENTUS // **Ein männlicher Regel #5-Fundamentalist.**

COTHO // **C*nt Of The Highest Order/Arschloch höchster Güte.** Siehe auch Pharmstrong, Veino, Pharmstrong, Contador, Pharmstrong, Piti, Johan Bruyneel, Pharmstrong, Riccò, Hein Verbrugge und Pat McQuaid - je nach deiner Sicht der Dinge.

DEN DELGADO MACHEN // **Zu spät zum Start der Velominati Super Prestige oder einer anderen wichtigen Rad-Veranstaltung erscheinen.** Inspiriert durch den verspäteten Start des Titelverteidigers Pedro Delgado beim Prolog der Tour 1989.

DIESES BESCHISSENE RAD // **Abschätzige Bemerkung über das Handwerkszeug des Velominatus, sein Rennrad.** Bekommt ein Velominatus regelmäßig zu hören, wenn seine bessere Hälfte weder eine Ahnung hat, worum es bei der Fron im Sattel geht, noch das geringste Verständnis für Regel #11 aufbringt.

DREI-PUNKT-SYSTEM // **Die richtige Art und Weise, wie man eine Kopfbedeckung trägt.** Das Drei-Punkt-System ist ein zuverlässiger, jederzeit wiederholbarer Check, mit dem du gewährleisten kannst, fantastisch auszusehen, während du Objekte auf dem Kopf trägst, die im Grunde sehr hässlich sind: a) vorne knapp über den Augen, b) seitlich nah an den Ohren verlaufend, c) hinten niemals den Nacken verdeckend.

DUNKLE RITTER // **Eine alternative Bezeichnung für schwarze Witwen.**

EINEN SCHEISS WIRST DU // **Das Maß an Vertrauen, das die bessere Hälfte eines Radsportlers in dessen Entschlossenheit hat, radsportfremde Pläne zu Ende zu bringen.** Zusammengefasst in der entnervten Feststellung, dass alle Versprechen hinsichtlich gemeinsamer Aktivitäten im Anschluss an deine Ausfahrt mit dem

Rad schließlich vergessen sein werden, weil du dann voll und ganz damit beschäftigt bist, auf dem Sofa zu liegen und über deine Geschütze zu jammern.

FENDANGELIST // **Begeisterter Verfechter der Ausstattung des Rennrads mit Schutzblechen bzw. Spritzschutz.** Ein Fahrer, der nicht müde wird, andere Fahrer in der Gruppe auszuschimpfen, die ohne solche Fender unterwegs sind, und ihnen ungefragt die zahlreichen Gründe darzulegen, warum sie dies künftig anders halten sollten.

FLÄMISCHE BRÄUNUNGSSTREIFEN // **Künstliche Bräunungsstreifen durch eine Melange aus Matsch, Splitt und Kuhscheiße.** Nach einer Ausfahrt unter den Bedingungen von Regel #9 ist der Kontrast zwischen den sauberen und den von Straßendreck bedeckten Hautpartien des Fahrers direkt proportional zur Großartigkeit der Ausfahrt.

FLÄMISCHE MASKE // **Während des Fahrens aufgetragene Gesichtspflege aus Matsch und Rollsplitt.** Der angesagte Look in der Frühjahrssaison, wenn das Gesicht eines Radsportlers in der Tradition großer Eintagesklassiker eine Kruste aus Morast erhält. Anmerkung: Jede Form von Matsch funktioniert, nicht nur flämischer Matsch.

FLÄMISCHE AUSGEHUNIFORM // **Armlinge, Windweste, belgische Stiefelchen, eine Radmütze unter dem Helm.** Während Kirchgänger für die Predigt ihren Sonntagsstaat anlegen, streift ein Radsportler, wenn er zum Gottesdienst in schlechtem Wetter aufbricht, seine flämische Ausgehuniform über.

FLÄMISCHER SPIEGEL // **Wenn ein Fahrer auf regennasser, glänzender Fahrbahn sein eigenes Spiegelbild entdeckt.**

FLUCHTGESCHWINDIGKEIT // **Die Geschwindigkeit, die du drauf hast, wenn du deine größte Übersetzung mit höchstmöglicher Kadenz bewegst.** Dies ist der kritische Punkt, an dem du das Maximum an Geschwindigkeit aus dir und deiner Maschine herausgepresst hast. »In dieser Abfahrt erreichte ich Fluchtgeschwindigkeit und musste die LeMond-Hocke auspacken.«

FLÜSSIGE HARMONISCHE ARTIKULATION // **In völliger Harmonie mit dem Rad fahren.** Dies bezieht sich auf die symbiotische Beziehung zwischen dem Fahrer und seiner Maschine. Kennzeichnend ist der völlig unbewegte Oberkörper in Kombination mit einer mühelos wirkenden, gleitenden Pedalierbewegung. Was für dich eine Offenbarung an Harmonie und Eleganz ist, resultiert für deine Mitfahrer in einer hohen Dosis an V-gemäßem Schmerz. Die flüssige harmonische Artikulation ist ein Zustand, der sich nur in Hochform einstellt und der gelegentlich auch als *La Volupté* bezeichnet wird.

FÜNF-MAL-ZEHN // **Die V in die Tat umsetzen und gleichzeitig uneingeschränkten Einsatz gemäß Regel #10 zeigen.**

GECHICKED WERDEN // **Auf dem Rad von einer Velominata versägt werden.** Wir haben alle unseren »Peak in zwei Monaten«, also schieb gefälligst deine männliche Unsicherheit beiseite und trainier härter, du Pfeife.

GELBE PRINZESSINNEN // **Gelbe Radschuhe.** Gefertigt vom einzigen Hersteller, der bereit ist, so etwas zu tun, nämlich Mavic.

GESCHÜTZDECK // **Die Plattformen, die die massiven Kräfte unserer Geschütze absorbieren.** Jeder Velominatus weiß, dass seine Geschütze nicht seine Arme sind (trag die Zweiliter-Flaschen Mineralwasser lieber einzeln, du Herkules, wir wollen doch nicht zu viel Muskelmasse am Oberkörper aufbauen, oder?), sondern seine Beine. Und wir alle wissen, dass wir, um unsere Räder schneller zu machen, den Druck auf den Geschützdecken, auch bekannt als Pedale, erhöhen müssen.

GESCHÜTZPRÜFUNG // **Eine Einschätzung des aktuellen Zustands deiner Beine.** Die Frage lautet, wie viel Schmerz deine Beine bereits verkraftet haben und wie viel Schmerz sie bei Bedarf jederzeit anderen bescheren könnten. So sehr du dich auch gerade anstrengen magst, du kannst es immer noch V Minuten durchhalten. Sei stets Herr deiner Geschütze.

GOLDLÖCKCHEN-PRINZIP // **Sicherstellen, dass die Radhosen und Radsocken weder zu lang noch zu kurz sind.** Gilt in ähnlicher Form auch für alle anderen Fragen des guten Geschmacks und des Taktgefühls, wo Extreme unerwünscht sind.

GRAVEUR // **Ein Fahrer, der auf Schotterstrecken spezialisiert ist.** Ganz gleich, ob es die unbefestigten *Strade Bianche* der Toskana sind, die rampenreichen Lehmstraßen im Norden von Minnesota oder die steinigen Schotterpässe der Rocky Mountains: Der Graveur weiß, dass sich abseits der ausgefahrenen Asphaltpfade einige der besten Möglichkeiten für großartige Ausfahrten bieten. Der Bock eines Graveurs ähnelt im Allgemeinen einem Cyclocross-Rad, das für längere Fahrten bei höheren Geschwindigkeiten leicht modifiziert wurde, es kann sich aber auch um ein Rennrad mit breiteren und widerstandsfähigeren Reifen handeln.

GROUP-SAN // **Shimano.** Da *Gruppo* ein italienisches Wort ist, darf der Begriff ausschließlich für Campagnolo verwendet werden. Shimano ist eine Group-san und SRAM ist ein Bro-Set.

GRUPPO // **Campagnolo.** Da *Gruppo* ein italienisches Wort ist, darf der Begriff ausschließlich für Campagnolo verwendet werden. Shimano ist eine Group-san und SRAM ist ein Bro-Set.

GUT HYDRIERT // **Große Mengen Alkohol (Bier) konsumieren.** Dies geschieht üblicherweise im Anschluss an eine Ausfahrt, um den Flüssigkeitshaushalt aufzufüllen.

HELDEN DES RADWEGS // **Radfahrer, die ihren täglichen Weg zur Arbeit wie ein Rennen behandeln.** Die Fahrt ins Büro und vom Büro nach Hause wird von den betreffenden Herren als perfekte Gelegenheit betrachtet, ihre Männlichkeit unter Beweis zu stellen, indem sie ungefragt im Windschatten lutschen oder auf einem knarzenden MTB an einem vorbeirauschen und dabei auch noch eine NGOJ tragen. Sagen nie »Hallo«. Betrachten alle anderen Radpendler als Konkurrenz und erbitterte Gegner.

HOLLÄNDISCHES ENERGY-GEL // **Ein Päckchen Mayonnaise.**

HUANGISMUS // **Eine abgedroschene und/oder klischeehafte Bemerkung über ein Fahrrad.** In der Regel wird sie von James Huang gemacht, dem Technik-Redakteur von *CyclingNews.com*, dessen Rennrad-Reviews oft nichts anderes sind als ein floskelübersäter Aufguss der Pressemitteilung des jeweiligen Herstellers. Ein typisches Beispiel für einen Huangismus ist eine Aussage wie »lateral steif, vertikal folgsam«.

IDIOTENSCHEIBE // **Die unnütze Plastikscheibe, die an manchen Rädern zwischen Kassette und Speichen vormontiert ist.** Dieses Teil existiert aus demselben Grund wie blaue M&Ms: Es gibt keinen.

KÄMPFERNATUREN // **Knallharte Radsportler mit exorbitanten Nehmerqualitäten.** Werden häufig dabei beobachtet, wie sie bei Wind und Wetter über grobe Pflastersteine gleiten oder den Koppenberg mit dem großen Blatt hochwuchten. Dies ist keine Kreation von uns, aber wir haben den Begriff dennoch hier aufgenommen, weil wir ihn recht häufig verwenden.

KAMPFSCHRIFT // **Fundamentalistisches Manifest über die Werte der Kämpfernaturen, dem sich die Cognoscenti verpflichtet fühlen.**

KELLY-VORBEREITUNG // **Kein Sex vor dem Rennen.** Geschieht in der Regel unfreiwillig und ist oft das Ergebnis einer Aktion, in der »dieses beschissene Rad« eine maßgebliche Rolle spielt. Es kann sich aber auch um eine bewusste, freiwillige Art der Einstimmung aufs Rennen nach dem Vorbild von Sean Kelly handeln.

KLABUSTERBEEREN // **Ein loses, sich kringelndes Stück Lenkerband.**

KLETTERT GUT FÜR SEIN GEWICHT // **Gemessen an Größe/Gewicht gut den Berg hochkommen.** Die Behauptung, man sei doch eigentlich ein guter Kletterer, wenn man in Betracht zieht, wie viel Kilo man auf die Waage bringt.

KRÖTENKOPF // **Den Helm zu weit oben auf dem Kopf tragen.** Das pilzartige Erscheinungsbild, das jemand besitzt, dem der Radhelm versehentlich oder absichtlich zu weit nach oben gerutscht ist.

KURZ VORM PEAK // **Beteuerung, dass du inzwischen nicht mehr zu fett zum Klettern bist.** Unter Umständen kann die Aussage auch implizieren, dass du ernsthaft trainierst und dich deiner Bestform näherst.

LENKEREKTIONSSTÖRUNG // **Großer Spacer-Turm oder steiler Vorbauwinkel.** Dieses gleichermaßen ineffiziente wie ästhetisch unangenehme Set-up führt unweigerlich zur »Aufsetzen und betteln«-Position. Dies gilt auch für einen unnötigen Spacer-Turm, der sich über dem Vorbau erhebt wie eine Art Regel #45-Sicherheitsfallschirm.

MACH V // **Die Geschwindigkeit, die durch die maximal denkbare Anwendung von Regel #5 erreicht wird.** Dies erfordert Ganzkörper-Einsatz im Sinne von *Sur La Plaque*. Auch eine profunde Kenntnis von Regel #85 und Regel #64 ist von großer Bedeutung, um Mach V erreichen zu können.

MASTURBATIONS-PRINZIP // **Mit Verstößen gegen die Regeln verhält es sich so ähnlich wie mit dem Masturbieren.** Wir als Hüter haben Verständnis dafür, dass hin und wieder ein Fahrer aufgrund seiner persönlichen Situation mal eine Regel brechen wird. Wenn dies der Fall ist, sehen wir es dir nach, aber komm zur Hölle niemals auf die Idee, dich damit zu brüsten. Eine weitere Parallele zur Selbstbefriedigung besteht darin, dass man auch Regelverstöße lieber dort begeht, wo einen keiner sehen kann, und dass du blind wirst, wenn du es übertreibst.

MEISTER DER AKTIVEN REGENERATION // **Ein Fahrer, der sich nie an richtig harten Ausfahrten beteiligt.** Jemand, der immer, wenn du mit ihm zusammenfährst, nur eine lockere Runde drehen will, weil er es sich angeblich »erst gestern hammerhart gegeben« hat. Natürlich hat ihn nie jemand dabei gesehen, wie er es sich auf dem Rad tatsächlich auch nur ansatzweise hart gegeben hat. Siehe auch: vernünftig trainieren.

MILLARCOPTER // **Die Flugbahn eines sich um die eigene Achse drehenden, in hohem Bogen durch die Gegend segelnden Rennrades.** Normalerweise wird diese von einem Rad beschrieben, das über einen Zaun geworfen oder achtlos in eine Richtung nach Wahl gepfeffert wird. Natürlich würden wir selbst unsere Räder niemals so behandeln, denn wir müssen sie von unserem eigenen Geld bezahlen.

MINIPUMPEN IM MORGENGRAUEN // **Herausforderung zum Duell.** »Na warte, jetzt kannst du was erleben!« Die Velominati-Version der ehrenhaften, mit Schusswaffen oder Degen ausgetragenen Duelle der Vergangenheit.

MIT DEN SCHMETTERLINGEN PLAUDERN // **So langsam klettern, dass Schmetterlinge anfangen, in deinen Speichen zu nisten.** »Das letzte Mal, als ich einen Berg hochfuhr, flog ein Schmetterling gänzlich unversehrt durch mein Vorderrad.«

MMUFFEN // **Muffen, die so sexy sind, dass sie ein zweites »m« verdienen.**

MOUNT VELOMIS // **Der Berg, in dessen siedend heiß glühendem Inneren die Regeln geschmiedet wurden.**

NEONGELBE ORDNERJACKE // **Eine leuchtend gelbe Wind- bzw. Regenjacke.** In freier Wildbahn wird dieses Kleidungsstück von vielen Radpendlern getragen. Der Name geht auf die Selbstgefälligkeit und die wahrgenommene Aura der Unbesiegbarkeit zurück, die von den Trägern dieses grellen Gewandes ausgestrahlt wird. Kommt auch in ärmelloser Version vor, also als Weste bzw. NGOW.

NGOJ // **Kurzform von neongelbe Ordnerjacke.**

OH, GLORREICHER STAHL // **Öffentliche Bekundung, dass Stahl das beste Rahmenmaterial für Rennräder ist.** Siehe auch: »Steel is Real«.

ONYX BLAHNIKS // **Ein Paar schwarze fi'zi:k R1.** Der Begriff kann sich aber auch auf weiße R1 beziehen, da Onyx faktisch ein ganzes Spektrum von Farben einschließt. Wie dem auch sei, diese Schuhe sind das Maß aller Dinge.

OSCARITO-PRINZIP // **Eine Minipumpe mit Gaffertape am Rahmen befestigen.**

PEAK IN ZWEI MONATEN // **Außer Form sein und ein paar Kilo zu viel haben.** Eine universelle Bestätigung, dass man weit von seiner Bestform entfernt und übergewichtig ist, während man gleichzeitig beteuert, dass man einem strengen Trainingsplan und einer ebensolchen Diät folgt und dass man, wenn das Peaking gelingt, Schmerzen in riesigen Mengen austeilen wird. In zwei Monaten halt.

PEDALWAN // **Protegé eines Radsport-Sensei.**

PHANTOM-AEROLENKER // **Die Unterarme auf dem Oberlenker ablegen.** Eine Möglichkeit, um in der Manier von Fabian Cancellara auf einem normalen Rennrad mit normalem Lenker eine so tiefe und aerodynamische Position einzunehmen, als würde man einen Aerolenker verwenden.

PITI-PRINZIP // **Strafe für eine Handlung, die dem Geist des Gesetzes widerspricht.** Eine Form der Bestrafung, in der jemand für den Missbrauch des Systems sanktioniert wird, obschon er rein faktisch keinen eindeutig nachweisbaren Gesetzesverstoß begangen hat.

POST-GT-DEPRESSION // **Allumfassende Niedergeschlagenheit nach dem Ende einer *Grand Tour*.** Das Einsetzen eines Gefühls der Hoffnungslosigkeit, das durch Reizbarkeit und manische Verhaltensweisen gekennzeichnet ist, infolge eines drastischen Rückgangs der Radsport-Berichterstattung im Fernsehen von täglich auf bestenfalls wöchentlich. Die Therapie einer Post-GT-Depression umfasst Regel #5, Radfahren und Regel #5.

DAS PRINZIP DER STILLE // **Die feste Überzeugung, dass ein Rennrad keine Geräusche machen darf.**

UMWERFENDER TRITT // **Der geschmeidige, kraftvolle Pedaltritt eines eleganten Fahrers.**

RADPENDLER GRAND PRIX // **Die Domäne der Helden des Radwegs.** Nur sie wissen, wo die Zwischensprints, die Bergwertungen und die Ziellinie sind, und folglich sind sie ungeschlagen.

RADSPORT-SENSEI // **Aufs Höchste verehrter Lehrmeister des Velominatus.** Ein solcher Mentor unterrichtet und berät uns zu den schwierigen, filigranen Einzelheiten unseres Sports.

RASURHORIZONT // **Die Grenze zwischen den glatten Geschützen und dem haarigen Schenkelrest.** Wenn du einmal angefangen hast, deine Beine zu rasieren, kannst du dann noch der Versuchung widerstehen, dir eine »brasilianische« Intimfrisur zu verpassen (die so glatt ist wie ein Baby-Popo), deine Brust mit Wachs zu enthaaren (nur Männer natürlich) und auch deine Augenbrauen und den Schädel zu rasieren?

RBG // **Velomiskrit für rückwärtig baumelndes Gepäckfach.**

REGEL V // **Regel #5**

REGEL VV // **Regel #10**

REGELHOLISMUS // **Die Regeln in ihrer Gesamtheit verinnerlichen.** Die Regeln sind gleichzeitig simpel und komplex. Sie sind konsequent und doch voller Widersprüche. Sie zu verinnerlichen, bedeutet, den Weg des *La Vie Velominatus* zu gehen.

DIE REGELN // **Der Kanon der Rennradfahrer-Etikette.** Dies sind die einfachen Weisheiten des Radsports, zusammengetragen und gepflegt von den Velominati.

REGENBOGEN-KACKHAUFEN // **Im übertrieben aufeinander abgestimmten Weltmeister-Ornat herumfahren.** Zum strahlend weißen Regenbogentrikot eine ebenso weiße Radhose mit Regenbogenstreifen tragen und sich dann sofort hinten aus dem Feld verabschieden, sobald die Straße auch nur ganz leicht ansteigt, so wie es Mario Cipollini beim Giro d'Italia 2003 mustergültig demonstrierte.

REGENERATIONSBIER // **Siehe Regenerationsgetränk.**

REGENERATIONSGETRÄNK // **Ein schönes, kühles, gut gehopftes Bier.** Wird im Anschluss an eine harte Ausfahrt genossen, um die Kohlenhydrat-, Eiweiß-, Zucker- und Was-für-ein großartiger-Tag-Speicher des Körpers wiederaufzufüllen.

RIMBONE // **Dieses Gefühl, das dich überkommt, wenn du einen schönen Laufradsatz siehst.** Dabei kann es sich sowohl um Hochprofilfelgen als auch um handgebaute Laufräder mit dreifach gekreuzten Speichen handeln.

ROTE JUNGFERN // **Rote Radschuhe.** Bevorzugt aus Lackleder hergestellt und von einem italienischen Schuster angefertigt.

RÜCKWÄRTIG BAUMELNDES GEPÄCKFÄCH // **Eine Satteltasche.**

SCHLECKANISCHE PANNE // **Zum ungünstigsten Zeitpunkt, gerade wenn das Rennen voll entbrannt ist, einen technischen Defekt haben.** Zusatzpunkte winken, falls die Panne womöglich vom Fahrer selbst verschuldet wurde.

SCHLECKULATION // **Mutmaßungen, ob ein Fahrer seine Leistung bringen wird.** Insbesondere wenn sich die Spekulationen darauf beziehen, ob die unterirdische Form im Vorfeld der TdF auf einen Katastrophenauftritt schließen lässt oder nur eine Finte ist, um die Konkurrenz in Sicherheit zu wiegen.

SCHMUTZIGE SCHLECKLIEBE // **Die nicht nachvollziehbare Heldenverehrung eines beliebigen Radsportlers.** Insbesondere eines Fahrers, der seine Möglichkeiten längst nicht voll ausschöpft.

SCHWARZE WITWEN // **Schwarze Radschuhe.** Bevorzugt aus Lackleder hergestellt und von einem italienischen Schuster angefertigt.

SEITENSCHLAG // **Wenn jemand sich unmöglich aufführt.** »Hincapie hatte wirklich einen kompletten Seitenschlag, dermaßen schiss er die anderen Fahrer in der Fluchtgruppe zusammen, weil sie nicht mit durch die Führung gingen. Was für ein COTHO!«

SHIT-SANDWICH MIT RADFAHR-EINLAGE // **Ein Triathlon.** Auch als SSR bekannt, handelt es sich beim Shit-Sandwich mit Radfahr-Einlage um eine Veranstaltung, die mit einem ausgedehnten Kampf gegen das Ertrinken beginnt und mit dem Versuch endet, der lahmarschigsten Person aus deiner Gegend davonzulaufen. Kann auch die überzeugende Demonstration eines kompletten Mangels an motorischen Fähigkeiten umfassen.

SILBERGESCHOSSE // **Silberne Radschuhe.**

SORGSAM NONCHALANT // **Das unaufgeregte Gefühl von Eleganz und Gelassenheit, das ein Velominatus ausstrahlt.** Das gilt sowohl auf dem Rad als auch abseits des Rades und kommt durch eine geschmackvolle Kleiderwahl und ein gesundes Selbstbewusstsein zum Ausdruck.

SPINAL-TAP-SCHWARZ // **Immer und überall ganz in schwarz.** Wenn jemand unmöglich noch mehr schwarz zeigen könnte. Schwarz wie die Farbe deiner Schalt- und Bremszüge, deines Sattels, deiner Reifen oder deiner Seele.

SPRINTERMUSKELN // **Der Bauch von Männern mittleren Alters.** Monolithische Erhebung über der Hüfte und unterhalb des Brustkorbs und eine Quelle explosiver Kraft. Ironischerweise handelt es sich um das genaue Gegenteil eines Sixpacks, obschon Sprintermuskeln im Regelfall durch das Trinken von Bier erworben wurden.

STARTPISTOLE // **Deine Geschütze in ihrem Ursprungszustand.**

SUR LA PLAQUE // **Französisch für »Leg die Kette endlich aufs große Blatt, du Vollpfosten«.** Meint wörtlich übersetzt »auf die Platte bzw. aufs Blech legen« , also auf die GROSSE MÜHLE.

SWITCHBONE // **Dieses Gefühl, das dich überkommt, wenn du einen schönen Anstieg siehst.** Stellt sich insbesondere ein, wenn man serpentinenreiche Hochgebirgspässe wie den Stelvio erblickt.

TAPERING // **Trainingspause in Vorbereitung auf eine wichtige Radveranstaltung.** Wenn ein Fahrer sich weigert, eine nennenswerte Ausfahrt zu unternehmen, weil er sich ja in besagtem Tapering befindet. Ziel des Ganzen ist es, den Peak, mit dem sich die Hochform einstellt, genau richtig zu timen. Siehe auch: »vernünftig trainieren« und »kurz vorm Peak«.

TUPFEN-PULLI // **Das weiße Trikot mit den roten Punkten.** Wird als Ehrentrikot dem Führenden im besonders dopinggeplagten Kampf um die Bergwertung der Tour de France verliehen.

DIE V // **Altes Velomiskrit für Regel #5.** Der Begriff hat im Laufe der Jahre eine große Bedeutung für die Gemeinschaft der Velominati erlangt.

DIE V-BANK // **An einigen Tagen zahlst du auf dein Konto ein, an anderen hebst du was ab.** Aber vergiss nicht: Diese Bank kassiert rasant ansteigende Inaktivitäts-Gebühren.

V + VV // **Velomiskrit-Kurzform für die Fünf und die Zehn.**

VAMPIR-TAKTIK // **Ein Blutdoping-Netzwerk nutzen, um Radrennen zu gewinnen.**

VELOMIHOTTIE // **Velominata, die gleichzeitig die bessere Hälfte eines Velominatus ist.**

VELOMINADA // **Ein Velominatus, der das Radfahren vorübergehend aufgegeben hat.** Dies ist in der Regel nicht einem Mangel an Leidenschaft geschuldet, sondern anderen äußeren Faktoren, die es möglichst bald wieder in den Hintergrund zu drängen gilt, wie Freunde, die Familie oder der Beruf.

VELOMINATA // **Weiblicher Radsport-Jünger höchsten Ranges.**

VELOMINATI // **Plural von Velominatus.**

VELOMINATUS // **Ein Radsport-Jünger höchsten Ranges.**

VELOMINATUS BUDGETATUS // **Ein Velominatus, der ständig supergünstige Angebote für teure Ausrüstung findet.** Es handelt sich um eine gewiefte Spezies, die immer einen Weg findet, um den Bedarf an kostspieligen Radklamotten auf budgetschonende Weise zu stillen.

VELOMINATUS VIOLATUS // **Ein Velominatus, der gegen die Regeln verstößt.** Die Buße ist in Form von Wiederholungen am Berg und riesigen Portionen an reinem V zu begleichen.

VELOMINAZI // **Ein dogmatischer Verfechter der Regeln.** Einem solchen Radsportler fehlt es vermutlich an der täglichen Dosis Humor und Bescheidenheit, so dass er die Regeln viel zu ernst nimmt und ihm der Witz, der sich hinter ihnen verbirgt, komplett entgeht. Es ist eher unwahrscheinlich, dass die betreffenden Personen tatsächlich sehr viel oder sehr gut Rad fahren. Siehe auch: Adrian.

VELOMIWOOKIE // **Velominatus mit behaarten Beinen.** Nachdem er es versäumt hat, seine Geschütze ordnungsgemäß zu rasieren, stellt er nun einen Beinpelz zur Schau, auf den selbst Chewbacca mächtig stolz wäre.

VERMEHREN UND AUSDEHNEN // **Kinder bekommen und dicker werden.** Das Phänomen, dass man - in Folge veränderter Prioritätensetzung - an Gewicht zulegt, nachdem man Vater oder Mutter geworden ist.

VERNÜNGFTIG TRAINIEREN // **Mit kontrolliertem Tempo fahren.** Spielt zum Beispiel eine wichtige Rolle, wenn jemand behauptet, er wäre im Anstieg nur überholt worden, weil er akribisch einem Trainingsplan folgt.

V-LOCUS // **Der heilige Punkt, an dem Fahrer und Maschine die V bestmöglich fließen lassen.** Bei den Italienern heißt das *la posizione*. Die Belgier hingegen nennen es einfach »auf dem Rad sitzen«.

VLVV // **Velomiskrit-Kurzform für »*Vive la Vie Velominatus*«.**

V-METER // **Der fiktive Radcomputer, der nur die V anzeigt.** Kein nerviges Auslesen der erfassten Daten. Keine Tasten, die gedrückt werden müssen. Keine Diskussion darüber, was zu tun ist. Schau einfach nach unten, sinniere kurz über die Botschaft, die an dein mit Sauerstoff unterversorgtes Gehirn und die mit Laktat übersäuerten Beine weitergegeben wird, und lass verdammt noch mal die V sprechen. Wie steil ist der Anstieg? V. Wie schnell fährst du? V. Was ist mit deiner Herzfrequenz? Mit deinem VO_2max? Du kennst immer und überall sofort die unmissverständliche Antwort.

VMH // **Velomiskrit-Kurzform für Velomihottie.** Velominata, die gleichzeitig die bessere Hälfte eines Velominatus ist.

VRINGALE // **Der erbärmliche Zustand, wenn sich Regel #91 mal bitter rächt.** Hungerast.

WEISSE DAMEN // **Weiße Radschuhe.** Bevorzugt aus Lackleder hergestellt und von einem italienischen Schuster angefertigt.

EINE WESPE VERSCHLUCKEN // **Im Anstieg nach Luft schnappen.** Den Mund weit aufreißen, unkontrollierte knurrende Geräusche von sich geben, jede Menge V austeilen.

WIE EIN LÖWE FAHREN // **Die Feststellung, dass du dich an diesem Tag wie eine Kämpfernatur schlägst.**

WOOKIE-SHORTS // **Die Geschütze nur bis zur Bräunungskante rasieren.** So verbleiben oberhalb des Beinabschlusses deiner Radhosen pelzige Abschnitte, die aussehen, als wäre Chewbacca in einem hüfthohen Bottich mit Haarentferner steckengeblieben.

ZU FETT ZUM KLETTERN // **Zu viel Gewicht auf die Waage bringen, um vernünftig einen Berg hochzukommen.**

Verzeichnis der Regeln

Regel #1 // Befolge die Regeln.

Regel #2 // Geh mit gutem Beispiel voran.

Regel #3 // Leite die Uneingeweihten an.

Regel #4 // Alles dreht sich ums Rad.

Regel #5 // Beiß verflucht noch mal auf die Zähne.

Regel #6 // Befreie deinen Geist und deine Beine werden folgen.

Regel #7 // Die Bräunungskanten sind zu kultivieren und messerscharf zu halten.

Regel #8 // Sattel, Lenker und Reifen sind sorgfältig aufeinander abzustimmen.

Regel #9 // Wenn du bei schlechtem Wetter fährst, heißt das, dass du ein harter Hund bist. Basta.

Regel #10 // Es wird niemals einfacher, du wirst nur schneller.

Regel #11 // Nicht die Familie kommt an erster Stelle. Es ist das Rad.

Regel #12 // Die korrekte Anzahl Räder, die man besitzen sollte, lautet N+1, wobei N für die Zahl der derzeit im Besitz befindlichen Räder steht.

Regel #13 // Wenn du die Startnummer 13 ziehst, dreh sie auf den Kopf.

Regel #14 // Radhosen sollten schwarz sein.

Regel #15 // Auch zu Wertungstrikots sind schwarze Hosen zu tragen.

Regel #16 // Respektiere das Trikot.

Regel #17 // Teamkleidung ist für Mitglieder des Teams.

Regel #18 // Wähle dem Anlass angemessene Kleidung.

Regel #19 // Stell dich vor.

Regel #20 // Bei Schmerz helfen nur drei Dinge.

Regel #21 // Schlechtwetterkleidung ist für schlechtes Wetter.

Regel #22 // Radmützen sind fürs Radfahren.

Regel #23 // Nase am Vorbau erst bei Fluchtgeschwindigkeit.

Regel #24 // Geschwindigkeiten und Entfernungen sind in Kilometern zu erfassen und anzugeben.

Regel #25 // Die Räder auf dem Dach deines Autos sollten mehr wert sein als das Auto.

Regel #26 // Mach dein Rad fotogen.

Regel #27 // Hosen und Socken sollten die perfekte Länge haben.

Regel #28 // Socken können jede verdammte Farbe haben, die dir gefällt.

Regel #29 // Keine rückwärtig baumelnden Gepäckfächer unterm Hintern.

Regel #30 // Keine rahmenmontierten Pumpen.

Regel #31 // Ersatzschlauch, Multi-Tool und Flickzeug gehören in die Trikottasche.

Regel #32 // Höcker sind für Kamele: Keine Trinkrucksäcke.

Regel #33 // Rasiere deine Geschütze.

Regel #34 // MTB-Schuhe und -Pedale haben ihren Platz.

Regel #35 // Kein Helm mit Visier beim Rennradfahren.

Regel #36 // Verwende nur richtige Radbrillen.

Regel #37 // Die Bügel der Radbrille sollten stets über den Gurten des Helms sitzen.

Regel #38 // Spiel nicht Bockspringen.

Regel #39 // Fahr niemals ohne Brille.

Regel #40 // Reifen sind so aufzuziehen, dass sich das Herstellerlogo mittig über dem Ventil befindet.

Regel #41 // Die Schnellspannhebel sind sorgfältig auszurichten.

Regel #42 // Einem Radrennen sollte niemals ein Schwimmen vorausgehen und/oder ein Lauf folgen.

Regel #43 // Führ dich nicht wie ein Idiot auf.

Regel #44 // Die Position ist wichtig.

Regel #45 // Vorbau runter.

Regel #46 // Lenker waagerecht.

Regel #47 // Trink Tripel, aber lass die Finger von Dreifach-Kurbeln.

Regel #48 // Der Sattel sollte waagerecht und nach hinten versetzt sein.

Regel #49 // Die Gummiseite bleibt unten.

Regel #50 // Die Gesichtsbehaarung ist sorgsam im Zaum zu halten.

Regel #51 // Livestrong-Armbänder sind Cockringe fürs Handgelenk.

Regel #52 // Mäßige dich beim Trinken.

Regel #53 // Halte deine Kleidung sauber und in Schuss.

Regel #54 // Kein Aerolenker am Rennrad.

Regel #55 // Verdien dir deine Kurven.

Regel #56 // Nur Espresso oder Macchiato.

Regel #57 // Aufkleber stinken.

Regel #58 // Unterstütze deinen Radladen vor Ort.

Regel #59 // Halte deine Linie.

Regel #60 // Weg mit der Staubkappe und der Felgenmutter am Ventil.

Regel #61 // Ein Sattel sollte sein wie deine beiden Geschütze: hart und geschmeidig.

Regel #62 // Fahr nicht mit Kopfhörern.

Regel #63 // Zeige die Richtung an, in die du abbiegst.

Regel #64 // Das Zutrauen beim Kurvenfahren wächst mit den Jahren und der Erfahrung.

Regel #65 // Pflege und respektiere deine Maschine.

Regel #66 // Keine Rückspiegel.

Regel #67 // Erledige deinen Teil der Arbeit im Wind.

Regel #68 // Ausfahrten bemisst man nach ihrer Qualität.

Regel #69 // Radschuhe und Räder sind dafür da, um zu fahren.

Regel #70 // Rennen fährt man, um zu gewinnen.

Regel #71 // Trainier vernünftig.

Regel #72 // Beine sagen mehr als tausend Worte.

Regel #73 // Schalt- und Bremszüge sind auf die optimale Länge zu kürzen.

Regel #74 // Verwende ausschließlich dein V-Meter oder kleine Radcomputer.

Regel #75 // Startnummern nur im Rennen.

Regel #76 // Häng deinen Helm an den Vorbau.

Regel #77 // Respektiere die Umwelt: Schmeiß deinen Müll nicht einfach in die Gegend.

Regel #78 // Entferne alle unnötige Ausrüstung.

Regel #79 // Sprinte ernsthaft mit.

Regel #80 // Sei immer und überall sorgsam nonchalant.

Regel #81 // Halte den Ball flach.

Regel #82 // Schließe die Lücke.

Regel #83 // Du musst dir selbst zu helfen wissen.

Regel #84 // Bewahre Anstand.

Regel #85 // Fahr ab wie ein Profi.

Regel #86 // Halfwheeling nervt.

Regel #87 // Die Ausfahrt startet pünktlich. Ohne Ausnahme.

Regel #88 // Keine ruckartigen Tempoverschärfungen.

Regel #89 // Sprich die Dinge richtig aus.

Regel #90 // Bleib auf dem großen Blatt.

Regel #91 // Keine Verpflegung bei Trainingsfahrten unter vier Stunden.

Regel #92 // Gesprintet wird im Unterlenkergriff.

Regel #93 // Abfahrten dienen nicht der Erholung. Erholen kannst du dich beim Regenerationsbier.

Regel #94 // Verwende stets das richtige Werkzeug und verwende dein Werkzeug stets richtig.

Regel #95 // Hebe nie dein Rad über den Kopf.

The Keepers of the Cog

Die Hüter des Ritzels (und der Regeln)

// Frank Strack, Gründer und Herausgeber

Als lebenslanger Velominatus ist Frank (was du stets wie im Niederländischen oder Flämischen »Frahnk« und bloß nicht wie das amerikanische »Fraynk« aussprechen solltest) fasziniert von der Geschichte und der Kultur des Radsports und er diskutiert, sobald er nur den geringsten Anlass erkennt, gern mit Feuereifer und bis zum Erbrechen darüber. Für den überzeugten Radsport-Ästheten ist nur eine Sache wichtiger, als Rad zu fahren, und zwar, gut dabei auszusehen. Seine ironische Haltung gegenüber dem Radsport, in der demütiger Respekt vor dessen kulturellem Erbe stets ebenso zum Ausdruck kommt wie eine gesunde Respektlosigkeit, kann leicht über seine unnachgiebige Passion für die Radrennen und das Rennradfahren hinwegtäuschen.

// Brett Kennedy, Mitarbeiter der ersten Stunde & Herausgeber

Obschon Brett aus dem Land kommt, das man auch *Down Under* nennt, hasst er dieses verdammte gleichnamige Lied. Als Aussie, der inzwischen als Kiwi lebt, ist er im Morast und Staub der neuseeländischen Mountainbike-Pisten ebenso zu Hause wie auf dem sengenden Asphalt Australiens. Trotz seines geografischen Nachteils haben das *Pavé* von Nordfrankreich und die *Kasseien* von Belgien einen besonderen Platz in seinem Herzen, und genau dort ist es, wo man ihn in jedem Frühjahr antreffen kann, entweder mit einem Fahrrad unter dem Hintern oder mit einem feinen belgischen Bier in der Hand.

// John Andrews, Autor

Gianni kaufte sich 1976 ein champagnergoldenes Peugeot-Rennrad mit handgenähten Schlauchreifen. Das war der Beginn des ganzen Schlamassels. Stell dir Magnus Bäckstedt ohne den großen Motor und ohne das gute Aussehen eines wettergegerbten Schweden vor. In seinem Kriechkeller hat Gianni einen Altar mit kleinen Fotos von Francesco Moser, Eros Poli und Gianni Bugno stehen.

// Mark Carlson, Autor

Marko lebt und fährt im nördlichen mittleren Westen der Vereinigten Staaten, um genau zu sein in Minnesota. »Radsport-Gegend« und »Mittlerer Westen« kommen normalerweise nicht im selben Satz vor, es sei denn, es geht in dem Gespräch um die Wurzeln von LeMond, Hampsten, Heiden und Ochowitz. Am liebsten fährt er über das grobe Pflaster und die steilen Anstiege in Flandern, aber für gewöhnlich trifft man ihn beim Schottern auf den unbefestigten Forststraßen und Wirtschaftswegen seiner Heimat. Er hat dem Radsport viel zu verdanken und er hat dem Radsport auch viel gegeben, wobei sein bedeutendster Beitrag womöglich auf ewig sein wird, dass er den wunderbaren Begriff »Regenbogen-Kackhaufen« geprägt hat.

// Jim Thomson, Autor

Jim fährt viel Rad und hasst Menschen.

Covadonga Verlag

Nando Boers, Thomas Dekker, Wilfried de Jong, Paul Fournel, Renate Franz, Joe Friel, Phil Gaimon, Fabio Genovesi, Hannah Grant, Birgit Hasselbusch, Jan Heine, Alex Hutchinson, Philipp Köster, Dan Martin, Guillaume Martin, Benjo Maso, David Millar, Tim Moore, Michael Ostermann, Harry Pearson, Geraint Thomas, Jonathan Vaughters, die Velominati und Gianluca Zaghi. Das ist nur eine kleine Auswahl unserer Autorinnen und Autoren. Radfahrer von Welt- und Kreisklasse, die dem Radsport eine literarische Stimme verleihen. Vordenker aus dem Peloton. Radprofis, die anecken. Legendäre Reporter und große Humoristen. Die aufregendsten Chronisten der Jedermann-Szene. Internationale Koryphäen in Fragen Training und Fahrradtechnik ... Sie alle schreiben für Covadonga. Meist über den Radsport, manchmal auch über seine nahen Verwandten.

Seit 2002 widmet sich der Covadonga Verlag in Bielefeld der Herausforderung, lesens- und sehenswerte Bücher in deutscher Sprache zu schaffen, die den Radsport zeigen, wie er wirklich ist. Mit allem an Fieber und Faszination, Witz und Wunder, Schönheit und Schande. Aktuell lieferbar sind knapp sechzig Titel rund um die Themenschwerpunkte Profi- und Hobbyradsport.

Radsportbücher im Covadonga Verlag

ISBN	*Titel / Autor*
978-3-95726-096-3	*Die Trainingsbibel für Triathleten.* Joe Friel
978-3-95726-090-8	*Rennracker Robbie bei der Tour de France.* Birgit Hasselbusch
978-3-95726-089-5	*Endure.* Alex Hutchinson
978-3-95726-087-1	*Der Plan.* Nando Boers
978-3-95726-080-2	*Das neue Grand Tour Kochbuch* Hannah Grant
978-3-95726-077-2	*Von Pandabären verfolgt.* Dan Martin
978-3-95726-076-5	*Im Peloton.* Paul Fournel
978-3-95726-075-8	*In meinem Herzen alles Sieger.* Fabio Genovesi
978-3-95726-074-1	*Übergestern in Japan.* Michael O.B. Krähe
978-3-95726-072-7	*Die Liebe zum Fahrrad.* Paul Fournel
978-3-95726-068-0	*Vuelta Skelter.* Tim Moore
978-3-95726-067-3	*Radsportherz.* Daniel Dencik
978-3-95726-066-6	*Die Gesellschaft des Pelotons.* Guillaume Martin
978-3-95726-065-9	*Von A nach B.* Dave Walker
978-3-95726-061-1	*1000/24.* David Misch & Christoph Strasser
978-3-95726-060-4	*Radsportberge und wie ich sie sah.* Geraint Thomas
978-3-95726-059-8	*Tausend Kilometer Süden.* Walter Jungwirth
978-3-95726-055-0	*Ein Rad für alles. Die Allroad-Bike-Revolution.* Jan Heine
978-3-95726-054-3	*Quer durch Flandern.* Harry Pearson
978-3-95726-053-6	*Sokrates auf dem Rennrad.* Guillaume Martin
978-3-95726-048-2	*Colombia Es Pasión!* Matt Rendell

ISBN	*Titel / Autor*
978-3-95726-047-5	*Ride Inside – Trainingshandbuch Indoorcycling.* Joe Frie
978-3-95726-046-8	*Der kahle Berg – Auf und über den Mont Ventoux.* Lex Reurings
978-3-95726-039-0	*Flamme Rouge.* Daniel Lenz/Florian Summerer
978-3-95726-037-6	*Dominik Nerz – Gestürzt.* Michael Ostermann
978-3-95726-035-2	*Die Trainingsbibel für Radsportler.* Joe Friel
978-3-95726-033-8	*Vintage-Räder.* Gianluca Zaghi
978-3-95726-031-4	*Zugtiere in Trägerhosen.* Phil Gaimon
978-3-95726-028-4	*Der Radrennfahrer und sein Schatten.* Olivier Haralambon
978-3-95726-027-7	*Die Regeln. Kodex für Radsportjünger.* Velominati
978-3-95726-024-6	*Thomas Dekker – Unter Profis.* Thomas Dekker/Thijs Zonneveld
978-3-95726-010-9	*Auf der Straße.* David Millar
978-3-95726-006-2	*Schnell und fit ab 50.* Joe Friel
978-3-95726-005-5	*Domestik.* Charly Wegelius
978-3-936973-98-3	*Radsporttraining mit der Methode Obree.* Graeme Obree
978-3-936973-97-6	*Gironimo!* Tim Moore
978-3-936973-91-1	*Ein Mann und sein Rad.* Wilfried de Jong
978-3-936973-72-3	*Lötzsch. Der lange Weg eines Jahrhunderttalents.* Philipp Koster
978-3-936973-68-6	*Sind wir nicht alle ein bisschen tri?* Lars Terörde
978-3-936973-60-0	*Der Schweiß der Götter. Die Geschichte des Radsports.* Benjo Maso
978-3-936973-55-6	*Going Long. Triathlontraining für die Langdistanz.* Joe Friel/Gordon Byrn
978-3-936973-40-2	*Das Trainingstagebuch für Radsportler.* Joe Friel